影响教育的30项脑科学研究

王乃弋 曾行 等 著

教育科学出版社
·北 京·

人脑结构与功能

额叶
枕叶
顶叶
颞叶
丘脑
小脑
脑干
扣带回
胼胝体

丘脑
扣带回
胼胝体
前额叶
小脑
脑干

运动皮层
躯体感觉皮层
背外侧
前额叶
视觉皮层
威尔尼克区
布洛卡区

额叶
中央沟
顶叶
枕叶

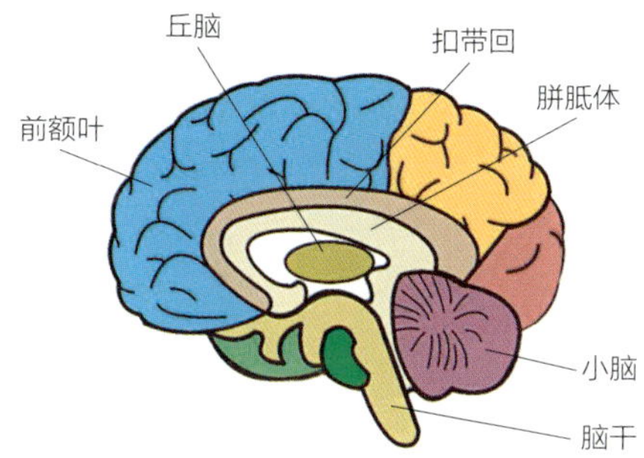

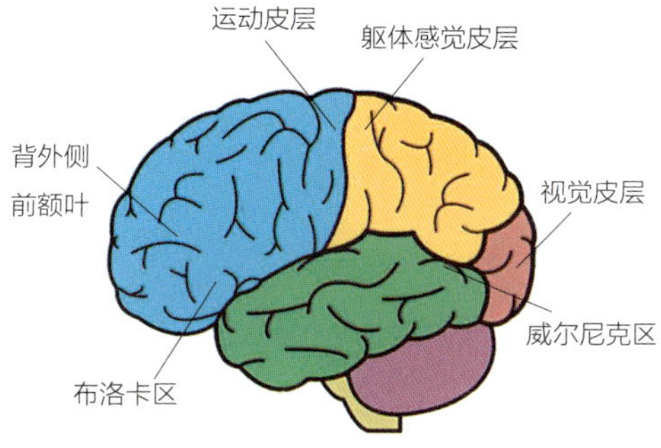

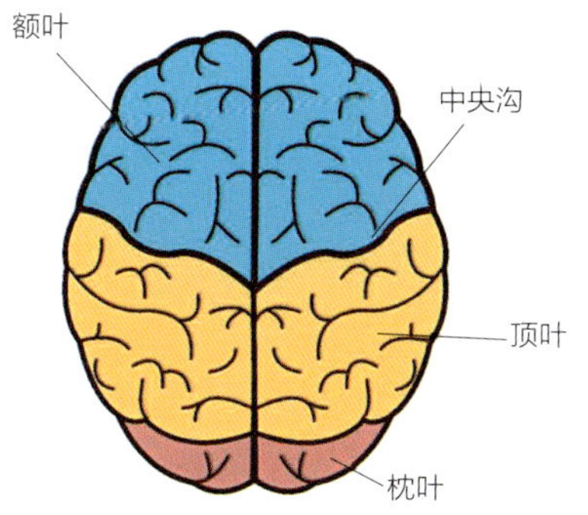

一座跨越脑科学研究与教育实践的桥

在心理学界一直流行着一本常青书（树）——《改变心理学的40项研究》，现在摆在我们面前的是另一本同类项——《影响教育的30项脑科学研究》。后者沿用前者的笔法，以简明扼要的框架、具体生动的形式、浅显易懂的叙述，将我们望而生畏的一些脑科学研究，讲成了一个又一个引人入胜的学术故事，让我们感受到这些研究的玄妙之处，诸如怎么提出问题、做出假设、设计实验、验证假设，更为重要的是，让我们领悟到了这些研究对教育实践的指导价值。

脑科学研究已经兴盛多年了，相关研究成果汗牛充栋。这些研究大多是在告诉我们，学习时脑是如何工作的。从理论上讲，这些成果可以促使我们更好地应用已有有关学习和发展的认识，也有可能挑战我们已有有关学习和教学的常识经验。然而实际上，从脑及其工作机制的相关知识跨越到教育实践，并不是一件想当然的容易事，需要有研究者架设一座联通两方的桥梁。

架设这座桥梁的“工程师”必须熟悉两方的业务。只在学术的象牙塔中精耕细作的脑科学研究者可能并不十分熟悉学习和教学对脑科学的需求，其研究成果的价值仅限于学术上的引用；而单纯的教育研究者和实践者并不知道哪些脑科学研究是真正科学的，也不容易看出它们的教育意义。本书的五位作者均为兼具两方面专长的“工程师”，他们都是认知神经科学方面的博士，同时还都从事着教育研究和实践，完全胜任架设这种桥梁的任务。

这种桥梁的架设并不简单，也是需要一番创造的。首先，要从脑科学研究的汪洋大海中浪里淘沙、沙里淘金，淘出能真正产生教育影响的成果。这本书圈出了30项脑科学研究，这些研究的观点近年来对人们的教育观念、态度和行为产生了一定的影响。然后，要将脑科学研究的前因后果、来龙去脉讲清楚，这涉及对研究背景、假设、方法和结果的介绍，连带出一组一组相关的脑科学研究。从这个意义上说，这本书名为30项研究，实际上是以它们为载体的30组研究，每一组研究释放出来的能量总和对教育的冲击力都是值得教育研究者和实践者们好好玩味的。最后，还要从学习和教学理论与教育实践的需求出发，特别是关联当前重大的教育改革举措，阐释脑科学研究对教育的启示。例如，睡眠可以促进神经元之间的连接和信息的传递，从而加强记忆、巩固学习效果。这大大增强了教育部加强中小学生睡眠及“双减”政策的科学合理性。再如，有氧运动能够有选择性地增强儿童的认知功能。这对我国建设体育强国以及深化体教融合、保障学校体育课和学生课外锻炼时间的政策提供了有力的支持。假如用创造的三个阶段做类比，一项一项的脑科学研究如果说相当于0—1的原创阶段，只有通过1—10的转化阶段和10—1000乃至10000的规模化推广阶段，它们才能真正发挥出自身的教育实践价值。架设脑科学研究与教育实践的桥梁属于科学成果的转化和推广工作，同样也是完整创造工作中的有机组成部分。

通过这一座桥，我们可以深切地感受到脑科学研究对教育的不同的影响力。有些研究可巩固我们对现有教育理论和实践的信念，促使我们更好地去应用它们。例如，教师领先学生的脑活动同步程度可以预测学生的学习成绩，这为维果茨基最近发展区的概念提供了神经层面的证据支持；师生关系的亲密性可以预测师生脑活动的同步性和学生的学习效果，这为“亲其师，信其道”理念，也为人本主义强调师生关系在学习中的重要性提供了科学注脚。有些研究则会改变我们对某些经验的态度，尽管它们不一定会改变我们的行为。例如，我们需要摄取丰富的营养、保障充足的睡眠、进行适当的运动、减少情绪上的压力，这些并不需要脑科学研究来教我们，但一旦有相关的脑科学研究支持，例如，脑在睡眠中也从事着学习时的神经活动，那我们就可以睡得心安理得、理直气壮了；再如，四肢发达，头脑更发达，那我们就可以放开手脚，尽情地跑啊、跳啊；有学者在《脑与数学》一书中假定，中国学生的数学能力好于欧美国家学生的原因之一是中文数字的发音比欧美语言更简短、更有逻辑性，这将大大增强我们的文化自信。有些研究的成果则是可以直接应用到教育中来的。例如，通过给学生讲点人脑的结构、功能和规律的知识，就可以提升学生的成长型思维。有的研究则会颠覆我们对学习和教学的认识，挑战我们传统的做法，促使我们改造学与教的实践。例如，脑发育的可塑性启发我们，每个人都要对自己的脑发育负责，即使错过了语言发展的敏感期，学习也同样可以多多少少地塑造我们的脑；音乐和艺术可以促进我们脑的发展，这种发展甚至可以迁移到语音和视觉空间领域的学习中，这意味着，我们切不可小瞧这些小学科对学生发展的重要性；与具身认知相关的脑研究提示我们，学生的身体感知经验和运动方式在深度理解抽象知识的过程中是大有助益的；在国家推动新质生产力发展、重视创新教育的大背景下，指导语效应的脑网络活动启示我们，人人都具有创造力，我们哪怕只是反复地要求和指导学生“要创造”，也能大大增强学生的创新意识和创造性产出。

脑科学研究对教育的影响实在太多了，这里仅仅略举冰山之一角，更多的影响在这本书中得到了高屋建瓴又具体生动的演绎，有待我们静下心来去好好地阅读、品味。也许，我们有些人对脑科学心存焦虑，正如一些人有考试焦虑、社交焦虑、数学焦虑和英语焦虑一样，因为脑的结构和功能实在复杂，而且一大堆的部位名称、脑结构图、研究技术术语甚至研究结果呈现图又太专业，我们担心自己掌控不了。为了帮助我们缓解脑科学焦虑，这本书特地开设专栏对这些信息做了生动形象的科普和铺垫，对每项研究的介绍试图做到浓缩精华，通俗易懂。即使我们可能记不住脑科学研究的那些专业名词和具体数据，但它们对教育的影响通过这本书的简述和阐发一定会在我们的脑海中留下深刻的印象。

刘儒德

北京师范大学心理学部

2024年4月

前　言

写这本书的想法源于三年前，当时北京师范大学教育学部刚建立起教育科技中心，下设9个实验室，教育神经科学实验室是其中之一。2021年教育学部按照“一体两翼”的布局在珠海校区同步设立教育神经科学实验室，与北京校区的实验室共同致力于搭建脑科学研究与教育实践之间的桥梁。四位毕业于国外认知神经科学专业且怀揣教育理想的青年学子曾行、辛媛媛、谷晓静、刘晓瑾先后汇聚到珠海校区教育神经科学实验室，开始为共同的理想努力。我读博士时曾在德国马普人类认知与脑科学研究所进行过两年多有关数学认知神经机制的研究，毕业以后囿于研究条件未能继续该方向的深耕，但璀璨的脑科学殿堂始终是我心之向往。尤其是，近年来在心理健康教育领域的研究和实践让我越来越意识到教育与脑科学融合的价值，学生的学习、心理健康、社会适应，无一不与深层次的脑神经机制紧密相连。“一体两翼”的实验室平台让我有幸能与珠海校区的几位年轻教师一起思考，如何才能凿穿高大上的科学研究与接地气的教育实践之间的壁垒，把脑科学领域的研究成果推广到基础教育领域，助力解决教育中的难点痛点问题。这本书是我们的初步尝试。

确定写作本书后，我们面临的两大问题是这本书应该包含哪些章节、各章节应该按照什么标准筛选文献。经过多次讨论，我们将本书的受众定位于一线教师和家长，决定分别按照非学科和学科的领域收集文献。非学科领域包括注意、记忆、情绪、动机、创造力等与学习直接相关的心理过程，睡眠、运动、饮食等与学习间接相关但不可或缺的要素，以及脑可塑性这个与个体终身发展相关的重要议题。脑可塑性是目前脑科学研究的重要结论之一，它不仅影响学生的学习动机、目标取向和积极个性品质的发展，也影响教师的学生观、教学观以及家长的育儿观，因此我们把脑可塑性放在了全书第一章。学科领域包含数理、语言、艺术和“知情行”合一的课堂四个部分，分别对应了数学和物理、语文和英语、美术和音乐等学科，以及与课堂教学相关的议题。

到了文献筛选这一步，我们采用了以下标准。第一，兼顾经典研究与前沿进展。其中研究的经典性主要以期刊的JCR（期刊引证报告）分区、影响因子和论文被引次数为指标；研究的前沿性主要参考期刊的影响因子和相关领域专家的意见。最终选取的30篇文献中有29篇均属于JCR一区，仅1篇属于JCR二区，平均被引次数为610次。在发表时间上，13篇文献于1999—2009年发表，9篇文献于2010—2015年发表，8篇文献于2016—2019年发表。第二，以实验研究为主，严格控制综述类文献数量。这是因为，实验研究详细介绍了研究对象、研究方法、研究假设等细节，更有利于教育实践者了解科学研究的来龙去脉，用批判的眼光审视每项研究结论的意义和局限。最终选取的30篇文献中仅2篇为综述。第三，研究内容和结果与教育实践之间有比较紧密的关联。第四，兼顾国外和中国本土文化背景下的研究。

《改变心理学的40项研究》一书珠玉在前，我们试图从以下五个方面传承并突出本书的特色。**特色一：专业性与科普性并重。**为了让大多数教师和家长读懂，在确保内容准确性的前提下我们力求叙述通俗易懂。例如：每章设专栏介绍相应的研究方法、研究范式和专业术语（如功能性磁共振成像、事件相关电位、近红外技术与脑间同步性、经颅直流电刺激技术、脑的三大网络、动态因果模型、等位基因等），帮助读者理解脑科学研究的基本原理和逻辑；不用专门章节介绍脑结构和功能，只在全书开头用彩色脑图呈现各个脑区的主要功能。**特色二：在本书的架构中融入学科逻辑。**除了从心理学视角介绍与基本心理现象相关的神经机制的研究进展，我们还从教育学视角介绍了与语文、数学、英语等学科学习相关的知识，以尽可能贴近教育实践。例如：理解汉语和英语的神经机制是否相同？基于不同的神经机制，汉语和英语教学应注意什么？第二语言的早期学习应该侧重词汇还是语法？数学成绩和言语能力有多大关系？数学怎么都学不好有没有学习方法和勤奋之外的原因？这些问题在本书第七章和第八章能够找到答案。**特色三：关注教育热点问题。**例如：如何科学应对抑郁症？人脑在怎样的状态下更有创造力？缺乏睡眠、运动和不科学的饮食习惯对儿童认知发展有何危害？学习音乐的好处仅仅是增加一门技能吗？提倡五育并举有何脑科学依据？第三章、第五章、第六章和第九章回应了这些问题。**特色四：关注课堂教学相关议题。**随着超扫描技术的进步，脑科学研究得以模拟真实的教学情境，与课堂教学相关的研究结果是目前脑科学研究中最贴近教学实践应用的一部分。课堂教学中哪些因素影响师生间的脑同步？在线学习过程中教师提供哪些社会线索能够提升学生的学习效果？第十章专门回答了这些问题。**特色五：关注中国本土脑科学研究。**近年来国内脑科学研究突飞猛进，在一些领域已经达到国际前沿水平。这些基于中国文化背景的研究，不仅对我国的教育实践具有更强的启示作用，也更能提升我们的文化自信。在本书选择的30项研究中，有8项来自国内脑科学家团队，分别涉及记忆（北京师范大学薛贵教授团队）、语言学习（北京大学高家红教授团队、暨南大学谭力海教授团队、北京师范大学陶沙教授团队、北京师范大学丁国盛教授团队、北京大学孟祥芝副教授团队）、数学学习（北京师范大学周新林教授团队）、音乐（北京师范大学南云教授团队）、师生互动（北京师范大学卢春明教授团队、中国民航管理干部学院郑丽芬博士团队）、在线教学（陕西师范大学皮忠玲教授团队）等不同议题。

本书各章节初稿写作分工如下：第一章、第七章，曾行；第三章、第四章，辛媛媛；第五章、第十章，谷晓静；第八章、第九章部分（9.2，9.3），刘晓瑾；第二章、第六章、第九章部分（9.1）由我的硕士研究生马艺晴、徐佳芊、杨馥蔓、赵文秀、胡翼麟、王婉玉、李心怡、谢颖和我共同完成。在第二轮修改中，各位老师除了负责自己的章节外，辛媛媛（2.2）、谷晓静（2.1）还参与了第二章的修改，刘晓瑾（6.1、6.2）还参与了第六章的修改，曾行（6.3、9.1）还参与了第六章与第九章的修改。最终，由我和曾行负责第三轮修改和全书统稿。在全书的写作过程中，我们遇到了很多困难。例如，神经科学研究方法种类繁多、日新月异，个别文献中提到的方法我们自己不熟悉，理解上存在困难；一些文献符合筛选标准，但这些研究结果离现实的教育应用仍有一定的距离，难以延展出可操作性强的教育启示，以致我们不得不重新筛选文献。又比如，我的硕士生都来自心理健康教育和学校咨询专业，她们之前没有系统学习过脑科学知识，在翻译文献时付出了数倍的努力。尽管困难重重，我们从未放弃，砥砺前行，终于迎来本书即将与读者见面的这一天。

在本书即将出版之际，我们由衷感谢北京师范大学教育学部实验室平台对本书出版的大力支持。感谢深圳大学吴健辉教授、澳门大学伍海燕助理教授、首都师范大学程大志研究员在前期对本书结构给予的宝贵建议。同时也感谢北京市十一学校顺义学校的樊瑞婷老师基于其丰富的实践经验提出的修改意见。

由于作者水平有限，本书难免存在一些错误，希望读者不吝赐教。随着脑科学研究范式的不断更新，期待更多的实验研究走进现实的教与学，更多的一线教师和家长掌握脑科学、运用脑科学，更多的学生因教育神经科学的普及而终身受益！

王乃弋

北京师范大学英东楼

2024年4月12日

目　录

第八章 语言

第九章 艺术

第十章 “知情行”合一的课堂

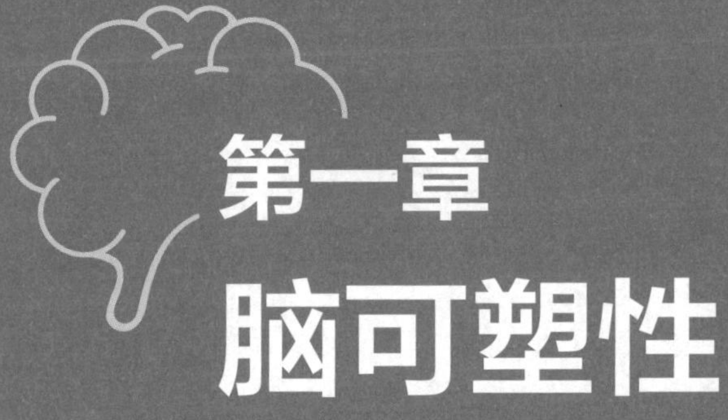

第一章

脑可塑性

哈佛大学教育学教授兼心智、脑与教育项目主任库尔特·费希尔（Kurt Fischer）曾经指出，脑具有可塑性是目前神经科学或脑科学研究的重要结论之一。

脑可塑性，也叫神经可塑性，描述了经验是如何重组脑中的神经通路的。当我们学习新事物或记忆新信息时，脑中的神经联结会发生长期持久的变化。这些神经联结的变化就代表着我们所说的脑可塑性。为了理解脑可塑性的概念，请你想象一下照相机的胶片。假设该胶片代表你的脑。现在请你想象用照相机给一棵树拍照。拍照时，胶片接触到了新的信息——树的图像。为了使图像得以保留，胶片必须对光线做出反应，并发生“改变”以记录树的图像。同样，为了使新知识保留在脑中，接收了新知识的脑必须发生变化。

早在18世纪就有研究者通过解剖动物的脑，发现后天的环境影响可以改变脑的结构，但是这在当时并没有引起社会的注意。20世纪初，神经科学之父圣地亚哥·拉蒙·卡哈尔（Santiago Ramón y Cajal）用神经元可塑性一词来描述成人脑结构的非病理性变化。卡哈尔首先将神经元描述为神经系统的基本单位，这后来成为发展神经可塑性概念的重要基础。尽管脑可塑性这一概念较为宽泛，且时至今日我们仍在探索，但它是迄今为止我们对脑尤为基本和可靠的发现之一，对教育有着深远的影响。脑可塑性是教育促进个体发展的生理基础，只有正确地理解了脑的可塑性，我们才能更加科学地开展教育。

本章将主要介绍两项关于脑可塑性的研究。第一项研究报告了在成年人类中发现的通过学习而引起的脑结构变化。以往类似的研究大多基于动物，但是动物研究得出的结论在推广到人类身上时须特别谨慎。这个研究利用先进的技术手段和分析方法证实了人类脑在成年后仍然具备可塑性，具有重大的教育意义。第二项研究介绍了著名的由脑可塑性发展而来的智力理论，即学生对智力所持的不同观点导致的成长型思维和与之相对应的固定型思维理论。卡罗尔·德韦克（Carol Dweck）团队在学习行为和相关脑机制基础上对智力理论的研究，为脑科学通往教育领域的应用架起了桥梁。

1.1

你的脑始终有无限可能

研究1 Draganski B, Gaser C, Busch V, et al., 2004. Changes in grey matter induced by training [J]. Nature, 427: 311−312.

> 学习没有起跑线，脑终生具有可塑性。
>
> ——洪兰

背景介绍

脑可塑性研究领域专家迈克尔·梅策尼奇（Michael Merzenich）认为，我们的脑在正常发育的过程中，有两个可塑性发展阶段。第一个是现在已为大家所知的儿童发展期阶段。该阶段的儿童在自身基因以及周围环境的影响下，快速地“塑造”着自己的脑。在生命的最初几年，脑迅速发展。随着每个神经元的成熟，它发出多个分支（轴突，向外发送信息；树突，接收信息），增加了突触[1]接触的数量，促进了神经元与神经元之间的联系。出生时，大脑皮层的每个神经元大约有2500个突触。到两三岁时，每个神经元的突触数量约为15000个（Gopnik，Meltzoff，Kuhl，1999）。这个数量大约是普通成年人的两倍。随着年龄的增长，旧的联结会通过一个叫作“突触修剪”的过程被删除。

突触修剪消除了较弱的突触联结，而较强的联结则被保留和加强。经验决定了哪些联结将被加强，哪些将被修剪，只有激活次数较多的联结才能被保留下来。这意味着只有被需要的神经元才能生存。如果不被需要，不接收或不传

1　突触是两个神经元之间或神经元与效应器细胞之间相互接触并借以传递信息的部位。

递信息的神经元就会逐渐凋亡。无效或薄弱的联结被“修剪”，就像园丁修剪树木或灌木一样，使植物具有理想的形状。修剪突触联结的过程促成了脑的发育，使脑能更好地适应特定的环境。

第二个阶段发生在成年后。神经科学家曾经在很长的一段时间里认为，随着年龄的增长，尤其是到了成年后，脑的神经联结变得固定，不再具有可塑性，而后逐渐伴随衰老而衰退。20世纪80年代，梅策尼奇第一次意识到成年人的脑或许也具备可塑性。他与克林顿·伍斯利（Clinton Woosley）进行博士后研究的时候，切断了成年猴子手部的周围神经并将其末端缝合，然后对猴子手部在脑对应的功能区进行了观测。他们预计，因为神经之间的正常联结已被“打乱”，脑中对应的图谱一定是杂乱无章的。但出乎意料的是，观测结果几乎与正常情况无异。这是一个具有突破性意义的研究结果。梅策尼奇断言：“如果脑能够对杂乱无章的感觉输入做出正常的响应，那么关于我们的脑是一成不变的观点就一定是错误的。脑必须是可塑的。”梅策尼奇因此获得了2016年卡夫里神经科学奖（The Kavli Prize in Neuroscience）。在过去的四十多年里，大量研究也表明，脑始终在不断地变化和调整。

但是早期关于成年期脑可塑性的研究大多基于动物模型，研究者并不清楚人脑的具体情况。本研究通过让成年人学习一个新的杂耍技能，探讨了新的技能训练能否改变脑结构的问题。

研究假设

该研究的假设非常简洁明了。如果成年人的脑仍具备可塑性，那么实验参与者在学习了新的技能后，研究者在他们的脑内一定会观测到与学习之前不一样的变化。读者们可能会问，这么简单的研究思路，为什么更早的时候没有人想到呢？这就要从脑科学最近几十年的发展说起了。早期的神经科学或脑科学研究大多是基于动物模型的研究。因为就当时的科技发展水平而言，没有什么技术能够在不损伤脑的前提下研究脑。在这种情况下，要在正常人身上验证上述假设显然是不可行的。研究者只能针对一些本身就有脑疾病或脑损伤的患者，以治疗为目的开展有创的脑研究。近几十年来，得益于各种无创性研究设备的出现，如头皮脑电记录仪

（EEG recorder）、磁共振扫描仪（MRI scanner）、正电子断层扫描仪（PET scanner）等，研究正常人的脑结构和功能成为可能，这才促成了人类脑科学最近的蓬勃发展。本节介绍的研究正是使用了磁共振扫描仪（见专栏1-1）来观测脑的结构的。

专栏1-1 磁共振脑成像

磁共振脑成像（magnetic resonance imaging，MRI）是一种非侵入性的影像技术，对软组织结构有很好的对比和分辨率，因此传统的磁共振成像技术在医疗领域被用作诊断工具。随着技术的快速发展，磁共振扫描仪不用外源性的造影剂就能对人脑中神经元活动变化的区域成像了，近几十年被广泛用于认知神经科学研究。它通过利用磁场和无害的无线电波来创建高质量的脑部图像。

在进行磁共振脑成像时，参与者被放置在一个巨大的环形磁体内，这个磁体会产生一个强大的磁场。当参与者处于磁场中时，人体内的氢原子（主要是水分子中的氢）会受到磁场的影响。

在强磁场中，氢原子通过自旋会朝着磁场的方向预先排列。然后，通过向参与者体内发送无害的无线电波脉冲，研究者可以扰乱氢原子的自旋方向。当脉冲停止后，被扰乱的氢原子会重新排列，回到原来的状态。在这个过程中，它们会释放出微弱的无线电信号。这些信号被称为回波信号（或共振信号），被接收器捕捉和记录。

计算机会分析这些回波信号，并使用它们来生成详细的脑部图像。不同类型的组织（如脑组织、骨骼和液体等）对回波信号的响应不同，因此可以通过分析这些信号来获得不同组织的高对比度图像。

通过磁共振脑成像，研究者可以观察和评估人脑的结构、形状和大小，及其功能活动。在这篇研究中，研究者主要利用磁共振脑成像来探究人脑结构方面的变化。

方法

研究者招募了性别和年龄相匹配的24名成年人（平均年龄22岁）参与实验，将他们随机分成两组：学习组和非学习组。两组成员在学习前、学习结束以及学习结束3个月后各接受一次脑部扫描。

两组实验参与者第一次脑部扫描的数据为基线数据。学习组的参与者在3个月的时间里学习一项杂耍技能——经典的三球连抛。当他们成为熟练的表演者（能够维持至少60秒的杂耍）时，对他们进行第二次脑部扫描。再过3个月进行第三次扫描。在第二个3个月期间，参与者没有练习三球连抛或尝试扩展他们的技能，例如学习四球连抛或反向抛。事实上，到第三次扫描时，大多数实验参与者都不能熟练地进行三球连抛了。

研究者使用基于体素的形态测量法对实验参与者的全脑变化进行了观测分析。体素即类似于二维图像的像素，是三维空间构成图像的基本单位。基于体素的形态测量法是一种基于体素对脑结构磁共振成像结果进行自动、全面、客观的分析的技术，可以对活体脑进行精确的形态学研究。该测量法通过定量计算分析磁共振影像中每个体素的灰质和白质密度或体积的变化，以此反映相应解剖结构的差异，是一种评价脑部灰质和白质变化的新方法。正是得益于这些新的技术和数据分析方法，我们才能在无创的条件下精确测量脑的结构变化。

结果

两组实验参与者的第一次脑扫描（基线）图像比较结果显示，学习组和非学习组的大脑灰质没有明显的区域差异。纵向分析发现，相对第一次扫描，学习组在第二次扫描时颞中区和左后颞内沟存在明显的短暂双侧扩张，而这种扩张在第三次扫描时有所减少（见图1–1）。这些脑区负责处理与运动相关的视觉信息。这些区域出现的短期的大脑灰质结构变化与技能学习密切相关，因为非学习组在同一时期内没有显示出灰质的变化。该研究结果证实，除老化或病理条件引起的形态变化外，成年人脑的解剖结构仍具有可塑性。换句话说，学习引起的脑可塑性也反映在结构层面。

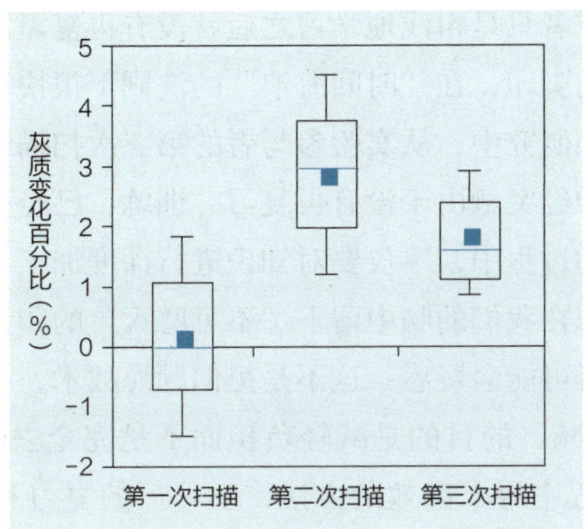

图1-1　学习组三次脑扫描的大脑灰质体积变化百分比

注：图中上下短线代表最大值和最小值，中间矩形代表25%分位至75%分位的数值，中间的蓝线代表中间值，蓝色小方块代表均值。

教育启示

这项研究启发我们从脑的层面来思考学习的过程。

首先，学习的范围远远超出学校的教学，神经突触活动的建立可以发生在日常生活的各个环节，并覆盖我们的生命全程。这正是这项研究带给我们的第一个重要启示。脑的结构和功能变化并不仅局限于婴幼儿期和童年期，而是一个持续终生的过程。长期以来，脑科学研究者一直认为，人脑拥有的脑细胞数量在生命早期就已固定；成年人的脑细胞不断凋亡，记忆和学习能力逐渐下降，脑的结构与功能缺乏可塑性。但这项研究以及近期的许多研究均表明，脑在人成年后依旧具备可塑性。早期教育的重要性已引起社会大众的高度关注。相比之下，人们对于成年人的学习机制却知之甚少。在中国社会老龄化日趋严重的大背景下，成年人脑可塑性的发现为人们树立终身学习的观念，以及社会为大众提供终身学习支持体系提供了重要依据。

其次，如果你深入反复地学习某个知识，神经突触活动会在相应的脑区建立持久的神经联结，进而引起神经元之间的结构性改变。如果你没有对这个知识进行深度加工，或者只是粗浅地学习之后就没有再复习，那么神经元之间的联结就会像沙滩上的脚印，在“时间海浪”的洗刷下很快被抹平，不留任何痕迹。事实上，在这项研究中，从实验参与者的第三次扫描结果可以看出，之前好不容易建立起的神经突触由于没有再复习、训练，已经呈现出消退的趋势。因此，我们在学习的过程中，不仅要对知识进行深度加工，还要适时地回顾，通过反复练习让知识在我们的脑中留下“不可磨灭”的印记。

看到这里有读者可能会疑惑：这不是提倡题海战术，与“双减”相矛盾了吗？其实不然。“双减”的目的是减轻负担而不是完全去除“负担”。学习者除了要在学习的过程中寻求高效的方法，学习后的复习和巩固也是必不可少的。复习巩固不等于题海战术，并不是时间越长越好，存在最佳的度。以往的行为研究表明，150%的过度学习效果最好，即完全记住某个知识点后，再花学习时间的一半来巩固练习，效果最好。落实“双减”的重要途径是提质增效。教师在教授新知识的时候，要注意通过提问、类比、思维导图等形式帮助学生在新旧知识之间建立连接，并鼓励学生参与到辨析、评价一类的深度学习中，加强学生对知识的识记。只有这样，这些知识才能深深地“印刻”在学生的脑中。

参考文献

Gopnik A, Meltzoff A N, Kuhl P K, 1999. The scientist in the crib: minds, brains, and how children learn[M]. New York: William Morrow/HarperCollins.

Rosenzweig M R, 1996. Aspects of the search for neural mechanisms of memory[J/OL]. Annual Review of Psychology, 47: 1–32 [2023-07-19]. https://doi.org/10.1146/annurev.psych.47.1.1.

1.2

成长型思维

不给智力发展设限，你可以变得更好

研究2 Blackwell L S, Trzesniewski K H, Dweck C S, 2007. Implicit theories of intelligence predict achievement across an adolescent transition: a longitudinal study and an intervention [J]. Child Development, 78(1): 246–263.

研究3 Mangels J A, Butterfield B, Lamb J, et al., 2006. Why do beliefs about intelligence influence learning success?: a social cognitive neuroscience model [J]. Social Cognitive and Affective Neuroscience, 1(2): 75–86.

小兰比较擅长语文和英语，但是数学成绩不太理想，好几次月考之后成绩还是没有太大提升，因此她确信自己没有数学天赋。与此同时，虽然小兰经常因为语文和英语成绩受到夸奖，但是这种夸奖却不知不觉给她套上了一副枷锁，让她需要不停地证明自己在这些方面的优秀，每当成绩看起来不那么好时，她就会产生强烈的挫败感，甚至想放弃。

试着回忆一下，你自己的学习生涯中是否也有类似的情况？

背景介绍

本节将介绍两项研究，第一项是关于智力观的著名研究，该研究探讨了成长型思维与固定型思维如何影响学生的学习表现。该研究发现，认为智力可塑、可发展的学生比认为智力固定、不可变的学生数学成绩更优异。另外，仅仅让学生知道脑具有可塑性，培养他们的成长型思维，就有助于提高他们的学习成绩。第二项研究探究了成长型思维和固定型思维背后的神经机制：究竟是

什么原因使得成长型思维的学生成绩更优异？本节的主要内容是第二项研究，但为了方便读者更好地理解，我们从第一项研究说起。

卡罗尔·德韦克（Carol Dweck）是美国著名的心理学教授。她认为，学生可能对智力的本质持有不同的“理论”。有些学生认为智力是一个不可改变的、固定的“实体”（这种思维即固定型思维）；另一些学生则认为智力是一种可塑的品质，是可以发展的（这种思维即成长型思维）。研究表明，即使这两种学生的智力水平一样，对待智力的不同思维也会影响他们应对学术挑战的方式。对于那些具有固定型思维的学生来说，智力是固定的、不可控制的，是一种他们有很多或很少的“东西”。这使得他们倾向于评估这种能力，如果评估结果是负面的，就放弃努力。相比之下，具有成长型思维的学生相信智力可以通过努力得到提升，这使得他们更善于通过努力去克服困难、迎接挑战。

卡罗尔·德韦克和她的团队于2007年在《儿童发展》（*Child Development*）上发表了一项研究。该研究对373名七年级学生进行了追踪。研究者在学生入学时通过量表测试他们对智力的看法，以区分成长型思维和固定型思维的学生。这些学生入学后的数学课由同一位老师讲授。研究者测量了学生在七年级到八年级4个时段的数学成绩（包括考试成绩、平时作业成绩和课堂表现等，见图1–2）。结果表明，具有成长型思维的学生数学成绩不断提高，而具有固定型思维的学生数学成绩变化不大，甚至有下降的趋势。

更重要的是，研究发现通过让学生理解脑是可塑的，培养其成长型思维，

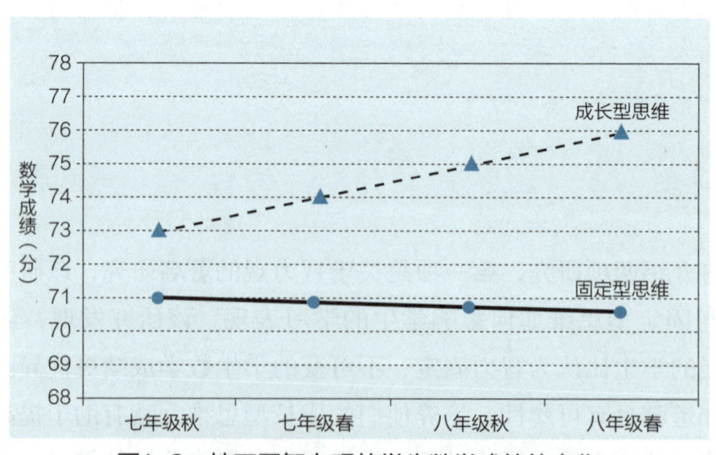

图1–2　持不同智力观的学生数学成绩的变化

也有助于提高学生的学习成绩。具体来说，研究人员进行了一次干预实验，学生被随机分配到实验组或对照组。实验组讲授脑可塑性（成长型思维）的相关知识，对照组讲授脑可塑性之外的有益于学习的知识。干预结束后，研究人员评估两组学生在课堂上表现出的动机和努力程度以及学习成绩，看其是否存在显著差异。

干预方案由8次课程活动组成，每周一次，每次25分钟，从七年级春季学期初开始实施。具体学习内容见表1–1。

表1–1　实验组与对照组的课程内容

时间	实验组	对照组
第 1—2 周	脑的结构与功能：脑解剖学、功能定位、神经元结构、神经传导	与实验组相同
第 3—4 周	成长型思维阅读课程，开展“你可以发展你的智力”活动	记忆策略课程
第 5—6 周	反定式思维课程：说明定式思维的弊端 学习技巧课程：讲授时间管理和学习技巧	与实验组相同
第 7—8 周	成长型思维讨论课程：学习使人更聪明；避免贴标签（如愚蠢、笨）	讨论课程：学业上的困难和成功；记忆和脑

研究结果表明，实验组和对照组在干预前数学成绩没有差异；实验组在接受了脑可塑性相关知识的培训后，学习成绩显著提升（见图1–3）。

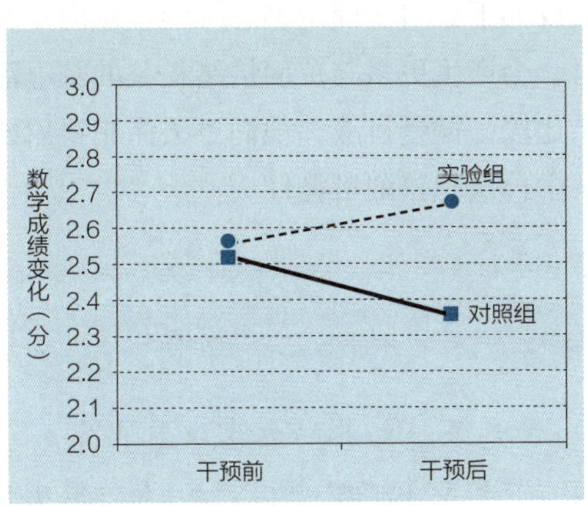

图1–3　实验组与对照组在接受不同课程后的数学成绩的变化

研究假设

在上述研究之后，卡罗尔·德韦克及其团队想进一步研究不同智力观持有者的学习表现差异背后的神经机制。之前的行为研究表明，那些认为智力固定不变的学生（固定型思维学生）在意识到自己有失败的风险时，成绩特别容易下降，而那些认为智力可塑、可以提高的学生（成长型思维学生）似乎更能保持有效的学习。

这可能是因为不同的智力观持有者追求的目标不同（Dweck，Leggett，1988；Mueller，Dweck，1998）。具有固定型思维的学生追求的是“成绩导向型目标”，他们更注重超越他人以证明自身的能力，也就是跟他人比，这使他们极易受到负面反馈的影响。当预期存在高错误风险时，他们更倾向于回避学习机会，或者在错误发生时逃避、忽略这些错误。事实上，当弱点暴露出来时，他们往往会放弃对未来成功至关重要的补救机会（Chiu，Hong，Dweck，1997）。与之相对，具有成长型思维的学生追求的是“学习导向型目标”，即通过努力提高自身的能力，也就是跟自己比，这使他们更倾向于接受有挑战性的任务。在遇到学业困难时，他们也更愿意进行补救活动。

2006年，曼格尔斯（J. A. Mangels）等人在《社会认知和情感神经科学》（*Social Cognitive and Affective Neuroscience*）上发表了文章，通过脑电记录（见专栏1–2）在神经层面上检验：（1）具有成长型思维和固定型思维的学生面对错误结果时有什么不同的反应；（2）他们在面对纠正其错误的新信息时有什么不同的反应。研究假设如下：（1）固定型思维学生倾向于跟他人比较，在面对关于其错误的反馈时，会产生更多与负面情绪相关的脑电活动；（2）成长型思维学生倾向于跟自己比较，偏爱挑战，他们更关注犯错后出现的纠正信息，从而降低在随后的测试中再次犯错的可能性。

专栏1-2　脑电记录与事件相关电位

脑电记录是一种记录脑电波的电生理监测方法，脑电图（electro-encephalogram，EEG）是其得到的一种图形，具体做法为通过放置在头皮处的电极来记录脑神经元自发产生的电压波动（voltage fluctuation），所测量的是众多神经元细胞兴奋时的突触后电位的同步总和。

事件相关电位（event-related potential，ERP）是一项基于脑电图技术，广泛应用于神经科学领域的研究手段。它能反映特定的物理事件或心理事件引发的脑神经元的电压波动。例如，当你听到一些声音或看到一些物体时，这些刺激会诱发脑相关神经元的激活，并促使其表现出电位变化。这种电位变化被脑电记录仪所记录，借由滤波和信号叠加技术，由视觉或听觉刺激诱发的成分得以从杂乱的脑电信号中被提取出来。因此，脑电记录仪是我们得以窥探脑这一“黑匣子”的利器之一。

脑电记录的空间分辨率有限，即对于检测到的脑电成分是由脑的哪个部位产生的无法准确定位，但它具有毫秒级的时间分辨率，这是磁共振技术所不具备的。

方法

通过智力观问卷的筛查，研究者从500多名大学生中选取出具有代表性的22名固定型思维学生（平均年龄21岁）和25名成长型思维学生（平均年龄21.6岁）。这些学生要在电脑上参加一个涵盖各学科知识的通识类测试。在第一个测试阶段，学生在看到每个问题后，需要通过键盘输入问题的答案（3—8个字母）。如果完全不知道答案，可以输入“XXX”跳过。随后，他们需要对自己的答案做1—7分的信心程度评价，1代表“肯定错”，7代表“肯定对”。

接下来，研究者会给学生两种反馈。第一种是问题的回答正确与否（“成绩反馈”），第二种是问题的正确答案是什么（“学习反馈”）。无论学生的回答正确与否都会出现学习反馈。

第一个测试阶段结束后，学生短暂休息。第二个测试阶段对上一次阶段中错误的题目进行重测。只有在第二个测试阶段开始时，学生才被告知他们将要回答的问题是他们前面做错的问题。这样做的目的是避免学生在第一阶段有意识地记住做错的题目的答案。在事后汇报中，所有学生都表示对重新测试感到惊讶，即他们事先不知道会对错误的题目进行重测。在两个测试阶段学生都戴着电极帽采集脑电数据。

结果

行为结果

固定型思维组和成长型思维组的学生在初测成绩上没有显著差异（固定型思维组平均正确率40.8%，成长型思维组平均正确率41.5%）。但是，成长型思维组的学生在重测中明显表现出更大的进步。如图1-4所示，两组学生都能在重测中纠正大部分错误，但成长型思维组的学生纠正的错误多于固定型思维组的学生。

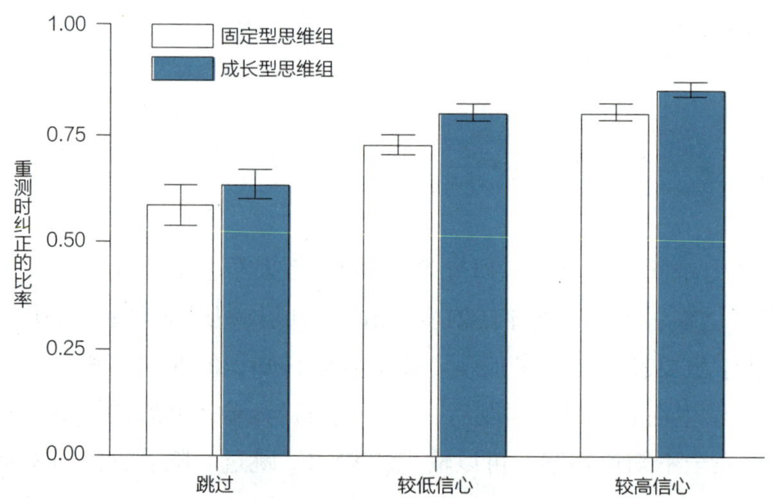

图1-4 固定型思维组和成长型思维组在重测阶段的纠正比率（按初测中不同的信心程度划分）

脑电结果

“成绩反馈”的反应差异

与成长型思维组的学生相比，固定型思维组的学生在面对回答错误的“成绩反馈”时，前额叶脑电图显示出更强的P3成分（即大约在刺激，也就是该实验中的“成绩反馈”出现后的300毫秒时出现的正波）。这种成分与负向情绪相关，即在该实验中，其强度与对自己的能力不如别人的担忧程度呈正相关。研究者进一步对两组学生做了P3成分的波幅与“成绩导向型目标”分数的相关分析，发现固定型思维组二者呈正相关。换句话说，学生越是强烈地感觉到“在学校学习时，证明我比其他学生更聪明非常重要”，其前额叶P3成分的波幅就越大。这种相关性在成长型思维组则没有那么明显。

“学习反馈”的反应差异

“学习反馈”（测试问题的正确答案）出现后的250毫秒到500毫秒之间，成长型思维组和固定型思维组学生的左下颞叶都表现出与记忆有关的负波。但成长型思维组的波幅更大。此外，在固定型思维组中，这个与记忆相关的成分很快就恢复到了基线水平，而成长型思维组的这个波形会持续500毫秒到1000毫秒。这些结果表明，对智力持有的不同观点也会影响个人对与学习有关的信息的处理。

总而言之，通过采集实验参与者的脑电信号，该研究发现，固定型思维的学生面对关于其错误的反馈时，前额叶的P3成分更强，这说明固定型思维的学生更多以证明自己的能力为目标导向。在负面反馈之后，具有成长型思维的学生对纠正性信息（正确答案）表现出更强、持续时间更长的记忆相关脑电波。这表明具有成长型思维的学生更多以学习本身为目标导向，这也有助于他们在随后的突击重测中避免重蹈覆辙。

教育启示

本节所介绍的研究显示，具有成长型思维的学生和具有固定型思维的学生在对成绩相关信息的评估和对学习相关信息的关注上存在差异。在某种程度上，具有固定型思维的学生可能将与成绩相关的负反馈（如做错题目、低考试分数）视为对自身能力认知的威胁，而不是自身能力发展过程中会出现的正常事件。另外，他们可能在与学习内容相关的反馈（如错题的正确答案）的“深度”加工上投入较少的精力，这最终损害了他们在随后的重新测试中纠正尽可能多的错误的能力。而具有成长型思维的学生在面对负面反馈的时候会把更多的注意力和认知资源放在对正确知识的“深度”加工上，他们释放的脑电中那些处理学习相关信息时与记忆相关的波形持续的时间更久。这一定程度上让他们在下次面对同样的错误时能够更好地应对。

大家或许对成长型思维并不陌生，但在这项研究之前，关于成长型思维的研究大多关注行为的表现层面，主要体现为学生的学习成绩和学习表现。但是成绩和表现是结果，对导致这个结果的过程我们仍不清楚。脑就像一个“黑匣子”，幸运的是，我们有神经科学技术这个可以窥探“黑匣子”的秘密武器。神经科学使我们能够专注于学习过程而不是学习结果。从上面这项研究可以看出，具有成长型思维的学生之所以能获得更大的学业上的成功，背后的原因是多维的，既包含对待失败的态度，也包含对学习目标的定位。

卡罗尔・德韦克和她的研究成果在教育界掀起了一波“成长型思维热”。事实证明，智力不是与生俱来、固定不变的。相反，它是在我们的生活中不断形成和发展的。这就意味着，每当学生学习新知识的时候，他们的脑就会发生变化，就会有新的神经联结形成。脑可塑性这一理论以及相关的研究证据对教育实践有着重要的指导意义，但是目前有关脑可塑性的理论和研究对我国教育教学实践的影响还十分有限。卡罗尔・德韦克关于成长型思维的研究是一次难得的理论与实践的结合，让我们看到了脑科学应用于教育实践的无限潜力。事实上，德韦克也开发并在学校系统推广了相关的脑科学课程，目的是让学生通过了解脑的可塑性建立成长型思维，并教导学生更好地利用脑进行学习。课程主要包括四个单元。其中，第一单元介绍了“脑的基础知识”，包括脑需要什么、脑如何通过感觉器官收集信息，并引导学生探索学习是如何发生的。第二单元“脑的行为”介绍了神经元是什么、神经元如何建立联结，以及脑如何对情绪和威胁做出反应。第三单元“脑的建构”采用成长型思维模式所提倡的原则，探索了智力为什么不是固定不变的，并且实践了“脑使用得越多，其功能发展得越好”的观点。第四单元“脑的助推器”探索了记忆及其策略，以期提高记忆效果。尽管在已经略显紧张的课程中加入“脑科学”课程多少有点困难，但是教师们仍旧应该思考如何将这些知识融入日常的教学中，让学生们意识到脑的可塑性，建立对智力和能力正确的态度。

参考文献

Chiu C Y, Hong Y Y, Dweck C S, 1997. Lay dispositionism and implicit theories of personality [J]. Journal of Personality and Social Psychology, 73(1): 19–30.

Dweck C S, Leggett E L, 1988. A social-cognitive approach to motivation and personality [J]. Psychological Review, 95(2): 256–273.

Mueller C M, Dweck C S, 1998. Praise for intelligence can undermine children's motivation and performance [J]. Journal of Personality and Social Psychology, 75(1): 33–52.

第二章
注意与记忆

在纷繁复杂的感官环境中，关注物体、人和空间位置的能力是人类认知的基础。目前，我们通常认为注意力指的是注意能力，即人的心理活动指向和集中于某种对象的能力，换句话说，就是一个人对一件事专心和投入的程度。不过，人的注意资源是稀缺的、有限的，并不能同时关注所有的事件，而是有选择性的。个体在面临多信息或多任务时必须分配其有限的注意力，因此，对某一事件投入更多的注意势必意味着在另一事件上注意力的下降。

注意力的发展与儿童的脑、语言、认知水平等的发展密切相关并相互促进。注意力水平的高低直接影响着智力发展和信息处理的能力。注意力是随着年龄不断发展变化的。不过您可能会发现，在同一个年龄段、同一个班级里，学生的注意力常常存在很大的个体差异。这一差异到底是由基因遗传因素还是其他因素导致的呢？是否可以通过后天训练来提高注意力？这些都是值得探索的问题。

现在，让我们继续将思绪向前推进，来关注一下持续的注意带来的结果——记忆。

心理学家从信息加工的视角，把记忆定义为存储和提取信息的能力。艾宾浩斯（H. Ebbinghaus）通过创新的研究方法发现了关于遗忘的规律，从而开拓了记忆研究。根据提取方式，记忆可分为外显记忆和内隐记忆。内隐记忆是指人们不知道自己拥有这种记忆，但在进行特定任务时会自动表现出来的记忆。外显记忆是指需要意识努力才能提取的记忆。按照记忆内容的特点，记忆又可分为陈述性记忆（关于一些事实和事件是什么的记忆）和程序性记忆（关于怎样做某件事的记忆）。按信息存储时间的长短，记忆又可以分为瞬时记忆、短时记忆和长时记忆。编码、存储和提取是记忆加工的三个基本过程，它们在复杂的交互作用中协同工作，帮助我们形成和使用记忆。

本章将介绍两项研究。第一项研究从行为学和脑科学层面探讨了训练、发育和遗传对4—6岁儿童执行注意力的影响。第二项研究说明了就记忆的效果而言，那些具有相似的脑活动模式的重复学习过程可以预测更好的后续记忆表现。

2.1

抓住时机，也能“提早”注意

研究4 Rueda M R, Rothbart M K, McCandliss B D, et al., 2005. Training, maturation, and genetic influences on the development of executive attention [J]. Proceedings of the National Academy of Sciences of the United States of America, 102(41): 14931–14936.

> 在信息丰富的世界里，唯一稀缺的资源就是人类的注意力。
>
> ——赫伯特 · 西蒙（Herbert Simon）

背景介绍

注意力与多个脑网络系统相关联（见专栏2-1）。其中，执行注意网络涉及前扣带回和外侧前额叶两个主要脑区，负责注意控制和解决不同反应之间的冲突。在需要注意控制的情况下，例如不同刺激之间存在冲突时，前扣带回会被强烈激活（Fan et al., 2003）。除了注意冲突，在涉及认知加工的各种任务中，该区域也处于活跃状态。前扣带回还与注意系统的情绪调节机制相关，并且这一调控能力在注意系统中最先发育成熟，背外侧扣带回的认知控制能力则在自然成长或训练后出现。通过参与注意力训练，儿童可以发展和加强这些神经通路，从而提高执行注意功能。

不过，不同个体的注意脑网络的效率存在明显的个体差异。气质因素［如有意控制（effortful control）[1]］与个体调节与控制注意、行为和情绪的能力相关。以往研究表明，具有较高有意控制水平的个体往往具有更强的注意力

1 “有意控制”是反映个体抑制外界干扰、进行自我调节能力的气质维度。研究表明，有意控制与个体的执行功能密切相关。

（Rueda et al.，2004）。此外，具有特定基因型的儿童，例如携带DAT1（多巴胺转运体类型1）基因的纯长型等位基因（见专栏2–2）的儿童，可能表现出

专栏2–1　注意的三大网络

注意网络模型按照功能分类，包含警觉、定向和执行控制三个相对独立的子系统。简单来说，注意警觉是指达到并维持对外界信息高度敏感的状态，注意定向是指从大量外界输入的信息中选择特定信息的过程，而注意的执行控制指向完成监测和解决冲突等一系列复杂行为的能力（Petersen，Posner，2012；Fan et al.，2009）。这些成分对应着不同的大脑区域，总体上主要是大脑额叶–顶叶网络区域。通过检验在完成特定注意任务时大脑这些区域的信号变化，可以有效探测个体注意系统中各网络的工作效率。

专栏2–2　等位基因

等位基因（allele，又作allelomorph）一般指位于一对同源染色体的相同位置上控制着相对性状的一对基因（Glenn，2011）。如果在同源染色体上的基因（或基因座）上的两个等位基因是相同的（如AA，aa），那么该基因对就此性状来说就是纯合子。如果等位基因不同（如Aa），那么该基因对就该性状来说就是杂合子。此外，基因也存在不同变体或版本，如长等位基因和短等位基因。长等位基因具有比同一基因的其他变体更长的序列或更多次的特定DNA序列重复。相反，短等位基因具有比同一基因的其他变体更短的序列或较低数量的特定DNA序列重复。长、短等位基因都与某些生理或心理相关联。以血清素转运蛋白基因（SLC6A4）这一与心理和精神密切相关的基因为例，研究表明，短等位基因与对压力的敏感性提升有关，会增加个体患多种心理健康相关疾病的风险，包括抑郁、焦虑、自杀和与压力相关的药物滥用（Caspi et al.，2010）。而纯合子长等位基因往往被发现与压力反应减弱和情绪反应减弱有关。

更好的注意力。气质和基因这些遗传因素可以影响执行注意功能，造成注意力的个体差异。然而，需要注意的是，虽然遗传因素在塑造个体注意功能差异方面起着重要作用，但环境因素仍然可以影响一个群体的平均表现。通过特定的干预和练习，注意力可以得到改善和提升，基因则可能影响个体对训练的反应程度。

研究假设

儿童期是注意力发展的一个重要时期。有研究发现，年幼的儿童特别是4岁以下的儿童，在执行涉及解决某种形式的刺激冲突的任务方面有很大的困难（Petersen，Posner，2012；Rueda，Posner，Rothbart，2005）。鲁埃达等人（Rueda et al.，2004）采用儿童版注意力网络测试（Child ANT，一种测量三个核心注意力功能的测试）测量了儿童的执行注意水平，结果表明，在3岁到7岁之间，儿童的执行注意力有明显发展。然而，鲁埃达等人进一步研究发现，儿童在注意力网络测试中执行功能部分的表现在7岁以后没有明显提升，这可能是因为这个年龄段儿童的表现已接近成人水平（Rueda，Posner，Rothbart，2005）。这似乎说明，儿童的执行注意力在3—7岁处于持续发展阶段。不过，在这个发展阶段中，遗传和训练如何影响注意力的发展及其相互作用情况，尚不可知。

因此，在这项研究中，研究者探索了一种针对执行注意功能的特定训练是如何影响注意力的发展的。研究对象是4岁和6岁的儿童，以便比较自然发育和训练条件下儿童注意执行系统的发展变化，以及遗传因素在其中的影响。该研究采用了一种用于训练猕猴进行太空旅行的方法（Rumbaugh，Washburn，1995），并对原训练模块进行了适当修改，以保证训练内容具备趣味性和可理解性。在训练前后，研究者采用儿童版注意力网络测试测量了儿童的执行注意水平，同时使用脑电记录仪记录了儿童的脑活动，从而评估他们的注意水平。此外，研究还测量了儿童的智力和气质类型，并通过口腔拭子采样对其DAT1基因进行了基因分型。

方法

研究对象

共有49名4岁（平均年龄：52个月）和24名6岁（平均年龄：77个月）儿童参加了这项研究。24名4岁儿童参加了实验1，25名4岁儿童参加了实验2，24名6岁儿童参加了实验3。在每个实验中，儿童被随机分为训练组（12人）和对照组（12人，仅在实验2中为13人）。

研究流程

参与实验的第一天，研究者对儿童实施儿童版注意力网络测试、智力测验（考夫曼简明智力测验），并让家长填写儿童行为问卷以分别了解他们接受训练前的注意力水平、智力水平和气质类型。参与实验的儿童在2—3周的时间内进行为期5天的训练，训练内容见下文。

儿童版注意力网络测试在电脑上完成。电脑屏幕上呈现五条水平排成一排的鱼，任务是根据中间的鱼的朝向进行按键反应。在一致的条件中，两侧的鱼与中间的鱼朝向相同；在不一致的条件中，两侧的鱼与中间的鱼朝向相反。不一致条件的反应时减去一致条件的反应时即冲突得分（反映注意三大网络中执行控制网络的得分）。

在最后一天，这些儿童接受了与第一天相同的测验，以检验训练的效果。

除了行为测验，研究者还对大多数参与实验3的6岁儿童进行了口腔拭子采样，以对DAT1基因进行基因分型，该基因此前已被发现与执行注意有关。同时，在后测阶段，有40名儿童在进行儿童版注意力网络测试时接受了脑电记录以探究相应的大脑活动。

训练内容

三个实验对应的训练流程基本相同。训练为期5天，分为9个（实验 1和实验2）或10个（实验 3）练习。每个练习都是与执行注意相关的特定类型的训练，分为多个级别，儿童通过连续做出一定数量（通常是3个，即晋级标准）的正确反应来进入下一个级别。所有的训练均在电脑上完成，具体训练内容见表2–1。

表2-1 训练内容

	序号	训练内容	级别数量（个）	所需完成最少试次数（个）	晋级标准（个）
侧边练习	1	参与者要将猫移到草地上并避开泥泞的地方。起初，草地在屏幕的四面都有，但随着泥地的出现，草地的面积会越来越小，控制的难度增大。	7	21	3
	2	参与者要抓住一把移动的伞以防止猫被淋湿。	7	21	3
	3	参与者要在迷宫中引导猫获得食物。	6	6	1
预测性练习	4	参与者要把猫移到鸭子可能出现的地方，来预测鸭子在池塘里的运动。在此简单版本的训练中鸭子是可见的。	7	21	3
	5	参与者要把猫移到鸭子可能出现的地方，来预测鸭子在池塘里的运动。在此复杂版本的训练中鸭子在水底游动，所以它的运动轨迹是不可见的。	7	21	3
刺激辨别练习	6	参与者要记住不同的卡通画像，并从一个阵列中将画像挑选出来。在此简单版本中，当参与者选择项目时，样本画像仍留在屏幕上。	7	21	3
	7	参与者要记住不同的卡通画像，并从一个阵列中将画像挑选出来。在此复杂版本中，样本画像在阵列呈现之前就消失了，迫使参与者记住样本画像。	7	21	3
冲突解决练习	8	参与者要从两组项目中选择正确的数字来匹配屏幕上的数字。	5	45	9
	9	参与者要移动操纵杆来挑选出两个阵列中数量较大的那个。在简单版本的训练中，阵列由苹果组成，每组苹果的数量有明显的不同（例如2个与7个）。在复杂版本的训练中，物品变成了数字（例如7个数字2与2个数字9）。	6	18	3
抑制控制练习	10	该训练仅对实验3中的6岁参与者进行。参与者要帮助农夫把羊带进栅栏。参与者首先要点击屏幕中间的一捆干草，从而让它后面的动物显示出来，这个动物可能是一只羊或一只披着羊皮的狼。参与者被要求在有羊的时候尽可能快地点击，但如果画面是狼，就不要做出反应。在更难的关卡中，羊在短暂的间隔后会变成狼。	7	66	6

实验1与实验2的训练组内容相同（训练1—9），仅在对照组的任务设置上有差异：在实验1中，对照组仅接受前后测，不接受训练；在实验2中，对照组儿童观看9次动画片。在实验3中，训练内容比实验1和实验2多1个训练内容

（训练10），对照组儿童则相应观看了10次动画片。

结果

该研究的结果显示，单纯从自然发育的角度来看，儿童的执行注意力在4—6岁有了显著的发展，表现为与4岁的儿童相比，6岁儿童的冲突解决能力和执行注意力都明显提高。这一点也在脑电图的变化上得以体现。在进行儿童版注意力网络测试时，未接受训练的4岁儿童在不一致条件下未显示出比一致条件下更强的额前区负波；而6岁儿童的脑电图则显示了这种波形变化，并与成年人的波形变化一致。已有研究认为前额叶是执行注意网络的关键区域（Fan et al.，2003）。

从训练的角度来看，该研究发现，5天的短暂训练可以加速执行注意力的发展。训练后，6岁儿童的儿童版注意力网络测试得分（39毫秒）与成年人在这项任务上的得分（30毫秒）相当接近。总体而言，训练效果约为从4岁到6岁这两年发育所致效果的一半。训练效果与发育的效果在各方面都类似，使儿童的冲突得分更接近成年人的水平。

训练后的脑电数据表明，训练对儿童脑功能产生了特定的影响，这一影响也与发育的影响类似，即训练后儿童的脑活动变化更接近成年人。经过训练的4岁儿童在前额叶表现出更明显的负波，且不一致条件下的负波振幅比一致条件下更大，未接受训练的6岁儿童也呈现出相同的前额叶变化；接受了训练的6岁儿童则表现出与成年人数据相似的背侧前额叶变化，这和成年人的表现更加接近。前扣带回区域的前部和后部分别与情绪和认知形式的注意力调节相关（Bush，Luu，Posner，2000）。总体来讲，训练达到的效果和年龄增长带来的发展是一致的，训练可以促使儿童的注意力发育到更大年龄段才能呈现的状态。

基因与注意力的关联也引发了一个问题：哪些儿童更容易受到训练的影响？该研究的基因数据结果表明，拥有DAT1纯合子长等位基因的儿童在解决冲突方面能力更强，这可能是由于DAT1的长等位基因与更强的自控力和较低的外向性（活泼性）有关。这表明那些较外向且自控力较弱的孩子可能更受益于注意力训练。自控力和儿童版注意力网络测试中的冲突得分已被证明具有很高的遗传性（Fan et al.，2001），具有DAT1纯合子长等位基因的儿童对表达行为有更好的控制。当前发现也与具有DAT1纯合子长等位基因的儿童表现出更成熟的脑活动模式的趋势相吻合。

讨论

该研究促进了我们对执行注意力发展的理解，揭示了执行注意力、大脑功能和基因型（DAT1）之间的关联。这一发现为发展认知神经科学的研究开辟了新的方向，推动后续研究者从“遗传学–大脑功能–行为”的角度探索个体认知差异。更为重要的是，该研究表明，在儿童早期可以通过训练加快个体执行注意力的发展，训练效果甚至可以延伸至更一般的认知能力。尤其是对于6岁儿童，在脑电信号上，训练组比对照组表现出更类似于成年人的神经反应。这一发现可能会为有注意力和其他行为问题的儿童带来更好的干预策略。

教育启示

注意在认知领域占据着重要地位。本节介绍的研究揭示了自然发育和干预对注意力发展的影响，为有注意力相关困难风险的儿童进行早期评估和干预提供了启示。执行注意力的发展不仅依赖于遗传因素，还可以通过环境因素和干预来改善。该研究强调了早期干预有望改善儿童的注意力。这不失为一个好消息，尤其是对于注意力水平低下或有脑损伤的儿童，比如患有注意缺陷多动障碍的儿童来说，可以通过为其量身定制的认知训练或神经反馈技术来进行干预和治疗。注意过程疗法的有效性已经得到相关实证研究证据的支持。一项干预研究发现，训练25小时后，注意缺陷多动障碍儿童的工作记忆水平和智商均有所提升（Klingberg，Forssberg，Westerberg，2002）。

需要注意的是，教育工作者在设计和开展干预活动时，要注意不同儿童的实际状况，因为儿童注意力的发展会受到个体差异（年龄、有意控制、基因）的影响。例如，在本节介绍的研究中，6岁的儿童在执行注意力干预上表现出较明显的训练效果，因为他们的注意功能本身已接近成人水平，训练更容易加速其注意功能的发展。而4岁儿童的注意功能还在发展成熟中，过度训练对其注意功能的发展未必有利。

在日常生活和教学中，家长和教师应该把握注意力培养的关键阶段，采取积极的干预措施促进儿童注意力的发展，为幼小衔接做好准备。家长和教师可以设计有挑战性的执行注意活动，如拼图和棋盘游戏来提高儿童的注意力。在注意力培养的过程中，儿童的年龄和气质特征是需要考虑的因素。在儿童的注意功能尚未发育成熟时，不应安排超出其注意容量的学习内容，或者不符合其气质特征的训练活动，以免适得其反。

参考文献

Bush G, Luu P, Posner M I, 2000. Cognitive and emotional influences in anterior cingulate cortex [J]. Trends in Cognitive Sciences, 4(6): 215–222.

Caspi A, Hariri A R, Holmes A, et al., 2010. Genetic sensitivity to the environment: the case of the serotonin transporter gene and its implications for studying complex diseases and traits [J]. American Journal of Psychiatry, 167(5): 509–527.

Fan J, Fossella J, Sommer T, et al., 2003. Mapping the genetic variation of executive attention onto brain activity [J]. Proceedings of the National Academy of Sciences of the United States of America, 100(12): 7406–7411.

Fan J, Wu Y H, Fossella J A, et al., 2001. Assessing the heritability of attentional networks [J/OL]. BMC Neuroscience, 2:14 [2023-07-19]. https://doi.org/10.1186/1471-2202-2-14.

Fan J, Gu X, Guise K G, et al., 2009. Testing the behavioral interaction and integration of attentional networks [J]. Brain & Cognition, 70(2): 209–220.

Glenn A L, 2011. The other allele: exploring the long allele of the serotonin transporter gene as a potential risk factor for psychopathy: a review of the parallels in findings [J]. Neuroscience & Biobehavioral Reviews, 35(3): 612–620.

Klingberg T, Forssberg H, Westerberg H, 2002. Training of working memory in children with ADHD [J]. Journal of Clinical and Experimental Neuropsychology, 24(6): 781–791.

Petersen S E, Posner M I, 2012. The attention system of the human brain: 20 years after [J]. Annual Review of Neuroscience, 35: 73–89.

Rueda M R, Fan J, McCandliss B D, et al., 2004. Development of attentional networks in childhood [J]. Neuropsychologia, 42(8): 1029–1040.

Rueda M R, Posner M I, Rothbart M K, 2005. The development of executive attention: contributions to the emergence of self-regulation [J]. Developmental Neuropsychology, 28(2): 573–594.

Rumbaugh D M, Washburn D A, 1995. Attention and memory in relation to learning: a comparative adaptation perspective [M]// Lyon G R, Krasnegor N A. Attention, memory and executive function. Baltimore: Brookes Publishing Co.: 199–219.

2.2

看了很多遍，还是记不住？

“过目”还需“过脑”

研究5 Xue G, Dong Q, Chen C S, et al., 2010. Greater neural pattern similarity across repetitions is associated with better memory [J]. Science, 330(6000): 97–101.

> 旧书不厌百回读，熟读精思子自知。
>
> ——苏轼《送安惇秀才失解西归》

背景介绍

日常生活中，学习往往涉及重复练习。早在两千多年前，亚里士多德就认识到人们经历某件事情的次数越多，对该事情的印象就越深刻。我国文化中也有很多鼓励重复练习的俗语，例如“书读百遍，其义自见”。可见，重复练习对记忆和学习非常重要。然而，即使不断重复，很多学生还是会遇到“记不住”“记不准”等问题；花费同样的学习时间或次数，有的学生记忆效果好，有的学生脑子空空或记忆错误。问题出在哪里？

如果仅从行为层面进行研究，我们便无法知道重复学习是如何叠加在一起改善后续记忆效果的。编码可变性假说（encoding variability hypothesis）提出，学习情景会随时间发生变化，因此每个学习情景被编码的过程都是不同的，每个后续的学习情景都可以作为检索线索，以重新激活和加强在早期学习情景中存储的信息的记忆表征。例如，在AC中A的出现能够恢复对AB的记忆并因此增强对B的记忆。也就是说，更大的编码可变性会导致更好的记忆，但尚未有神经层面的研究验证这种说法。接下来我们所介绍的研究使用功能性磁共振成像（functional magnetic resonance imaging, fMRI）技术（见专栏2-3），从大脑神经活动的相似性出发，探究那些记得更牢的学习内容在脑中诱发了怎样的变化，考察更好的记忆与什么样的编码特征相关。

专栏2-3　功能性磁共振成像（fMRI）

磁共振扫描仪除了能够对脑进行结构性的成像，还可以探测脑的功能运作，即进行功能性的磁共振成像。换言之，当参与者的脑正在接受fMRI扫描时，研究者可以让他回答问题、观看图片、阅读短文等等。于是，研究者就能准确地了解哪些脑区参与了上述活动。这是如何做到的呢？其实，脑和其他身体器官一样，在工作的时候都需要消耗一定的能量。fMRI正是通过探测脑激活区域血流中的氧含量和葡萄糖消耗的变化来了解脑的运作的。fMRI是一项完全无创且空间分辨率极高的脑成像技术，这使得该技术在脑科学领域发挥了巨大的作用。

方法与结果

这项研究包括3个实验。实验1为面孔再认实验。24名实验参与者（平均年龄为22.8岁）在磁共振扫描仪中学习和记忆120张新面孔（见图2-1A）。每张面孔图片共重复出现4次，每2次重复出现之间呈现1—20张其他面孔图片。扫描任务完成1小时后，参与者接受了后续记忆再认测试，测试内容包括240张面孔图片，其中一半是学过的，一半是新的，它们被随机混合在一起。对于每张图片，参与者需要判断它是否曾经出现过，并在一个6点量表上评估自己对判断的信心，1代表肯定没出现过，6代表肯定出现过。

研究者计算了每张面孔4次重复时诱发的脑活动信号值的平均数，比较了被再认成功的面孔和被遗忘的面孔所引发的相关脑活动的差异，发现再认成功的面孔会在左侧梭状回和右侧梭状回[1]引起更强的脑活动（延伸到了内侧颞叶和外侧枕叶），这与以往研究的结果一致。

研究者选取了负责视觉感知和记忆编码的关键脑区作为感兴趣区域，它们是分布在背侧和腹侧视觉通路、额顶区以及中、内侧颞叶的20个解剖学上独立的脑区。然后，研究者提取了每个感兴趣区域内每个体素的信号，并使用表征相似性分析[2]考察重复试次之间fMRI激活模式的相似性程度，使用皮尔逊相关系数作为相似性的度量值。结果表明，对那些再认成功的面孔图片所激活的脑区而言，其中9个脑区在重复学习时的脑活动模式相似性程度远远高于被遗忘（再认失败）面孔图片所激活的脑区的脑活动模式相似性。这些结果说明，在重复学习项目时脑区活动的模式相似性与后续再认时的记忆表现存在正相关。

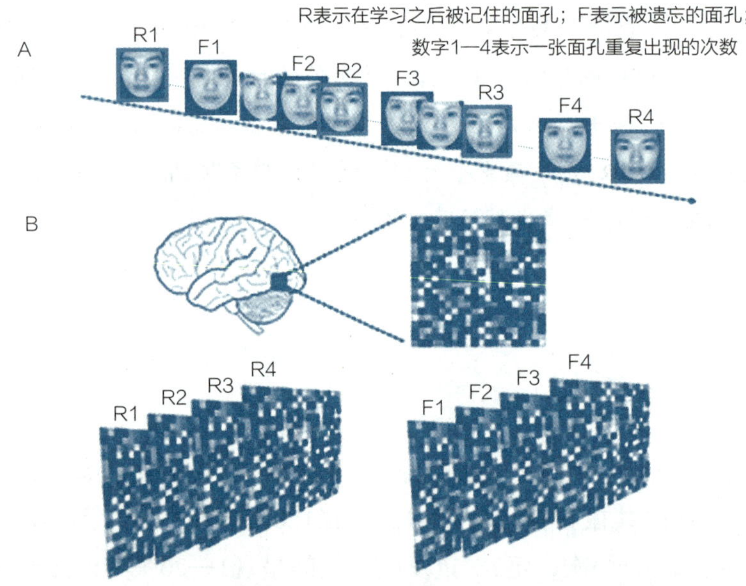

图2-1　实验1的实验设计（A）和交叉重复模式分析所得的模式（B）

注：（A）实验参与者总共学习了120张新面孔图片，每张图片重复4次。根据1小时后进行的再认测试的表现，面孔图片被归类为记住的面孔（R1到R4）和遗忘的面孔（F1到F4）。对记住的面孔和遗忘的面孔的每个试次进行单独建模。（B）基于独立的感兴趣区域（B顶行）进行模式分析。首先为给定感兴趣区域中的每个体素提取激活模式，然后对重复的面孔诱发的脑活动模式进行皮尔逊相关分析（B底行）。

1　梭状回是负责面孔加工的脑区。

2　在脑科学中，表征相似性分析是一种用于比较和分析脑活动模式或脑区之间相似性的方法。它涉及将脑活动或脑区的特征表示为向量或特征空间中的点，并计算它们之间的距离或相似性度量来衡量它们的相似程度。

相比呈现图片线索的再认测试，自由回忆任务更容易受到前后情境的影响。实验2进一步探究了记忆编码时的脑活动模式相似性是否与之后的自由回忆表现有关。实验参与者（22人，平均年龄为20.5岁）被要求在扫描期间对熟悉的单词进行语义（具体的或抽象的）判断任务。一共有180个单词，每个词重复三次，同1个单词2次呈现的间隔为1—18个其他单词。判断任务结束后，参与者被要求在6小时后返回实验室，进行两项记忆测试。在第一项测试中，参与者被要求在扫描仪中自由回忆所学过的单词；在第二项测试中，他们被要求进行类似于实验1中的再认测试。

在这180个单词中，实验参与者平均自由回忆成功的个数是44.7个，平均再认成功的个数是81.2个，平均遗忘（自由回忆失败或再认失败）的个数为54.1个。根据实验参与者的自由回忆和再认表现，将试次分为自由回忆成功、再认成功和遗忘三种。实验2同样对20个感兴趣区域脑活动的模式相似性进行了计算，方法同实验1。结果表明，对那些自由回忆成功的单词而言，其中15个脑区在重复学习时脑活动模式的相似性程度远远大于学习那些再认成功或遗忘的单词时的脑活动模式相似性程度。

实验1和实验2考察了再认和自由回忆时脑活动的表征相似性，但都是基于不同项目的平均激活状态分析的，即那些记忆成功或再认成功的不同项目（面孔或单词）被平均了，因此不能区分目前的结果是项目水平的编码加工程度（比如每个项目被重复4次或3次）不同导致的还是过程水平的编码加工程度（比如感知觉、注意加工或语义加工过程）不同导致的。为了区分两者的作用差异，实验3使用了慢速的实验设计，即每个试次中每个项目都需要实验参与者加工12秒，从而从技术上保证研究者可以提取每个项目每次出现时所引起的脑活动模式；由于功能性磁共振信号的时间特点，实验1和实验2无法提取单个试次的脑活动模式。

在实验3中，22名年轻的成年人（平均年龄19.56岁）被要求对60个熟悉的单词进行语义判断（如判断“士兵”或“桌子”是有生命的还是无生命的）。为了防止实验参与者在下一个判断项目出现之前悄悄记忆本次出现的单词，参与者在每个语义判断任务（持续3秒）之后需进行8秒视觉方向判断任务，在这个任务结束1秒后才进入下一个试次。每个判断项目重复4次，同一个项目重复呈现的间隔为4—9个其他项目。判断任务结束后30分钟，参与者被要求自由回忆他们在扫描仪中学习过的单词。然后，研究者同样对20个脑区活动的模式相似性进行了计算，并考察脑区活动的模式相似程度是否与后续自由回忆的表现有关，方法同实验1。

结果表明，实验参与者能够回忆起来的平均词语数是13.5个。与实验2的结果类似，在后续自由回忆成功的那些试次中，左侧额中回和额下回、左侧背外侧枕区和关联的内侧颞叶的活动程度显著高于那些遗忘的试次。对大脑活动模式相似性的分析发现，7个脑区的活动模式相似性程度在那些成功自由回忆的试次中远远高于遗忘的试次。

讨论

实验1的结果表明，重复学习情景之间的脑活动模式的相似性程度与再认测试中的记忆表现有关。实验2将对面孔的情景记忆扩展到对单词的陈述性记忆中，不仅发现了成功再认的单词所对应的脑活动模式相似性高于遗忘的单词，而且发现了成功自由回忆的单词伴随的脑活动模式相似性比成功再认的单词更高。实验3使用单试次分析进一步证明了脑活动模式相似性与更好的记忆成绩有关。

这些实验总的结果表明，记忆可以通过后续重复学习时重新激活最初的神经表征而得到增强。对于语言和非语言材料，以及自由回忆和再认测试而言，模式重现可以解释后续记忆效果。当相同的神经表征被恢复时，重复学习的情景会导致更有效的编码，总体研究结果不支持编码可变性假说。

为何重复学习效果不同？或许可以结合以往研究和本章介绍的研究一起解释。以往研究表明，精确重复对记忆有良好的影响：相较于大概地记忆，精确重复可以提高回忆和再认的表现（Dewhurst，Anderson，1999）。这从行为层面支持了本节介绍的研究，相似性越高的脑活动模式可能代表了精确度越高的重复学习过程。脑成像研究结果也表明，记忆的检索与感知这些项目时被激活的相同感觉区域的重新激活有关，那些更容易重复的神经模式与更有意识的认知处理相关，这表明脑活动模式的一致性可能是有效认知处理的重要标志（Schurger et al.，2009）。本节介绍的研究扩展了这些发现，表明在不需要明确检索的后续学习过程中，脑区活动特定激活模式的重复能够促进后续更强的记忆。研究结果也与显示记忆巩固的证据相一致，无论是在重复练习、记忆巩固还是记忆检索期间，重新激活那些最初学习时所诱发的神经模式，都有助于增强记忆。

教育启示

通常来讲，复习会带来正确的记忆。但实际上，机械式的重复记忆效果并不好。本节所介绍的研究结果显示，在重复学习项目时，不同脑区的脑活动模式越相似，个体对学习材料的记忆表现越好。由此，为了促进记忆效果，在重复学习情景中，比如复习时，我们就应该想方设法提高脑活动模式与先前学习时脑活动模式的相似性。但遗憾的是，目前还没有系统性的研究能够回答如何提高脑活动模式之间的相似性。

尽管如此，仍有大量研究给我们提供了能够提升记忆效果的方法。例如，间隔重复法被认为有助于记忆的维持。不同于传统的“死记硬背”，间隔重复基于人类记忆曲线的特点，即人们在学习之后的记忆随时间逐渐减退的规律，通过不断复习所学内容并逐步增加两次复习间的时间间隔来提升记忆效果。例如，当你学习一个新的概念时，可以在第二天复习，然后在第四天、第八天等时间复习。这种周期性的间隔复习模式可以使记忆更加深入，不容易遗忘。此外，自测在教育实践中也取得了显著的效果。相较于被动地反复阅读学习资料，主动地进行自我测试更能够锻炼我们提取信息的能力。每次测试都像对大脑进行一次“健身”，使其更加熟练地寻找和组织信息。研究显示，这种策略不仅能够提高考试成绩，更能够巩固长期记忆（Roediger，Karpicke，2006）。深度加工也有助于提高记忆。传统上，我们常常认为记忆是对信息的简单复制，但深度加工理论则强调了对信息的不同层次的处理。例如，当我们读到一个句子时，我们可以简单地关注其字面意义，也可以探求其背后的深层含义或与其他知识的关联。研究发现，这种深度加工不仅能够增强对当前信息的记忆，还能够促进对相关信息的学习（Craik，Tulving，1975）。

近期的脑科学研究还发现，提高记忆过程中注意力的参与或许是增强记忆效果的关键。罗丝等研究者（Rose et al.，2016）使用磁共振扫描仪记录了实验参与者在记忆编码过程中的脑活动，发现当实验参与者转移注意力时，与记忆项目相关的脑活动信号会直线下降，而使用经颅磁刺激[1]短暂增强大脑的注意控制状态时，与该项目相关的脑活动信号会有所回升。可见，学习过程中的认知控制或注意力保持或许才是良好记忆效果的关键。

睡眠在记忆中也起着关键作用。在我们沉睡时，大脑会“重放”白天学到的内容，从而加强其记忆痕迹。良好的睡眠习惯不仅对健康有益，对记忆也同样重要（Stickgold，2005）。

总而言之，教师在教授知识时，不仅要提醒学生多多复习，更重要的是要传授方法，引导学生进行有意义的、精确的重复，而非做表面功夫或只求记个大概。

参考文献

Craik F I M, Tulving E, 1975. Depth of processing and the retention of words in episodic memory [J]. Journal of Experimental Psychology: General, 104(3): 268–294.

Dewhurst S A, Anderson S J, 1999. Effects of exact and category repetition in true and false recognition memory [J]. Memory & Cognition, 27(4): 665–673.

Rose N S, Larocque J J, Riggall A C, et al., 2016. Reactivation of latent working memories with transcranial magnetic stimulation [J]. Science, 354(6316): 1136–1139.

Roediger H L, Karpicke J D, 2006. Test-enhanced learning: taking memory tests improves long-term retention [J]. Psychological Science, 17(3): 249–255.

Schurger A, Pereira F, Treisman A, et al., 2009. Reproducibility distinguishes conscious from nonconscious neural representations [J]. Science, 327(5961): 97–99.

Stickgold R, 2005. Sleep-dependent memory consolidation [J]. Nature, 437(7063): 1272–1278.

1 经颅磁刺激（transcranial magnetic stimulation，TMS）是一种非侵入性的神经调控技术，通过在头皮上放置脉冲磁场线圈来刺激并调节大脑皮层神经元的活动。在经颅磁刺激过程中，线圈会发出短暂的电流脉冲，产生一个瞬时变化的磁场。这个磁场会在大脑中诱发电流，并激活或抑制特定的神经元群。

第三章
压力与情绪

压力和不良情绪是生活中不可避免的一部分，深刻影响着我们的日常生活和心理健康。特别是在教育环境中，学生不断面临来自学业、个人成长和人际关系等多方面的压力。这些压力，如果发生得过于频繁或持续时间过长，不仅会降低学生的学习效率、影响他们的学业成绩，而且不利于他们的身心健康。在一些极端情况下，当学生无法有效解决问题或应对这些压力时，他们可能会产生习得性无助感，甚至患上抑郁等严重的精神疾病。因此，为了帮助学生应对这些挑战，我们需要引入有效的应对策略。这包括让学生科学地认识到压力和不良情绪的本质，教会他们运用情绪管理技巧以及建立积极的应对机制，从而避免过度压力和不良情绪所带来的破坏性后果。

本章聚焦教育中不可忽视的压力问题和情绪问题，重点揭示了压力与情绪如何深刻地影响学生的认知过程和行为模式。同时，本章也强调了正确管理情绪、积极应对压力的重要性。这一章共分为三个小节。在第一小节中，我们详细介绍了学生在真实的考试压力环境中的认知表现，以及在压力过程中脑认知网络的工作模式发生了什么变化。在第二小节中，我们探讨了抑郁情绪中的一种典型模式——“冗思”，并通过对其背后的神经活动方式的解析说明了抑郁症患者为何难以自主地从负性情绪和认知中摆脱出来。第三小节从事件相关电位的角度探讨了正念训练如何作为一种有效的干预手段提高个体的情绪健康水平。这些研究不仅为我们提供了深入理解压力与情绪的新视角，也为心理健康教育提供了实用的工具和策略。

3.1
“压力山大”的危害
压力让脑“不假思索”

研究6 Liston C, McEwen B S, Casey B J, 2009. Psychosocial stress reversibly disrupts prefrontal processing and attentional control [J]. Proceedings of the National Academy of Sciences of the United States of America, 106(3): 912–917.

胃溃疡是一种和压力有关的身心疾病。大草原上，斑马的生存压力来自狮子等动物的“追杀”。在被疯狂追杀时，斑马的压力系统将会启动最大功率，他们拼命奔跑以避免被吃掉。这个追赶过程可能因狮子的放弃而停止，此时侥幸逃脱的斑马也会很快停止奔跑，快速回归到自己的平静生活中。人类却不是这样，我们经常在危险过后心有余悸，甚至在数日数月后仍能感受到当时的痛苦。

——总结自《斑马为什么不得胃溃疡》

背景介绍

在这个快节奏的信息时代，“压力山大”成为很多人的生活常态。压力当前，我们的行为方式有什么变化吗？处事更灵活还是更刻板？思考更睿智还是更简单？我们的脑又是如何应对的？本节介绍的研究试图回答这些问题。

压力的相关研究有近百年的历史。美国生理学家坎农（Walter Bradford Cannon）通过动物肾上腺切除实验发现了交感肾上腺系统的存在，指出威胁刺激会引起机体交感神经肾上腺髓质系统的激活；他还创造了“战斗或逃跑”（fight or flight）的概念来描述动物面临威胁时的行为反应，并被后续研究完善为“战斗–逃跑–僵住”（fight-flight-freeze）反应（Schmidt et al.，2011）。美国内分泌学家汉斯·塞里（Hans Selye）被认为是“压力研究之父”，他将压力定义为身体对需求的非特异性反应。通过动物实验，他观察到压力会引起大鼠的下丘脑–垂体–肾上腺皮质轴的激活和皮质醇激素的释放。虽然坎农和赛里的工作是基于动物实验的，但是这些工作基本确定了压力的神经内分泌反应模式，之后以人类为对象的压力研究也验证了交感神经肾上腺髓质系统、下丘脑–垂体–肾上腺皮质轴及皮质醇激素在压力反应中不可或缺的作用。

随着压力研究范式的逐渐完善和脑影像学技术的进步，人在压力下的认知表现规律和脑功能变化模式也逐渐被揭示。发生在实验室的人类压力研究往往针对的是急性压力（突然发生的压力事件）。研究发现，急性压力会影响人的认知，可能导致认知范围变得狭窄。比如，你正走在路上，突然遇到一条恶犬，这时，你体内的肾上腺素会飙升，以调动能量来支持身体做出战斗或逃跑的保护性反应，而这时如果你面前是一个复杂难辨的迷宫，处于警惕状态的脑可能就很难给出最优解。这种一般程度的急性压力导致的快速生理反应具有重要的生存适应意义，其产生的不良影响（比如警惕状态的脑很难给出问题的最优解）在压力源消失之后也会消失。但当急性压力的强度过大时，它们往往会造成更大程度的负面影响，例如经历了破坏性自然灾害或战争的人可能会患上创伤后应激障碍。

脑是一个灵敏又脆弱的器官，其结构和功能受个体经历和周围环境的影响，当然也会受到压力的加工改造。美国神经内分泌学家布鲁斯·麦克尤恩（Bruce McEwen）和同事发现，大脑的海马区会受到皮质醇等压力激素的影响（McEwen，Weiss，Schwartz，1968）。之后有关动物压力模型的神经科学研究发现，小鼠在被限制活动21天后，其内侧前额叶神经元的树突分支和树突棘密度会减小。针对人类的研究也发现，患有创伤后应激障碍的越战退伍军人和患有与虐待相关的创伤后应激障碍的女性的海马区体积减小了（Villarreal et al.，2002；Bremner et al.，2003）。这些结果不仅说明脑具有可塑性，而且证明压力激素可以影响脑的前额叶和海马区域。

现实生活中，我们遇到极端压力事件的概率相对较小，更多时候面对的是日常压力，这些压力可能来自大环境下的疫情和就业，还可能来自个人的经济、家庭、工作和学习。这些真实的压力往往相对温和，但持续时间可能较长，也被看作慢性压力。不同于急性压力带来的即时的影响，慢性压力的负面影响更加广泛。例如，慢性压力是心血管和免疫系统疾病的易感因素，也是很多精神疾病，包括抑郁症、双相情感障碍、精神分裂症和焦虑症等的危险因素。那么对健康个体而言，日常慢性压力是如何影响认知和脑的？本节介绍的研究采用了功能性磁共振成像技术，在真实的考试压力前后进行注意转换认知任务测试，通过统计分析和比较展示了真实考试压力前后学生的认知表现和脑功能变化。

研究假设

一项大样本的元分析研究发现，参与者主观评估的压力和创造力之间存在曲线相关，低主观压力提高了创造力，而高主观压力降低了创造力（Byron，Khazanchi，Nazarian，2010）。基于相关结果，本节介绍的研究假设具有评估属性的考试可能同样会影响学生在注意转换任务中的认知表现。

我们的脑可以根据结构和功能划分为不同的脑区，脑区之间的相互作用规律也逐渐被识别。例如，注意转换等认知灵活性任务涉及额顶网络。额顶网络也叫作中央执行网络，是一个主要由背外侧前额叶皮层和后顶叶皮层组成的大规模脑网络，它的主要功能包括但不限于注意的保持、复杂问题的解决和工作记忆。基于动物压力模型的神经科学研究发现，小鼠在被限制活动21天后，其内侧前额叶神经元的树突结构连接性降低，本节介绍的研究推断，慢性考试压力也可能破坏人类额顶网络的连接性。

方法

40名右利手、健康的年轻人（年龄在21—35岁，医学生）参与了这项研究，其中20人组成压力组（一个月后需要参加医学执照考试），剩余20人组成对照组（不需要参加考试）。在考试前一个月，40名参与者首先完成科恩（S. Cohen）感知压力量表（Perceived Stress Scale，PSS），该量表可以用来量化一定时间内个体感知到的慢性压力，并已经在许多领域成功应用；然后，在磁共振扫描仪中完成注意转换任务（详细步骤见后文）。所有参与者在医学执照考试结束1个月之后返回实验室参加第二次测试，此时考试压力已经减轻或消失，测试内容与第一次完全相同。

注意转换任务的实验过程如下。参与者在磁共振扫描仪中的屏幕上会看到一个红色（在图3-1中用蓝色表示）和一个绿色（在图3-1中用灰色表示）的圆形方波光栅（见图3-1），每个光栅都会向上或向下移动。中间位置有两种不同的提示线索："M"或"C"。如果线索是M，实验参与者的任务就是忽略光栅的颜色，按下与向上移动的光栅所在一侧相对应的按钮；如果是C，实验参与者的任务就是忽略光栅的运动方向，按下与红色光栅所在一侧相对应的按钮。有时候参与者连续几次都会遇到相同的线索（见图3-1中的重复试次），有时则会遇到M和C轮流出现的情况（见图3-1中的转换试次），因此参与者需要让自己尽快识别转换规则并做出反应。

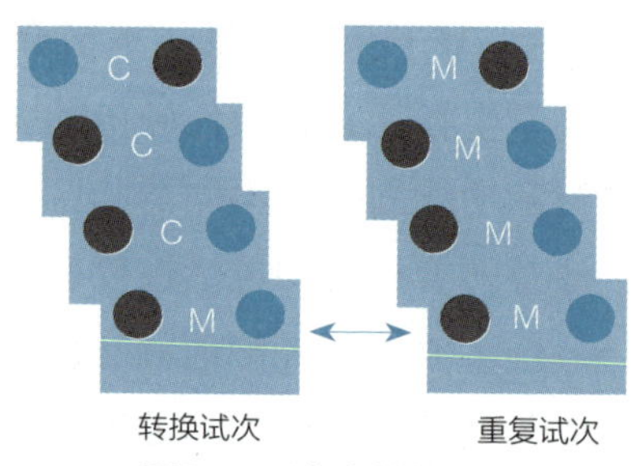

图3-1 注意转换范式

参与者在进行注意转换时，可能会按到错误的按钮，这就是转换代价；参与者在上一个规则情境中建立的线索-反应联系越强，越难进行注意和新规则的正确转换。

结果

在控制了性别、睡眠等无关因素之后，统计分析的结果如下。首先，在考试前一个月，考试组比对照组报告的感知压力的平均水平更高。其次，在注意转换任务中，考试组的表现比对照组更差，做出正确规则转换的成本更高。具体表现为，平均而言，考试组比对照组需要更多次按键以及更长的反应时才能完成注意转换。然后，将两组的实验数据放在一起进行线性回归分析，结果表明科恩感知压力量表的分数可以预测注意转换任务的表现（相关系数为0.51），也就是说，实验参与者感觉到的压力越大，越难进行注意转换。同时，脑功能成像数据显示背外侧前额叶[1]参与了注意转换的加工。以背外侧前额叶为种子点的功能连接分析显示，额顶注意网络中的脑区在功能上越协同，注意转换越顺畅。高感知压力组的额顶网络的功能连接性不及对照组。考试结束后一个月再次测试的结果显示，压力组和对照组在科恩感知压力量表上的得分没有了显著差异，两组的额顶网络功能连接性也没有了显著差异。

讨论

该研究巧妙地选择了准备参加考试的医学生作为压力组参与者，这样的真实压力情境保证了考试结束后进一步探究压力水平恢复到考试前的状态的可能性。研究结果显示，一段时间内的慢性考试压力导致了实验参与者额顶脑区的功能连接性减弱，实验参与者在注意控制任务上的表现更差。可见，经常处于压力状态确实会影响人的认知灵活程度，压力的存在可能使我们在需要“变通”时反应更慢，需要花费更多的时间和精力学习新规则。但压力消失之后，脑功能和认知表现可以恢复到正常水平。

需要注意的是，该研究的对象是健康的成年人，压力源是一次考试，在这样的条件下，脑功能在压力消失后可以恢复。相比之下，如果成长中的青少年或易感个体暴露于反复的慢性压力中，其大脑前额叶负责的认知灵活性可能会持续受损，从而降低短期恢复的可能性，并最终导致不可逆转的神经精神疾病。

教育启示

本节介绍的研究表明考试压力会损害我们的认知功能、降低脑功能连接性，此外，慢性压力解除之后，认知和脑有机会恢复到正常水平。在“教育内

1 额顶网络的关键脑区，功能主要涉及工作记忆、认知灵活性、计划等。

卷”的大背景下，中小学生经常面临学业压力，以及与之相关的亲子关系压力、同伴关系压力、社会期望压力等多重压力，这些压力会对他们的心理和身体健康持续产生负面影响。2021年，我国颁布了“双减”政策，要求减轻义务教育阶段学生作业负担和校外培训负担。结合本节介绍的研究之结果，“双减”对于保护学生的认知能力和脑功能、促进学生认知灵活性的发展具有重要意义。

除了营造相对轻松的学习氛围，还有哪些方法可以减轻压力呢？研究表明，正念练习和运动是两个有效途径。正念练习可以减轻学生的焦虑和压力感，提高他们的专注力和情绪稳定性（Goyal et al.，2014）。因此我们可以将正念融入课堂，比如，教师可以通过指导学生进行短暂的正念冥想练习、正念呼吸来帮助学生更好地面对压力。此外，运动不仅有助于维持身体健康，还能够促进多巴胺和内啡肽等内源性荷尔蒙的释放，从而减轻压力、改善心理健康（Calfas，Taylor，1994）。因此，学校可以尝试增加体育课程的比重，或将体育活动融入日常课程中从而提供更多锻炼的机会，帮助学生释放紧张情绪、减轻学习压力。

该研究结果对临床应用也有一定的参考价值。与压力相关的神经精神疾病，如抑郁症、广泛性焦虑症、创伤后应激障碍等，其诊断标准都涉及注意力的认知控制缺陷。该研究结果表明，健康人在慢性日常压力下也会表现出类似的注意缺陷。因此，可以通过定期测量慢性感知压力来判断个体所处的压力水平，根据个体所在水平提前进行减压干预。

参考文献

Bremner J D, Vythilingam M, Vermetten E, et al., 2003. MRI and PET study of deficits in hippocampal structure and function in women with childhood sexual abuse and posttraumatic stress disorder [J]. The American Journal of Psychiatry, 160(5): 924–932.

Byron K, Khazanchi S, Nazarian D, 2010. The relationship between stressors and creativity: a meta-analysis examining competing theoretical models [J]. Journal of Applied Psychology, 95(1): 201–212.

Calfas K J, Taylor W C, 1994. Effects of physical activity on psychological variables in adolescents[J]. Pediatric Exercise Science, 6(4): 406–423.

Goyal M, Singh S, Sibinga E M S, et al., 2014. Meditation programs for psychological stress and well-being: a systematic review and meta-analysis[J]. JAMA Internal Medicine, 174(3): 357–368.

McEwen B S, Weiss J M, Schwartz L S, 1968. Selective retention of corticosterone by limbic structures in rat brain [J]. Nature, 220(5170): 911–912.

Schmidt N B, Mitchell M, Keough M, et al., 2011. Anxiety and its disorders [M]// Zvolensky M J, Bernstein A, Vujanovic A A. Distress tolerance: theory, research, and clinical applications. New York: Guilford Press: 105–125.

Villarreal G, Hamilton D A, Petropoulos H, et al., 2002. Reduced hippocampal volume and total white matter volume in posttraumatic stress disorder [J]. Biological Psychiatry, 52(2): 119–125.

3.2

远离抑郁，从摆脱脑中的冗思做起

研究7 Siegle G J, Steinhauer S R, Thase M E, et al., 2002. Can't shake that feeling: event-related fMRI assessment of sustained amygdala activity in response to emotional information in depressed individuals [J]. Biological Psychiatry, 51(9): 693–707.

"我心中的抑郁就像一只黑犬，一有机会就咬住我不放。"英国前首相丘吉尔如是说。这只黑犬在丘吉尔年轻时就出现，并陪伴了他的一生。丘吉尔一直通过保持忙碌，比如唱歌、写作以及在战争和治国上辛勤工作并不断取得成就，勇敢地对抗着这只黑犬。

——总结自《丘吉尔的黑犬》

背景介绍

你是否有过那种不受控制地陷入消极情绪、反复思忖而不能自已的经历？这种入侵性的负面情绪和思维是冗思（rumination）的一种表现。

冗思又称反刍思维，冗思中的人不断回想、思量已经发生的不好的事情并且沉浸在负面情绪中不能自拔。需要注意的是，冗思与自我反思（self-reflection，也称自省）不同。自我反思通常是一种积极地观察、理解和评估自己的认知、情感和行为的过程，其目的往往是促进自我成长（Eikey et al., 2021），类似于我们常说的"吾日三省吾身"，往往被认为是一种良好的个人习惯或品质，可以促进自我认识并增进心理健康。相较而言，冗思是一种消极、长期和持续的自我关注，与神经质和抑郁症有关（Takano，Tanno，2009）。

一些早期的行为研究发现，抑郁症患者在病情发作和持续期间具有明显的冗思特征，比如有更多自动侵入性的消极想法，以及对消极主题的过度思虑或反复性思考。这种冗思模式会进一步导致他们对信息加工的负性偏向，例如，抑郁症患者对负面信息的记忆更强，更容易以一种消极的认知框架来解释事情。冗思与消极认知风格之间的相互作用可以预测抑郁症状的持续时间（Nolen-Hoeksema，Wisco，Lyubomirsky，2008）。来自生理方面的研究也发现，抑郁症患者在情绪信息呈现结束后的几秒钟内仍有瞳孔放大的反应，而在非情绪处理任务中并没有这种反应。这些结果都表明抑郁症患者更容易陷入对负性情绪的持续性加工中。

抑郁症患者的这种负性偏向和持续性过度加工的思维特点，使得很多人认为抑郁的原因是“想得太多”，以为他们“想开点、积极点”就能摆脱抑郁，但是从患者的角度来说，他们很难做到自主地、灵活地从负性情绪和认知中抽离。这可能与脑加工情绪信息的模式有关。杏仁核是情绪和情绪行为的反应中心。已有研究表明，抑郁症患者的杏仁核反应激活程度过大，且结构体积发生了变化。另有研究发现，抑郁症患者脑中负责抑制不良情绪反应的主要脑区背外侧前额叶皮层的反应程度减小，背外侧前额叶的功能受到抑制又进一步阻碍了其他重要的认知加工，如工作记忆、认知灵活性和计划等的正常进行。

如果抑郁症患者在加工负性信息之后出现冗思，那么杏仁核是否会在情绪刺激消失后持续产生反应？该反应将在何时以及如何中断？控制杏仁核反应的背外侧前额叶又是如何工作的？脑的这种工作模式是否会对后续认知功能产生影响？厘清这些问题一方面可以帮助我们了解抑郁症患者的冗思特点是否具有生理限制性因素，另一方面可以从脑活动、脑训练层面提供抑郁干预或预防的建议。本节介绍的研究基于功能性磁共振成像技术，一方面探索抑郁症患者和健康个体的脑在冗思过程中是如何反应的，另一方面考察冗思及对应的脑活动对后续认知行为任务的干扰程度（Siegle et al.，2002）。

研究假设

该研究的基本假设是，与从未患过抑郁症的健康个体相比：（1）抑郁症患者在负性情绪加工任务中会表现出更多的冗思，同时负责识别情绪信息的杏仁核反应强度更大、持续时间更长；（2）自我报告的冗思水平越高，杏仁核的持续性反应时间越长，背外侧前额叶皮层对情绪刺激的反应将减弱；（3）由冗思带来的持续性情绪反应会影响个体随后在非情绪性的记忆任务上的表现。

方法

实验组包括7名被临床诊断为单相重度抑郁症的患者（平均年龄34.3岁），诊断标准来自《精神障碍诊断与统计手册（第四版）》。对照组包括10名从未患过抑郁症的健康成人（平均年龄36.1岁）。

首先，实验员与实验参与者第一次会面，生成了一份情绪词语表，一共有60个词语，其中包括使用计算机情感词自动生成程序产生的30个情绪词语（10个积极词、10个消极词和10个中性词）和实验参与者列出的30个与自身相关的情绪词语（包括“10个最能代表你在心烦意乱、情绪低落或抑郁时所想的与个人相关的负面词汇”、“10个最能代表你在高兴或心情好时所想的与个人相关的正面词汇”以及“10个最能代表你在既不很高兴也不很烦躁、低落或抑郁时所想的与个人相关的中性词汇”）。然后，参与者需要在磁共振扫描仪中多次先后交替进行情绪加工任务和斯滕伯格记忆任务（非情绪加工任务）。最后，参与者通过一系列自我报告量表（贝克抑郁症量表和多维反刍问卷等）评估自己的抑郁程度和冗思情况。

情绪加工任务

情绪加工任务包括三种类型：（1）对情绪词语的效价识别任务，（2）对情绪句子的个人相关性评级任务，（3）与以上两类任务相对照的线索–反应任务。在对情绪词语的效价识别任务中，实验页首先给实验参与者呈现前面收集的60个正面、负面和中性词语，要求他们在每个词出现后以最快的速度按下代表“正向”、“负向”或“中性”的按钮。在对情绪句子的个人相关性评级任务中，实验参与者观看来自自动思维问卷中的15个积极的句子和15个消极的句子，然后通过按键反应来回答这些句子是“与个人无关”、“有一定关系”还是“与个人有关”的。在作为对照条件的线索–反应任务中，参与者会在屏幕上看到3—5个字母长的“a”（即“aaa”、“aaaa”或“aaaaa”），在发现字母串长短的变化后，实验参与者需要尽快按下中间的按钮。

斯滕伯格记忆任务

这是一项非情绪的记忆任务。任务中，实验员首先向实验参与者展示3个数字，然后给出第4个数字，实验参与者会被问及第4个数字是否来自刚才呈现的3个数字，并需要按键表示“是”或“不是”。

结果

行为结果显示，首先，实验组在抑郁量表上的得分明显高于对照组，在年龄、教育或性别方面两个组没有显著差异；其次，相较情绪词，两组对中性词都表现出更慢的反应。脑影像数据结果见图3-2，从图中我们可以看到，在情

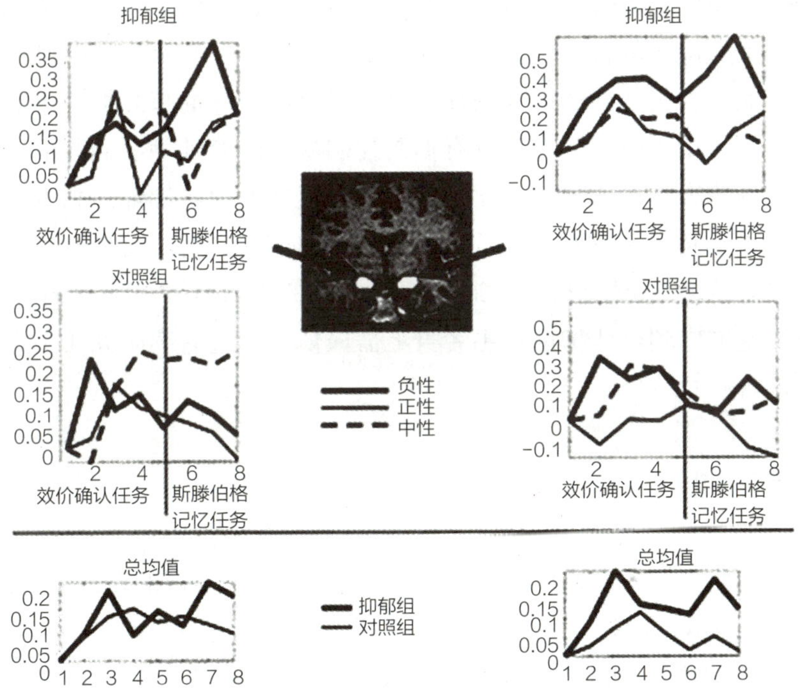

图3-2　实验中杏仁核反应的时间进程

注：图中x轴的数字代表扫描次数（即第几次扫描），每4秒有一次扫描，共扫描8次。前4次扫描发生在效价确认任务（情绪加工任务）期间，后4次扫描发生在斯滕伯格记忆任务期间。y轴表示杏仁核反应信号活动变化的百分比。

绪加工任务上，两组在所有效价的情绪刺激下都表现出杏仁核的活动。健康对照组的杏仁核活动在情绪词语消失之后约10秒内衰减；相比之下，抑郁症患者对消极情绪刺激表现出持续性的杏仁核反应，这种反应一直延续到之后的非情绪处理任务，即斯滕伯格记忆任务中（在记忆任务后约25秒才衰减）。另外，消极词语和中性词语引发的杏仁核持续活动的差异与背外侧前额叶活动之间存在显著负相关，这种负相关关系在抑郁症患者中更明显。最后，消极和积极情绪刺激引发的杏仁核持续活动的差异与自我报告的冗思水平也有一定的关系。

讨论

本节介绍的研究使用功能性磁共振技术，清晰地展现了冗思过程中人脑的持续性活动。结果表明，与健康的对照组相比，抑郁症患者对负性情绪刺激表现出更加持久的杏仁核反应。换句话说，即使一个负面情绪刺激已经消失，抑郁症患者仍然会继续处理该信息，对负面信息的超时加工可能会干扰后续的认知活动。研究还发现具有抑制控制功能的背外侧前额叶活动与负性情感词引发的杏仁核活动成反比，这在一定程度上说明抑郁症患者的大脑皮层对杏仁核的抑制相对较弱，可见简单劝阻抑郁症患者“想开点”（停止冗思）可能在生理机制上是行不通的。该研究的局限性主要在于样本相对较小，将结论推广到全体抑郁症患者身上需谨慎，不过后续研究在一定程度上支持了该研究的结论。

后续研究

同一组研究者后来基于一个数量更大的样本，进行了脑区之间的滞后相关分析，结果显示，相对于对照组，实验过程中抑郁症患者的杏仁核与背外侧前额叶在激活的时间序列上的相关降低（Siegle et al.，2007）。另一项研究发现，与健康对照组相比，患有抑郁症的个体对负面刺激表现出记忆敏感性，但对中性或正面刺激却没有出现此反应，这在一定程度上也支持了本节介绍的研究的发现——更容易记住负面信息可能是诱发冗思的原因（Hamilton，Gotlib，2008）。

教育启示

该研究结果对教育实践有深远的意义。抑郁症是一种在全球范围内广泛存在的神经心理疾病，因此，学校必须加强对抑郁症的宣传和教育。学校应该对全体学生传授关于抑郁症的基本知识，如其主要特点、对个人和社会的潜在危害，以及早期症状的识别等，以确保学生能够科学、准确地认识这一疾病。

对于那些已经受到抑郁症困扰的学生，他们在面对负面事件时，往往会过度沉浸在消极的思绪中。脑科学研究表明，这种过度的消极思考与神经功能缺陷有关。因此，仅仅告诉他们“不要想太多”或者“想开点”是远远不够的。这些学生需要得到专业的心理援助和治疗。在学校环境中，可以考虑为学生提供心理咨询服务，并系统开设心理健康课程，帮助他们了解抑郁症并学会自我调节。此外，学校还可以与专业机构合作，为学生提供更多的资源和支持。为了更好地支持受抑郁症困扰的学生，学校、家庭和社会应该形成一个联动干预机制，同时，让心理咨询师、心理治疗师和精神科医生也参与进来。只有通过多方共同努力，我们才能为这些学生提供真正有效的帮助。

在治疗方法方面，近年来，认知行为疗法（CBT）被认为是治疗抑郁症的首选方法之一。该疗法通过帮助患者识别和改变其消极的思维和行为模式，从而达到减轻抑郁症状的目的（Reinecke，Ryan，DuBois，1998）。正念冥想和注意力控制训练也是治疗抑郁症的有效方法。研究表明，正念冥想和注意力控制训练可以重新激活或增强受损的神经网络，特别是背外侧前额叶，从而减少杏仁核对负面刺激的过度反应。除此之外，药物治疗也是常见的方法，尤其是对于中度到重度抑郁症患者而言。选择性血清素再摄取抑制剂（SSRIs）是当前最常用的抗抑郁药物。对中小学生群体来说，他们的身体和脑仍在发育中，药物可能对其生长发育产生不利影响，因此在为中小学生开处抗抑郁药物时，医生和家长需要非常谨慎，并定期进行评估和监控（Hetrick et al.，2007）。

参考文献

Eikey E V, Caldeira C M, Figueiredo M C, et al., 2021. Beyond self-reflection: introducing the concept of rumination in personal informatics [J]. Personal and Ubiquitous Computing, 25: 601–616.

Hamilton J P, Gotlib I H, 2008. Neural substrates of increased memory sensitivity for negative stimuli in major depression [J]. Biological Psychiatry, 63(12): 1155–1162.

Hetrick S, Merry S, McKenzie J, et al., 2007. Selective serotonin reuptake inhibitors (SSRIs) for depressive disorders in children and adolescents [EB/OL]. Cochrane Database of Systematic Reviews. (2007-07-18)[2023-10-13].https://www.cochranelibrary.com/cdsr/doi/10.1002/14651858.CD004851.pub2/full.

Nolen-Hoeksema S, Wisco B E, Lyubomirsky S, 2008. Rethinking Rumination [J]. Perspectives on Psychological Science, 3(5): 400–424.

Reinecke M A, Ryan N E, DuBois D L, 1998. Cognitive-behavioral therapy of depression and depressive symptoms during adolescence: a review and meta-analysis [J]. Journal of the American Academy of Child & Adolescent Psychiatry, 37(1): 26–34.

Siegle G J, Steinhauer S R, Thase M E, et al., 2002. Can't shake that feeling: event-related fMRI assessment of sustained amygdala activity in response to emotional information in depressed individuals [J]. Biological Psychiatry, 51(9): 693–707.

Siegle G J, Thompson W, Carter C S, et al., 2007. Increased amygdala and decreased dorsolateral prefrontal BOLD responses in unipolar depression: related and independent features [J]. Biological Psychiatry, 61(2): 198–209.

Takano K, Tanno Y, 2009. Self-rumination, self-reflection, and depression: self-rumination counteracts the adaptive effect of self-reflection [J]. Behaviour Research and Therapy, 47(3): 260–264.

3.3 学会训练情绪，提高脑的韧性

研究8 Sanger K L, Thierry G, Dorjee D, 2018. Effects of school-based mindfulness training on emotion processing and well-being in adolescents: evidence from event-related potentials [J/OL]. Developmental Science, 21(5) [2023-07-19]. https://doi.org/10.1111/desc.12646.

乔·卡巴金（Jon Kabat-Zinn）在麻省理工学院获得分子生物学博士学位之后，于1979年在马萨诸塞大学医学院开设减压诊所，创建了正念减压疗法（mindfulness-based stress reduction，MBSR），协助病人以正念处理压力、疼痛和疾病。在整个过程中，他采用严格科学的方法，证实了病人在正念减压训练前后的变化，例如生理指标、免疫活动及脑活动的变化。他的研究和实践工作促进正念越来越多地进入教育、医疗和心理咨询等领域，成为世界各地越来越多人的一种生活方式。卡巴金认为："正念的核心是让你与自己成为朋友。"

背景介绍

青春期是个体发育的特殊时期之一。一方面，青春期的孩子通常处于初中到高中阶段，可能面临学业、亲子关系、人际交往等多方面的压力，因此，青春期也被认为是抑郁症发作的敏感时期；另一方面，青少年的脑发育还不成熟，脑中主管控制和行为调节的前额叶区域（如背外侧前额叶和前扣带回）及奖励系统还没有完全成熟，情绪调节能力较弱。外界压力加上神经系统不成熟，使得青少年成为抑郁症等精神疾病的易感人群。

抑郁症患病率的逐渐升高使人们越来越认识到有效的教育需要提升学生的综合素质，尤其是增强学生的社会情感能力。已有研究发现，抑郁症患者在自传体记忆中表现出消极偏见，患有重度抑郁症的成年人往往会在认知及共情方面遇到困难，包括较难理解他人和换位思考（Schreiter，Pijnenborg，Aan Het Rot，2013）。在目前的干预手段中，正念训练被证明能够提升共情能力，例如，成年人经过正念练习可以提高对当下体验的认识，促进反思、自我调节、同理心的增强和对他人的关心（Hölzel et al.，2011）。为了促进心理健康，一些学校正在将基于正念的干预引入课程中。

正念可以被描述为有意识地关注当下的体验，不加批判地专注于思想、感觉或感知的能力（Kabat-Zinn，2003）。正念练习通常包括正念冥想练习和将正念意识带入日常活动中的练习，如正念饮食。这些练习旨在培养专注力和执行力，以及对当下体验的不加评判、好奇的态度。正念被认为有利于健康心态和幸福感的培养，并能改善精神和压力相关的症状。因此，正念冥想越来越多地被纳入心理治疗和干预措施中。研究表明，一些为小学生设计的涉及正念和关爱他人的社会和情感学习计划能够增强认知控制、减轻压力、促进幸福感和亲社会性，并产生积极的成果（Schonert-Reichl et al.，2015；Zelazo，Lyons，2012）。本节介绍的研究将进一步探讨正念在青少年中是否存在类似的益处。

事件相关电位（ERP）因其时间分辨率高、记录系统便携的优势，非常适合研究真实教育情景中的科学问题。神经科学研究发现，P3b成分（一种脑电成分，通常在刺激开始后300—500毫秒出现）可以用作共情任务的脑电指标。一方面，对抑郁症患者的研究发现，快乐面孔引起的P3b成分波幅降低，这可能是因为抑郁症患者处理积极面部线索的能力有限。另一方面，P3b成分已被发现与前扣带回和颞顶联合区存在关键联系，而这两个脑区都对正念训练的调节非常敏感（Hölzel et al.，2011）。基于这些证据，我们可以通过情绪刺激下的P3b成分的波幅变化考察正念训练的效果。

本节介绍的研究通过事件相关电位技术观察正念训练前后青少年情绪加工的变化。基于正念研究的已有证据，该研究假设：（1）与对照组相比，正念训练可以改善青少年的幸福感和心理健康；（2）正念训练本质上是对自身情绪等各个方面的感知和接受，因此对训练组而言，情绪刺激引起的P3b成分的波幅可能显著增加，而对照组因为对刺激的习惯化，后测时的P3b成分的波幅可能下降。

方法

该研究采用非随机对照的前后测设计，考察了中学生在正念训练前后的情绪加工变化。研究者从英国北威尔士的四所学校招募实验参与者。最终40名六年级学生（16—18 岁，平均年龄16.8岁，正念训练组19名，对照组21名）完成了所有训练。学校首先培训一批老师，然后由这些老师为学生提供正念课程，并将其作为学校常规课程的一部分。 在正念训练前后，实验参与者完成情感面孔oddball任务，采用便携式脑电仪同步记录参与者的脑电信号。除此之外，实验参与者还完成了正念水平、幸福感和同理心问卷。

情绪面孔 oddball 任务

oddball任务是心理学研究的一个经典实验范式，所谓“oddball”指的是在一些固定出现的刺激中出现的概率较小、不可预测的刺激，这种刺激可以诱发事件相关电位的P3b成分。

情绪面孔oddball任务的刺激包括快乐、悲伤和中性表情的面孔图片。其中非目标刺激出现的概率是80%，由一个男性模特和一个女性模特的中性表情面孔图片组成。目标刺激出现的概率为20%，由15个男性模特和18个女性模特的快乐和悲伤的面孔图片组成。当情绪面孔出现时，实验参与者需要及时按键反应，中性面孔出现时不需要做出反应。

正念课程

学校为老师提供了适合六年级学生的正念课程培训，由老师为学生提供每周1次、每次50分钟的正念训练，一共8次。详细信息可以参阅以下网址：http://mindfulnessinschools.org/。

结果

研究对比了实验参与者在8周正念课程训练前后的情绪情感变化，以及在情绪面孔oddball任务中被快乐和悲伤的新异情绪面孔诱发的脑电位活动。脑电结果显示，训练之后对照组脑中P3b成分的平均波幅有所下降，而训练组脑中

P3b成分的平均波幅在训练前后保持不变（见图3–3）。换句话说，对照组对情绪刺激习惯化了，但受过正念训练的学生仍然保持了情绪敏感性。问卷结果显示，与对照组相比，训练组自我报告的幸福感和同理心在正念训练之后显著增加，在心理健康医生处的就诊次数也减少了。

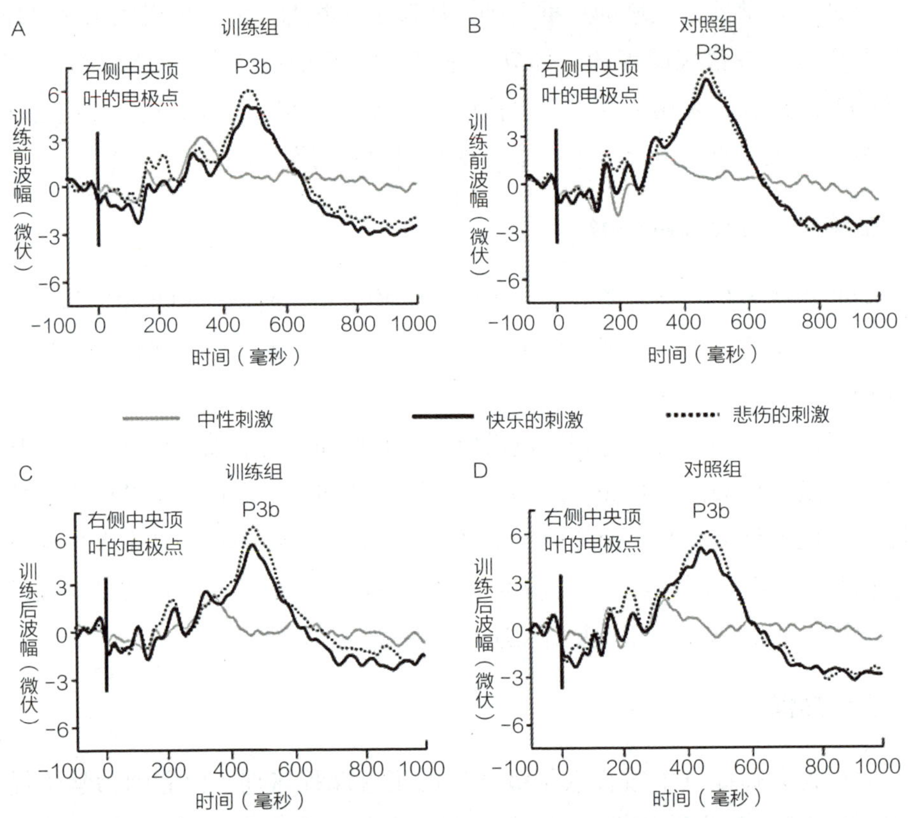

图3–3　训练前后正念训练组（A，C）脑中P3b成分的波幅没有显著变化，对照组（B，D）脑中P3b成分的波幅显著下降

讨论

经过8周的正念练习，训练组自我报告的幸福感和同理心得到提高，反映焦虑和抑郁情绪加工的脑电指标P3b成分仍然具有敏感性。这项研究首次使用P3b成分这一脑电指标证明正念训练对青少年情绪加工的改变。我们可以认

为，与对照组对情绪加工产生习惯化模式相比，正念练习有助于青少年保持对社会情绪刺激的注意力。总体而言，教师提供的正念训练可以对学生的情绪面孔加工和幸福感产生积极影响，正念练习可以在不损害幸福感的情况下增强学生的情绪意识。

该研究的局限性在于，参与正念指导的老师仅接受了9个月的培训和个人练习，相对缺乏经验，未来可以选择专业的正念培训师参与研究。此外，该研究的训练一共持续8周，将来也可以继续探索正念训练对青少年的长期影响。

教育启示

在现代社会，学校不仅承担着培养学生学习能力的重任，更面临着关注学生的社会情感需求和情绪健康的巨大压力。这也意味着，传统的教育方法已经难以满足现在的教育需求。

正念训练的起源可追溯到古代的冥想技巧，是一种源自佛教的冥想实践。研究表明，正念训练可以通过调整外周神经和脑中的某些关键网络，如前额叶-杏仁核网络，来改变人的情绪反应，促进情绪调节、自我意识和社会交往能力的发展。通过正念训练，学生可以更好地感知和理解自己的情感，增强同理心，进而促进与同伴之间的良好交往（Hölzel et al.，2011；Tang，Hölzel，Posner，2015）。此外，正念训练还可以帮助学生缓解抑郁症的一些症状，如快感缺失和麻木。近年来，正念训练已被广泛应用于心理健康教育和压力管理。

该研究中的正念训练是由学校教师进行的，作为学校常规课程的一部分，这种方法的实践性非常强。学校可以结合课程，开展系统的正念训练，帮助学生在日常生活中更好地了解和管理自己的情感和思绪。同时，家庭和社区也可以为学生提供更多的正念实践机会。例如，家长可以与孩子一起进行正念练习，或者鼓励孩子记录正念感受，记录生活中的美好事物。社区也可以组织一些正念活动，如冥想班或瑜伽课，帮助学生和家长共同体验正念的益处。

对于中小学生来说，正念技术可以很简单，例如，可以进行呼吸练习、身体扫描练习和感知练习等。呼吸练习可以帮助学生专注于当下，通过深呼吸来放松身体和平静心情。身体扫描练习则可以帮助学生通过注意身体的各个部分（从头到脚）来增强身体意识和放松身体。感知练习则让学生关注身边的事物，如声音、颜色、气味等，帮助他们更好地专注于当下。

总之，正念训练不仅可以帮助学生缓解压力，提高学业成绩，更可以帮助他们建立积极的人生观和价值观，为未来的生活打下坚实的基础。

参考文献

Hölzel B K, Lazar S W, Gard T, et al., 2011. How does mindfulness meditation work?: proposing mechanisms of action from a conceptual and neural perspective [J]. Perspectives on Psychological Science, 6(6): 537–559.

Kabat-Zinn J, 2003. Mindfulness-based interventions in context: past, present, and future [J]. Clinical Psychology: Science and Practice, 10(2): 144–156.

Schonert-Reichl K A, Oberle E, Lawlor M S, et al., 2015. Enhancing cognitive and social-emotional development through a simple-to-administer mindfulness-based school program for elementary school children: a randomized controlled trial [J]. Developmental Psychology, 51(1): 52–66.

Schreiter S, Pijnenborg G H M, Aan Het Rot M, 2013. Empathy in adults with clinical or subclinical depressive symptoms [J]. Journal of Affective Disorders, 150(1): 1–16.

Tang Y Y, Hölzel B K, Posner M I, 2015. The neuroscience of mindfulness meditation [J]. Nature Reviews: Neuroscience, 16: 213–225.

Zelazo P D, Lyons K E, 2012. The potential benefits of mindfulness training in early childhood: a developmental social cognitive neuroscience perspective [J]. Child Development Perspectives, 6(2): 154–160.

第四章
动机与奖赏

在探索人类行为的复杂迷宫中，“动机与奖赏”犹如指南针与灯塔，引领我们理解人们为何行动以及如何坚持向前。自古以来，人们都对此深感兴趣。例如，“不忘初心，方得始终”就简洁地揭示了个体信念如何成为行动的原动力。现代心理学研究则进一步深化了人们对动机的了解，系统性地探究了动机的形式和机制问题。

在心理学领域，动机指向一种内部唤醒状态，这种状态以一定方式引起并维持人的行为。动机可以分为内部动机和外部动机。内部动机是一种自发倾向，可以被本能需求、兴趣爱好、个体信念、生命意义等唤起，表现为自发地对事物产生好奇心，自愿去行动以获取知识或能力。外部动机是在外部条件作用下产生的倾向，来源于社会规则下的各种奖赏方式。外部动机和内部动机可以互相转化，比如，使用奖赏来提高动机和表现是教师和家长乃至整个社会常用的方式，那么是否给予足够的奖赏（外部动机）就能激发学生的学习热情（内部动机）？有研究发现，恰当的奖赏数量和形式可以激发内部动机，但当形式不恰当时奖赏也会破坏内部动机。本章的第一小节将从脑活动过程详细介绍外部奖赏如何激发或破坏学生完成认知任务的内部动机。

好奇心有时被认为是内部动机的一种形式。好奇心能够提高个体解决问题的意愿，也是促进学生自主学习的关键因素。动物研究发现，好奇心与脑的奖赏和动机系统的活动相关，但目前对好奇心是什么、有何机制等问题的研究仍然较少，比如好奇心在本质上是一种奖赏形式还是一种内在动机，脑是如何受到好奇心的调动而影响我们的学习行为和学习表现的，这些问题仍然值得探究。本章第二小节介绍的研究结合磁共振技术、外周生理技术和行为设计进行了三个精巧的实验来解答这些问题。

4.1

表扬还是奖励

如何增加孩子的学习动机?

研究9 Murayama K, Matsumoto M, Izuma K, et al., 2010. Neural basis of the undermining effect of monetary reward on intrinsic motivation [J]. Proceedings of the National Academy of Sciences of the United States of America, 107(49): 20911–20916.

> 知之者不如好之者，好之者不如乐之者。
>
> ——孔子《论语·雍也》

背景介绍

基于操作性条件反射理论，人们可以通过设置和操纵外在奖励来控制行为（Skinner，1965）。具体表现为，如果在人们做出某个行为之后给予人们一个奖励，那么他们再次做出该行为的可能性就会增加，而且，如果设置奖励随机出现，其促使行为发生的效果就会持续存在；当奖励停止时，人们做出该行为的可能性又会回到奖励之前的基线水平。这一发现导致现代社会普遍将奖励作为一种激励策略，无论在学校还是职场，很多家长、教师或管理人员都认为使用外部奖励可以增加个体的学习或工作意愿并改善其表现。

然而，与人们普遍认为奖励会起到积极激励的作用相反，一些研究表明，与绩效挂钩的外在奖励实际上会破坏个体从事一项任务的内部动机（即自愿从事一项任务以获得来自任务本身的内在快乐和满足的动机），这种现象被称作“德西效应”（Deci，1971）或“动机挤出效应”（Arkes，1979）。一项基于128项相关研究的元分析显示，无论奖励是可见的（即具有货币价值的非现金奖励，例如礼品卡、旅行券和商品）还是预期的，基于绩效的奖励都会显著削弱实验参与者自愿完成任务的内部动机，减少实验参与者自我报告的完成任务的兴趣水平；相反，一些正面反馈（例如积极的口头奖励）可以提升实验参与者自愿完成任务的行为表现和自我报告的兴趣水平（Deci，Koestner，Ryan，1999）。

这种可见奖励破坏内部动机的观点（德西效应）因为挑战了传统的行为主义理论及强化学习理论，在提出之初引起了很大的争议。此外，德西效应还挑战了传统的经济理论，这些理论假设提高金钱激励会单向增加动机，当奖励不再有效时，行为将恢复到原始状态（基线），并且永远不会低于该水平。也就是说，它认为先给予奖励然后再消除奖励不会干扰潜在的内部动机。但是德西效应的研究表明，当奖励不再出现时，个体对目标任务的自愿参与程度低于没有奖励的最初阶段。

许多研究者试图用神经影像学技术来解释德西效应。先前的研究表明，中脑与前纹状体对金钱奖励反馈和认知反馈（例如言语激励）都有反应；最近的研究也表明，纹状体前部的激活水平受到个体主观信念的调节。因此，或许我们可以从相关脑区活动的变化来探究德西效应的机制。本节所选取的研究使用停止秒表任务诱发行为层面的德西效应，并使用功能性磁共振成像技术探究德西效应的神经机制（Murayama et al.，2010），从而帮助我们理解德西效应是如何发生的。

研究假设

许多神经科学研究表明，多巴胺奖励系统（主要脑区为纹状体和中脑）[1]在表征和更新各种类型的主观价值中起着关键作用。因此，该研究首先假设德西效应可能表现为奖励系统中的纹状体或中脑活动变化。具体来说，当德西效应发生时，指向获得成功的内在价值的脑区（纹状体和中脑）活动会减弱。其次，在面对即将到来的任务时，人们往往会做好心理准备，以便投入到更高价值的任务中，已有研究发现外侧前额叶是目标准备的认知控制中心。因此，该

1 多巴胺能神经元主要位于中脑的黑质和腹侧被盖区，它们的轴突可以投射到大脑的纹状体、背侧和腹侧前额叶皮层，这些神经环路构成了人类的奖励系统。

研究进一步假设，德西效应可能会影响人们的任务准备意愿，并伴随着外侧前额叶活动的减少。

方法

28名健康成年人（平均年龄20.6岁）作为实验参与者被随机分配到奖励组（14人）和对照组（14人）。

实验包括两个阶段的认知任务及同步的功能性磁共振脑扫描，每个阶段约18分钟，包括30次停止秒表（stop watch，SW，见下文介绍）任务和30次秒表停止（watch-stop，WS，见下文介绍）任务。每个阶段使用不同的实验员，以避免实验参与者意识到这两个阶段之间的关系。

停止秒表任务

这是该研究设置的实验任务（见图4–1A），参与者需要根据提示，在规定的时间点按键使秒表停止。例如，当提示为"5秒时停止秒表"时，如果参与者在4.95秒和5.05秒之间按键，就算成功。每成功一次，计算机屏幕右上角的方框中的分数就会增加1分。研究者在正式实验前进行了一系列预实验，结果表明:（1）在没有任何外在奖励的情况下，参与者将这项任务评为很有趣（李克特五点量表评分，参与者打出的平均分数为4.14）;（2）该任务的成功率为50%左右。根据已有研究，人们在中等难度的任务中能获得最大的成就感。因此，停止秒表是一项有趣并能带来成就感的任务。

秒表停止任务

这是该研究设置的控制任务（见图4–1A），参与者需要在发现秒表停止的时候按键。因为这个任务没有定义成功和失败，所以不会被参与者认为有趣或带来成就感。

在第一次扫描之前，奖励组的参与者被告知，他们在停止秒表任务（内部动机诱发任务）中每成功停止秒表一次就将获得200日元（相当于当时的15元人民币），奖励将在当次扫描结束时发放。对照组的参与者没有被告知会有奖励，但实际上会在第一次扫描后因参与任务而获得金钱。实验员给两组发放的金钱奖励一致，这样能够排除金钱奖励数量对结果的影响。第一次扫描结束并获得金钱奖励后，实验参与者被单独留在一个安静的房间里3分钟，这时他们可以自由选择以下活动：在电脑上做停止秒表任务或秒表停止任务，阅读几本小册子，或做其他事情。参与者在这个自由选择期间玩停止秒表任务的次数被作为测量任务内部动机的指标。为了跟踪与德西效应相关的脑活动，两组实验参与者在自由选择期之后完成第二阶段的认知任务和脑扫描，这次扫描之前两组参与者都被明确告知没有基于任务表现的奖励。扫描结束后，参与者进入第二次自由选择期，内容与第一次自由选择期相同。

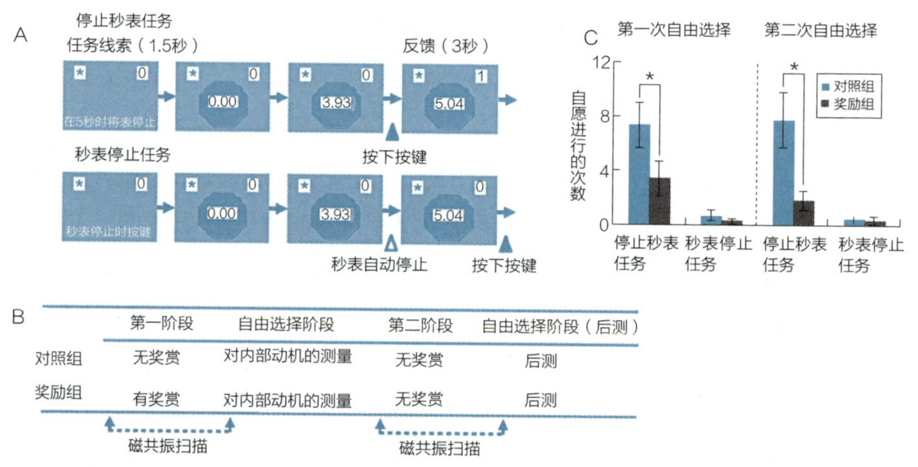

图4-1 实验方案和行为结果：（A）停止秒表任务和秒表停止任务；（B）实验过程的描述；（C）参与者在第一个和第二个自由选择期自愿完成停止秒表和秒表停止任务的次数

注：*代表p<0.05。

结果

行为结果

停止秒表任务的结果表明德西效应确实存在：奖励组在自由选择期玩停止秒表任务的次数显著少于对照组，但两组在自由选择期玩秒表停止任务（控制任务）的次数没有显著差异（见图4-1C）。

功能性磁共振成像结果

首先，研究关注了反馈时刻的脑活动情况（见图4–2）。成功反馈比失败反馈更显著激活了两组参与者的双侧前纹状体和中脑，说明实验任务确实能够带来成就感。同时，奖励组相关脑区的激活强于对照组，这是因为相比对照组只得到来自任务成功的内在价值感相比，奖励组还得到了基于绩效的金钱奖励，这增强了奖励组的价值感。有趣的是，该结果在第二次扫描中发生了反转：奖励组的双侧前纹状体的激活不再显著，而对照组相关脑区的活动持续存在，这说明奖励破坏了内部动机。

其次，研究关注了任务提示阶段的脑活动（见图4–3）。在第一次扫描中，当任务提示出现时，两组参与者的右侧外侧前额叶均被显著激活（该脑区的活动代表有认知参与意愿）；而且停止秒表任务引起的右侧外侧前额叶活动显著强于秒表停止任务任务，证明秒表停止任务作为控制任务是有效的；奖励组的右侧外侧前额叶的活动明显强于对照组，说明奖励组看到任务

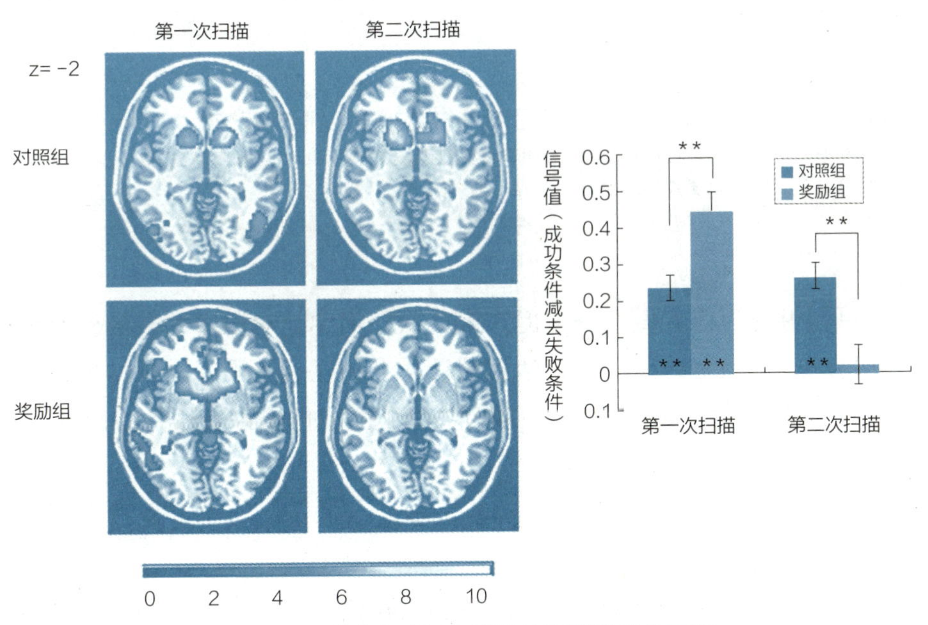

图4–2 成功完成任务引起的双侧纹状体反应

注：在第一次扫描中，研究者在两组均观察到双侧纹状体激活，但奖励组的激活显著强于对照组；在第二次扫描中，奖励组双侧纹状体的激活不再显著，而对照组的激活持续显著。**代表$p<0.01$。

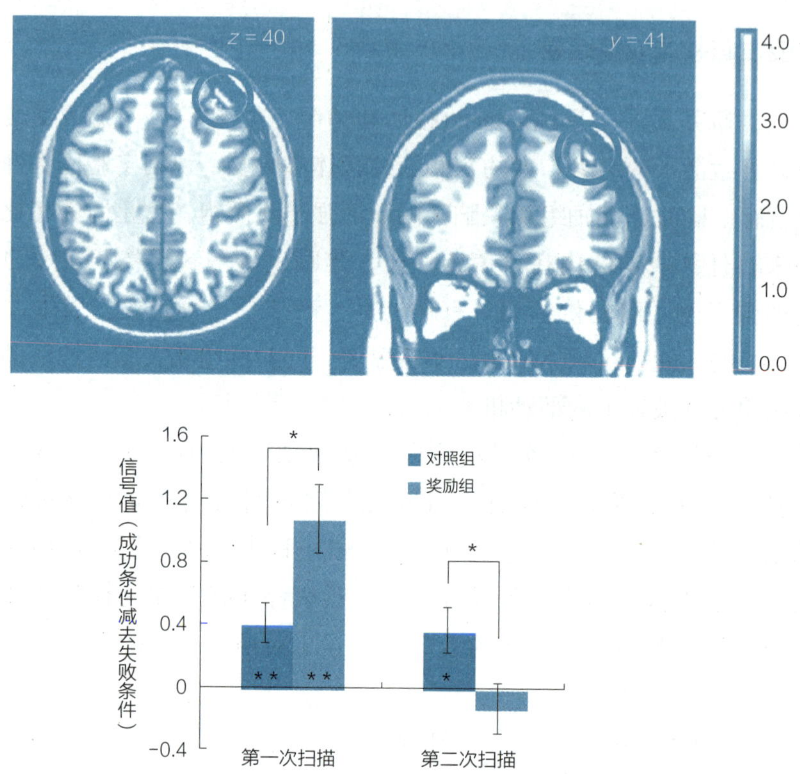

图4-3　任务提示引起的右侧外侧前额叶的反应

注：在第一次扫描中，奖励组的右侧外侧前额叶的激活明显大于对照组；在第二次扫描中，奖励组的右侧外侧前额叶的激活显著小于对照组。*代表$p<0.05$。

提示时更积极地为任务做准备。但在第二次扫描中，对照组的右侧外侧前额叶活动持续，奖励组的激活没有达到统计学上的显著水平。这一结果说明，因为没有奖励，奖励组在第二次扫描时失去了完成停止秒表任务的动机。

讨论

该研究表明，物质奖励会降低完成任务的内部动机，纹状体价值评估系统在德西效应中发挥着核心作用。具体来说，当奖励组失去基于绩效的奖励时，他们完成任务时的主观价值感会被削弱，表现为纹状体和中脑的激活程度显著降低；在面对任务时调动认知参与的意愿降低，表现为响应任务提示的右侧外侧前额叶活动减弱。这些结果说明，德西效应源自价值动机和认知准备过程的减弱，在一开始有基于绩效的奖励时，个体的积极性确实会被调动起来，但是后期一旦奖励消失，完成任务的内在价值不仅会回到奖励前的水平，而且会继续下降。

鉴于当代社会中基于绩效的激励系统的迅速发展，这些动机的相互作用在指导人类行为方面变得越来越重要。虽然该研究从行为和神经机制方面整合了物质奖励对内部动机的作用机制，但当前研究对内部动机的了解还远远不够。是否真正存在内部动机、内部动机的本质是什么等问题都需要进一步探索。

教育启示

长期以来，基于绩效（例如学习表现和成绩）的激励制度一直是学校和社会的核心制度之一。这可能反映了一种普遍的文化信念，即基于绩效的奖励是提升积极性的有效方式。该研究结果表明，基于绩效的奖励会削弱内部动机。如何在教育场景中提高学生学习的内部动机？父母或老师可以从以下三个方面考虑。

第一，引导孩子思考自身兴趣和未来理想，帮助孩子发现学习内容的内在价值，并尽量为孩子提供有趣的学习任务。假设有一个孩子对航天非常感兴趣，老师和父母可以将学习内容和航天相关联。例如，在教授物理时，可以通过讲解火箭的工作原理或宇宙中神秘的物理现象来激发孩子的兴趣。当教授数学时，可以通过解决与航天导航相关的实际问题来进行教学。通过这种方式，孩子不仅可以看到学习内容的实际应用，还可以明白这些学科与他的兴趣和未来梦想是如何联系在一起的。

第二，对于已经认识到学习内容的内在价值的孩子而言，精神或言语上的激励比金钱、礼物等外在奖励更有利于保护孩子的内部动机。比如，当孩子在数学科目取得了好成绩，老师可以说："我看到你在数学上付出的努力和进步，你做得非常好，应该为自己感到骄傲。"这种肯定和鼓励可以让孩子感受到他的努力被看到和赞赏，而不仅仅是换来了物质奖励。但表扬方式不当，同样可能破坏孩子的内部动机，研究发现，在表扬的同时，教师和家长还应该注意以下几个原则（Henderlong，Lepper，2002）。首先，表扬应真诚，因为孩子能够敏锐地感知到成人的真实情感。在表扬时，要指出孩子做得好的地方具体在哪里，比如“你解这道数学题的方法很巧妙”。表扬应及时，以加强孩子行为与积极回应之间的联系，而且表扬语气应与孩子的努力相匹配，避免过度。同时，要避免与其他孩子的比较，以免引起不必要的竞争和嫉妒。

第三，不同形式的激励对每个人的意义可能是不同的，要根据每个孩子的个性和需求进行奖励。无论是采用外在奖励还是精神激励，最重要的都是要真正了解孩子独特的内在需要，只有能满足孩子独特的内在需要的奖励方式才能增加其学习动机。比如，有的孩子更喜欢与他人一起合作学习而非单独学习，那么对于这样的孩子，老师或父母可以为他寻找学伴、组织学习小组，或者带他去参加某些学习活动。这样的奖励可以满足孩子与他人互动和合作的内在需要，从而提高他的学习动机。而有的孩子可能更喜欢阅读或独立研究，为这样的孩子提供一本他感兴趣的书籍或给他独立的研究时间和空间可能是更好的奖励方式。

参考文献

Arkes H R, 1979. Competence and the overjustification effect [J]. Motivation and Emotion, 3: 143–150.

Deci E L, 1971. Effects of externally mediated rewards on intrinsic motivation [J]. Journal of Personality and Social Psychology, 18(1): 105–115.

Deci E L, Koestner R, Ryan R M, 1999. A meta-analytic review of experiments examining the effects of extrinsic rewards on intrinsic motivation [J]. Psychological Bulletin, 125(6): 627–668.

Henderlong J, Lepper M R, 2002. The effects of praise on children's intrinsic motivation: a review and synthesis [J]. Psychological Bulletin, 128(5): 774–795.

Murayama K, Matsumoto M, Izuma K, et al., 2010. Neural basis of the undermining effect of monetary reward on intrinsic motivation [J]. Proceedings of the National Academy of Sciences of the United States of America, 107(49): 20911–20916.

Skinner B F, 1965. Science and human behavior [M]. New York: Free Press.

4.2

好奇心赋能学习

好奇心让记忆更深刻

研究10 Kang M J, Hsu M, Krajbich I M, et al., 2009. The wick in the candle of learning: epistemic curiosity activates reward circuitry and enhances memory [J]. Psychological Science, 20(8): 963–973.

> 最有效的教育方法不是告诉人们答案，而是向他们提问。
>
> ——苏格拉底

背景介绍

爱因斯坦曾说过："我并非天赋异禀，我只是对世界充满了好奇心。"（I have no special talents. I am only passionately curious.）[1]哲学家将好奇心描述为对知识的渴望。心理学家认为，好奇心是渴望了解未知事物的复杂感觉和动机。好奇心可以激励学习、促进新的行动和发现的产生。成功的科学家、发明家、创造者和思想领袖在孩提时代就会展示出极强的好奇心。

关于好奇心的来源，研究者的观点不完全一致。信息差距理论认为，好奇心来自信息差，即一个人已知的内容和想知道的内容之间的差异。该理论假设，在初始学习阶段，个体对知识的渴望水平会随知识的少量增加而急剧提升，因此信息差距随着初始学习的进行而扩大，等到个体的知识达到一定量时，信息差距减小，好奇心也就会减弱（Loewenstein，1994）。如果好奇心就像对知识的渴望，那么少量的"启动剂量"的信息就会增加好奇心。其他研究

1 致卡尔·西利格的信，1952年3月11日，选自爱因斯坦档案39-013。

者的主张和信息差距理论有重合之处但是不尽相同，他们认为，好奇的人之所以愿意寻找未知的信息，主要是因为他们有两种动机——想要减少某一事物的不确定性的动机（减少认知被剥夺的动机）和想要发现新信息以扩展知识的动机（发现的动机），而好奇心所带来的情感体验正是减少剥夺感和扩展新知识的渴望（Noordewier，van Dijk，2020）。

在信息差距理论中，那些引起好奇的未知信息同时也意味着未来获得奖励的可能性——一旦拥有新信息，就会收获奖励感和满足感。现实生活中，就像动物会为了食物而奔跑一样，人类也会花费资源来寻找他们感兴趣的信息。如果使用强化学习理论的观点看待未知信息，当得知未知信息时，人们就获得了一种新异奖励（之前不知道的知识），因此，好奇心也可以被认为是新异奖励的一种心理表现。

与“好奇心是新异奖励的一种表现”的观点一致，越来越多的神经科学研究发现，好奇心与奖励引起的大脑活动确有重叠之处。动物研究发现，中脑多巴胺神经元和眶额皮层的活动可以代表信息的价值，而通过药物破坏纹状体回路会降低动物寻求信息的动机。人类神经影像学研究同样表明，高好奇心状态与大脑的纹状体和前额叶皮层区域（主要功能为高级认知）以及中脑富含多巴胺的区域（包括尾状核和壳核）的活动增强有关（Lau et al.，2020）。这些结果说明，好奇心可能是一种奖励信息，而且会影响高级认知功能。

在这些研究结果的指导下，本节介绍的研究首先使用功能性磁共振成像技术探索了好奇心的神经机制，考察了好奇心是否属于一种奖励预期信息，然后使用眼动追踪（见专栏4-1）和行为实验检验了好奇心是否会影响高级认知功能中的记忆功能，最后考察了人们为了满足好奇心是否愿意付出资源或时间。

专栏4-1　眼动记录仪

眼动记录仪是一种能够跟踪眼球位置并记录眼球运动信息的设备，在视觉系统、心理学、认知语言学的研究中有广泛的应用。眼动记录仪通常可以检测我们看向哪里，或者说视线汇集之处。眼动记录仪使用近红外光源在参与者眼睛的角膜和瞳孔上产生反射图像，然后用两个图像传感器采集眼睛与反射的图像。通过图像处理算法和一个三维眼球模型精确地计算出眼睛在空间中的位置和视线位置。此外，由于红外线对人类不可见，因此在跟踪眼睛时不会让参与者分心。

眼动记录仪的常用指标有眼跳、注视点以及眨眼等。虽然眼动追踪通常用于研究视觉注意力，但也可以使用瞳孔测量法（瞳孔大小的度量）测量参与者的生理唤醒程度。

研究假设

该研究采用三个实验分别探究好奇心的神经机制、好奇心对记忆的影响，以及好奇心与奖赏的关系。越来越多的证据表明人类纹状体的活动与奖励的水平相关，而好奇心也是奖励的一种心理表现，因此实验1（功能性磁共振扫描实验）假设纹状体与好奇心有关，即当实验参与者报告的好奇心越强时，其纹状体的活动也越强。已有研究还显示，当实验参与者在猜错未知问题的答案时，好奇心会增加记忆区域的活动，因此实验2（眼动追踪及行为实验）假设，实验参与者第一次会面时对问题的好奇心越高，1—2周后其回忆答案的结果越好（Kang et al.，2009）。实验3假设好奇心是一种奖励预期，实验参与者会因为好奇而花费有限的资源（如本实验中的代币或不确定时长的等待时间）来获得他们感兴趣的信息，因此当他们更好奇时，会花费更多有限的资源来获取答案。

方法与结果

实验 1

19名大学生（平均年龄21.7岁）参加了功能性磁共振扫描，并在扫描的同时阅读一些足以引起自己较高水平好奇心的问题。这些问题比较强调细节因而答案并不常见，例如“什么乐器听起来像人类的歌声？”（答案是小提琴）（见

图4-4A）。读完每个问题后，参与者需要不出声地猜测答案，并评估他们对正确答案的好奇心水平和对自己猜测的答案正确与否的信心水平。然后问题再次呈现，接着呈现正确答案（见图4-4B）。完成任务后实验参与者在功能性磁共振扫描仪外报告他们最初猜测的答案。

行为结果显示，实验参与者报告的好奇心水平与信心水平呈倒“U”形曲

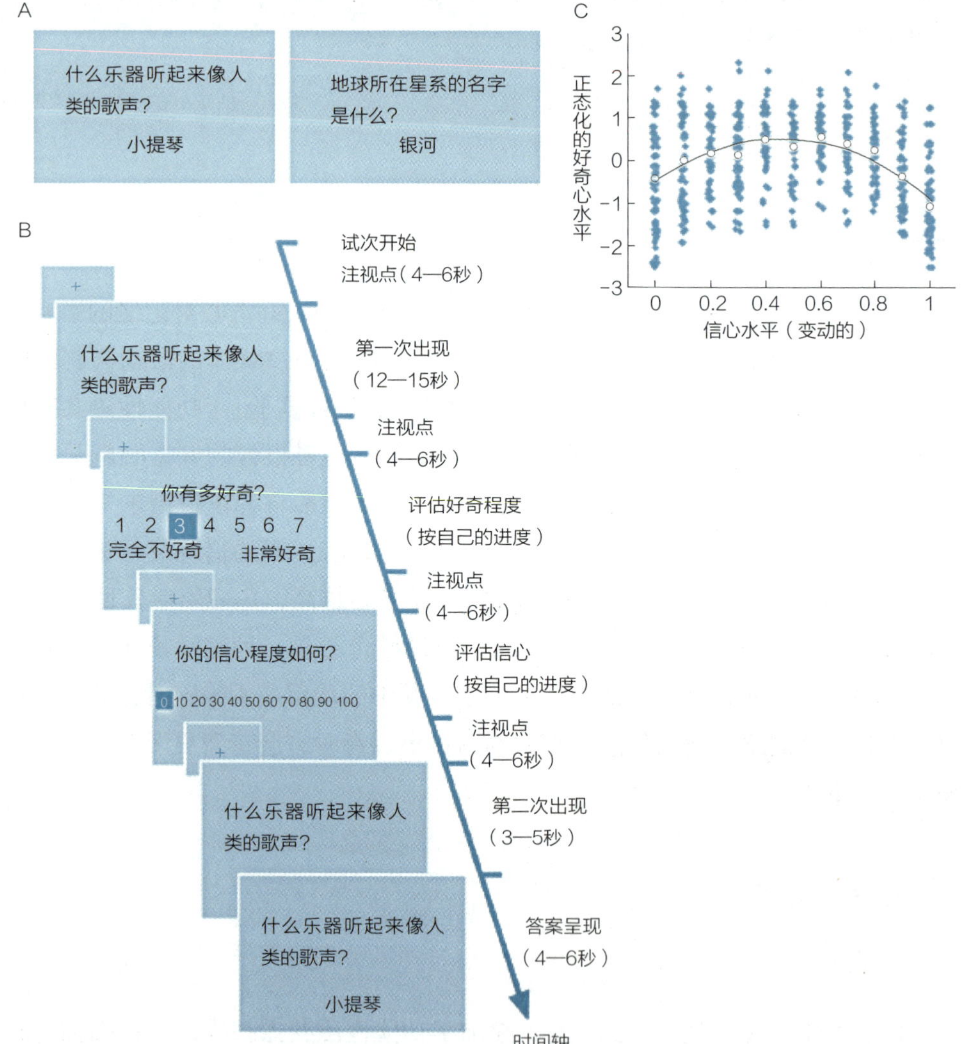

图4-4　实验1的方案和行为结果：（A）示例问题，（B）实验流程，（C）好奇心评级与信心水平评级呈倒“U”形曲线的分布

线关系（见图4–4C），即当对自己猜测的答案正确的信心极小或极大时，好奇心水平较低；当信心水平为0.50左右时，好奇心达到最大。这与信息差距理论的预测一致，因为孤陋寡闻的人难以被激起好奇心，而对相关领域知识了解较多的人也较难被激起好奇心。

研究者又依据好奇心得分的中位数将参与者分为高好奇心组和低好奇心组，比较两组在问题初次出现时的脑活动。研究发现，高好奇心组左侧尾状核、双侧前额叶皮层、额叶下回和海马旁回的反应更大。这一发现支持好奇心是对奖励性信息的预期这一观点。答案揭晓时的脑活动显示，参与者猜错时与学习和记忆相关的脑区（包括双侧壳核和左侧额下回）的激活程度比猜对时强得多，这说明好奇心会调动高级认知区域的活动。

实验 2

实验2的参与者为另外16名大学生。实验2分两次进行，第一次的任务、问题及流程同实验1，但没有进行功能性磁共振扫描，研究者记录了答案显示前后4.8秒参与者的瞳孔扩张程度。瞳孔扩张与唤醒、注意力、兴趣和认知努力有关，较大的瞳孔扩张代表对指导答案的兴趣更大。参与者在11—16天内返回参加第二次实验，实验问题与第一次相同，参与者需要回忆正确答案，每回忆出一个正确答案就能获得0.25美元。12名参与者返回并参加了第二次实验。

根据参与者报告的好奇心水平，研究者将其分为高、中、低好奇心组。眼动数据显示，在答案出现前1秒，高好奇心组的平均瞳孔扩张反应明显大于中好奇心组，中好奇心组略高于低好奇心组。此外，较高的好奇心能够预测更好的回忆表现，也就是说，在猜错答案之后，那些原来就很想知道正确答案的人更有可能记住答案。

实验 3

参与者为另外30名大学生。实验3的任务和流程与实验1和实验2类似，不同之处在于：参与者必须花费有限的代币（每人25个代币）或等待一定时间才能知道问题的答案。参与者会被分配到任一条件之下——代币条件（10名参与者）或时间条件（20名参与者）。在代币条件下，实验参与者阅读每个问题，报告他们的好奇心和信心水平，并输入他们所猜测的答案。猜测之后，如果愿意支付1个代币，就能立即看到答案。代币没有现金价值，但因为代币数量有限，在一个答案上花费一个代币意味着可能失去获得另一个答案的机会。在时间条件下，参与者在猜测之后必须花时间才能等到答案出现，等待时间从5秒至25秒不等。参与者如果退出等待并跳到下一个问题，将看不到前一个问题的正确答案。

逻辑回归分析模型显示，参与者花费的代币和时间都与好奇心水平密切相关。参与者的好奇心水平每增加1个标准差，他们等待的时间就多3.7秒（见图4–5）。

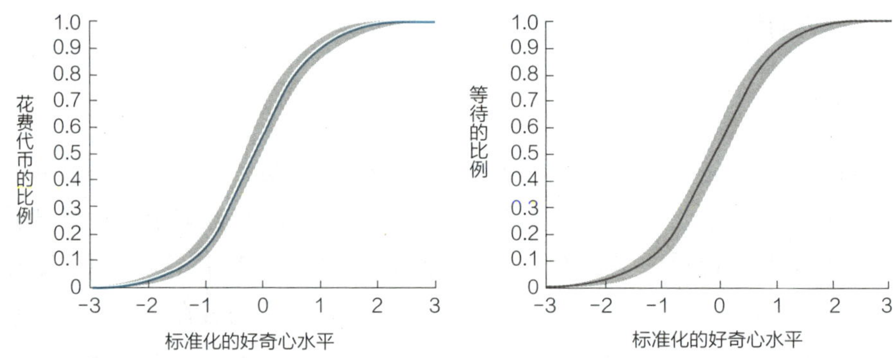

图4–5　好奇心与花费代币或等待时间以获得问题答案的概率相关联的分组逻辑曲线

注：阴影代表95%的置信区间。

讨论

这项研究通过行为、眼动和功能性磁共振成像技术来探究好奇心的神经机制，结果表明，实验参与者报告的好奇心水平与前额叶和尾状核的活动具有相关性，说明好奇心确实与奖励预期有关；当参与者最初做出错误猜测时，好奇心会增强其对正确答案的记忆；好奇心强的人愿意花费更多有限资源来寻找问题的答案，这进一步说明了好奇心在一定程度上等同于奖励预期，这与好奇心激活了奖赏系统脑区的结果一致。

但是该研究只使用了不常见问题作为诱发好奇心的材料，它们唤起的可能是一种特定的认知好奇心，即对特定信息的渴望。这种类型的好奇心或许不同于寻求新奇或避免无聊（认知剥夺）所驱动的知觉好奇心，未来研究还需要扩大考察范围来探索不同种类的好奇心是否有本质上的差异。

教育启示

本节介绍的研究表明，使用问题刺激会引发不同程度的好奇心，而好奇心水平越高，人脑的奖励区域的活动水平也越高，即好奇心可以作为一种动机提升学习意愿。而且，较强的好奇心增强了后来对新信息的回忆，即好奇心有助于巩固记忆中的新信息。

这些结果对教育实践有很好的启示，教师在进行教学设计时，应当充分考虑如何调动和激发学生的好奇心。例如，教师可以在课堂开始时提出一个与课程内容相关的有趣问题、挑战性问题或有争议的问题，引起学生的注意并激发他们的好奇心；此外，还可以提前透露课程中的一个关键点，但不完全解释，以增加学生的好奇心，让他们期待接下来的学习内容。

教师还可以借助神秘道具和互动体验的方法激发学生的好奇心。比如，在教授物质的密度概念时，可以通过“神奇的彩虹杯”（使用蜂蜜、有颜色的洗涤液、橄榄油和酒精在一个透明的玻璃杯中创建多层液体，由于每种液体的密度不同，它们会自然分层）的演示完成课堂导入。这种方式不仅直观地展示了密度的原理，还可以快速激发学生对物理学的兴趣，使他们理解得更快、记得更牢。

再者，人们对故事有天生的喜爱，教师还可以通过引入故事，比如将名人逸事、新闻事件与课程内容联系起来，让学生对接下来的内容充满期待。另外，学校和教育部门也可以为学生提供一些与学科相关的实地考察机会，让他们从实际中学习和发现，在实践中生成兴趣。

随着技术的快速发展，数字技术和虚拟现实技术为教育领域带来了无限的可能性。使用各种多媒体、虚拟现实或增强现实工具为学生提供沉浸式的学习体验，不仅能够为学生提供更加真实和生动的学习场景，还能够在很大程度上激发他们的好奇心，促进他们的学习和思考。

参考文献

Kang M J, Hsu M, Krajbich I M, et al., 2009. The wick in the candle of learning: epistemic curiosity activates reward circuitry and enhances memory [J]. Psychological Science, 20(8): 963–973.

Lau J K L, Ozono H, Kuratomi K, et al., 2020. Shared striatal activity in decisions to satisfy curiosity and hunger at the risk of electric shocks [J]. Nature Human Behaviour, 4(5): 531–543.

Loewenstein G, 1994. The psychology of curiosity: a review and reinterpretation [J]. Psychological Bulletin, 116(1): 75–98.

Noordewier M K, van Dijk E, 2020. Deprivation and discovery motives determine how it feels to be curious [J]. Current Opinion in Behavioral Sciences, 35: 71–76.

第五章 创造力

说起创造力，你会想到谁？是科学家爱因斯坦、画家梵高，还是诗人李白？这些在特定领域取得巨大成就的天才们无疑拥有超高的创造力，推动了各自领域的发展。因而，在大多数人眼里，创造力被认为是天才们的“专利”。然而，过去几十年的创造力研究和大量的现实证据显示，创造力可不仅仅是极少数天才人物所独有的能力；事实上，创造力存在于我们每个人身上，是每个个体都有的一种能力。例如，忘记带笔的女职员用口红写字，小朋友将妈妈的高跟鞋扮作芭比娃娃的房子，这些都是创造力的表现。研究者们把爱因斯坦、梵高等人展示的创造力称作大C（Big C），有时也称作卓越创造力，即只有少数人才具备的、能够创造出天才作品的创造力；而把人们在日常生活里表现出的创造力称作小C（Little C），即人人具备、在日常生活的各个方面展示出的创造力。从不同的层面来看待创造力，也进一步表明我们每个人都有创造力，且都能成为富有创造力的人。

创造力到底是什么？一直以来，创造力都具有神秘性和偶然性的色彩。其实，创造力并不神秘。目前心理学家普遍认同把创造力定义为“产生新颖、有用的想法或产品的能力”。也有人进一步指出，创造力是人类特有的在个性品质、认知加工方式以及在环境等复杂因素的综合作用下完成创造活动所必需的能力。这些定义阐释了创造力的本质和影响因素，也说明了创造性想法并不是凭空产生的。神经科学研究也显示，创造性活动有着特定的脑神经生理基础。那么，人脑中的创造力从何而来？我们应如何提升人脑的创造力？

本章将介绍三项关于创造力脑机制的研究。第一项研究介绍了高创造力和低创造力个体在创造性活动下的脑活动模式，揭示了提升创造力的神经基础。第二项研究介绍了“要有创造性”指导语对创造力关键脑区活动的增强效应。第三项研究介绍了团体成员的创造力水平差异对团体创造性表现的影响及其背后的脑间活动同步性机制。

5.1 三大网络合拍，让你“脑洞大开”

研究11 Beaty R E, Kenett Y N, Christensen A P, et al., 2018. Robust prediction of individual creative ability from brain functional connectivity [J]. Proceedings of the National Academy of Sciences of the United States of America, 115(5): 1087–1092.

提到世界上最伟大的科学家，很多人都会想到爱因斯坦。1955年4月18日凌晨，爱因斯坦病逝于美国普林斯顿医院，有传言称他在辞世之前说了几句德语，这也是他留给世界最后的话。遗憾的是，由于是德语，当时身边的护理人员听不懂，所以没有人知道他到底说了什么。爱因斯坦的遗体虽然被火化了，他的脑却被保存起来并进行了相关的研究。最终发现，爱因斯坦的脑比一般人多出了73%的神经胶质细胞，这或许是他高智商的关键，这也意味着爱因斯坦的脑更复杂，脑中的神经网络也更发达。

背景介绍

不仅是爱因斯坦的脑，普通人的脑也同样神秘。创造力如何从脑中涌现？以往一种流行的观点认为，脑的左右半球有明确分工，而创造力是脑右半球的功能。这种观点最初源于美国心理生物学家斯佩里博士的割裂脑实验（详细研究见Sperry，1968）。该实验提出了大脑不对称性的“左右脑分工理论”：脑左半球主要负责逻辑理解、记忆、语言、知觉等活动，而右半球主要负责空间形象、情感、艺术、想象等活动。这一研究发现使得“脑功能偏侧化”在很长一段时间成为主流观点。脑右半球的神经活动与创造力密切相关，因而人们倾向于认为右脑在创造性活动中更有优势，是创造力的源泉。

然而，割裂脑研究的结论在后来的研究中饱受质疑，神经科学家对创造力产生于脑右半球这一观点也普遍持怀疑态度。创造力不局限于科学和艺术，而是涉及工作和生活的方方面面。人们要在面对复杂的问题时表现出创造力，这并不是只靠某个特定的脑区就能实现的。例如，在设计一款新产品时，设计师不仅需要通过头脑风暴创造出各种产品概念，而且要结合市场需求、受众特点和成本等因素来评价每种概念的可行性，最后做出选择。设计师研发产品的过程包含了创造性想法生成、评价和选择三个认知阶段，这些认知行为并不简单对应于某一脑区，而是由脑不同区域的神经环路共同负责的。换句话说，创造性活动需要脑左右半球多个脑区的协作。

研究假设

通过功能性磁共振成像技术，以往研究发现创造性认知过程主要由三大脑网络协作完成：默认网络、执行控制网络和突显网络（见专栏5–1）。这三大脑网络在不同的创造性任务中都呈现出激活模式（Beaty et al.，2015；Dietrich，Kanso，2010）。默认网络主要负责产生各种各样的想法；执行控制网络主要负责对这些想法进行评估和筛选，以保证最终被注意到的想法既是新颖的也是有用的；突显网络则像一个开关，决定是开启头脑风暴来产生新的想法，还是开启筛选模式剔除不需要的想法。贝蒂等人（Beaty et al.，2015）的研究发现，参与者在解决发散思维任务时，默认网络和执行控制网络都呈现了显著激活。

因此，本节介绍的研究假设个体创造力的差异可能与其脑功能连接强度有关，而个体同步启动三大脑网络的能力可能是评判个体创造力的神经生理指标。研究采用发散思维任务作为创造力的测量工具。发散思维是针对一个问题从不同的角度思考并产生解决问题办法的思维过程，被认为是预测个体创造力的重要指标（Fink et al.，2007）。多用途任务是经典的发散思维任务之一，该任务要求人们尽可能多地想出一个物品（如砖头）的用途（如盖房子、做花盆、砸核桃），随后根据流畅性（产生想法的数量）、新颖性（想法的新颖程度）、灵活性（想法的语义类别数量）和有用性（想法的有效性和适当性）等维度对产生的想法进行评价。研究采用脑功能连接组的预测模型（connectome-

专栏5-1 脑的三大网络

默认网络，也被称作“想象力网络”，它涉及大脑额叶、顶叶和颞叶区域的多个部分。通俗地讲，默认网络指的是大脑处于待机状态（即无意识状态）时仍在持续运作的脑区网络。由于少了意识的监控，大脑处于放松状态，因而更容易产生有创意的点子。当我们在做白日梦或者让思绪放空（心智游移）的时候，脑子里正在工作的就是这个“想象力网络”。想一想，你是否也有过这样的经历：白天一直没有头绪的问题，在睡醒之后竟然神奇地有了办法。这可能是因为当你休息时，你的脑默认网络还在紧锣密鼓地处理问题。因此遇到难以解决的问题，有时睡一觉或者做个白日梦，可能就豁然开朗了。

而执行控制网络与默认网络相反，是指当人需要集中注意力或是主动控制思考时激活的大脑网络，主要负责解决高度复杂的任务。执行控制网络主要由外侧前额叶和下顶叶组成。虽然默认网络和执行控制网络两者看似是相反的脑活动模式，但最近越来越多的研究发现，它们之间存在拮抗和协调作用的关系（Beaty et al.，2015），在某些任务中，这两个脑网络是可以同时被激活的，比如创造力任务。

突显网络一般负责调节其他脑区的动态变化和默认网络的耦合。这个网络的组成很简单：脑岛和前扣带回。这个网络有点像一个协调者，通过整合收到的不同信息（可能是来自外界的信息，也可能是自身情绪方面的信息）来判定脑是否需要在前面两个网络之间切换。

based predictive modeling），分析了每个参与者的脑功能连接模式与创造力因子的关联性。

方法

研究招募了163名大学生（平均年龄22.5岁）参加功能性磁共振实验。参与者要完成一个发散思维（创造性）任务，即尽可能多地想出一个常规物品的不寻常用途（例如“袜子”可以用作收纳袋、装饰品），和一个非创造性任务，即描述一个常规物品的物理特征（例如“桌子”有四条腿、是木质的）。发散思维任务和非创造性任务的每个试次都有12秒的作答时间，两个任务随机交替出现。在这个过程中，研究人员使用功能性磁共振扫描仪扫描参与者的脑部，通过测量脑中血流的变化来监测完成创造性任务过程中脑各个区域的活动程度。研究者采用潜变量建模的方法，即将多个创造力的指示因子整合为一个总体创造力因子，然后进行脑连接矩阵与创造力因子之间的关联性分析，最终实现借由脑活动预测创造力的目的。

结果

结果发现，高创造力和低创造力个体脑活动的功能网络连接模式截然不同。高创造力网络主要由前额叶、脑岛、顶叶、边缘脑区组成。对于高创造力个体的脑网络来说，在25个密集互连节点中，12个来自默认网络，4个来自突显网络，3个来自执行控制网络。这一发现表明高创造力个体的三大脑网络之间有着高度的关联性（见图5-1）。这三个脑网络之间的活动关联性越强，个体发散性思维任务的表现就越好，越能产生大多数人意想不到的创意。而低创造力个体的脑网络节点中，仅有来自默认网络的5个节点，更多的网络节点都不在大脑皮层上，而是分散分布在皮层下结构、脑干和小脑等区域，因而在创造的强度和速度上表现较差。

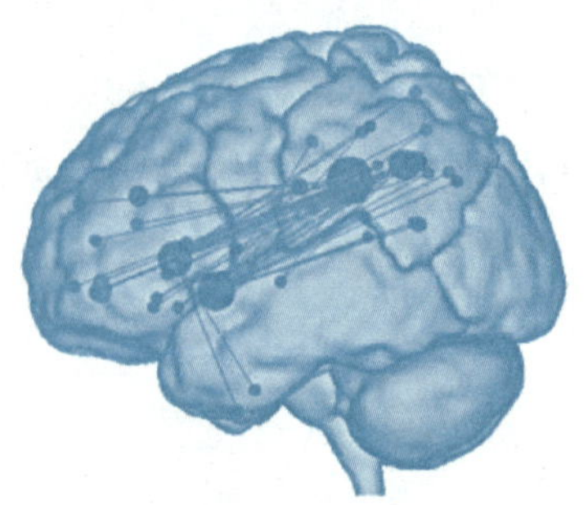

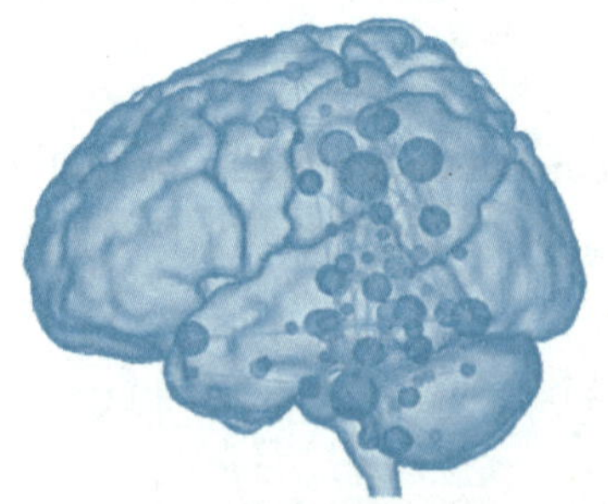

图5-1　高创造力者的脑网络节点（左）和低创造力者的脑网络节点（右）

与先前研究一致，该研究表明，创造性想法的产生与个体同步激活各个神经网络并促成它们之间的交流与合作的能力有关。在此基础上，该研究进一步提出，创造力越高者，其三大脑网络之间的连接强度越大。这再次说明创造力不只是右脑的机能，而是全脑相关区域共同参与的结果。

教育启示

人脑具有高度的协作性，即使是简单的认知任务，也可能由多个脑区共同参与完成。高级心理活动涉及的脑功能网络连接模式则更加复杂。创造性思维涉及脑的三大网络——默认网络、执行控制网络和突显网络，本节介绍的研究揭示了创造力不是某一脑区的特定产物，而是多个脑网络甚至全脑共同作用的结果。并且，相对于创造力较低的个体，高创造力个体展现了脑网络激活增强的模式。因此，在某种程度上，脑网络间的连接强度和速度可以为我们预测个体的创造性表现、鉴别高低创造力个体以及检验创造力训练成效提供神经层面的客观指标。这些关键脑区功能的定位，也为我们借助神经设备（如经颅电/磁刺激设备等）（Chrysikou et al.，2021），通过刺激与创造力高度相关的脑网络结点来调节个体的创造力表现提供了依据。

此外，本研究从神经科学的角度提示我们持续的“专注”未必有利于创造性问题的解决，相反，持续投入注意力资源可能使脑产生认知疲劳而变得效率低下，导致思维陷入僵局。当脑累了或者对于问题百思不得其解时，偶尔的“走神”或者将问题搁置一边，或许更有利于人们产生创造性想法。在这种情况下，脑会进入默认网络模式，思维会变得更加发散并进行不受意识约束的联想，促使新的想法和信息涌入，从而获得解决问题的灵感。这也有利于我们脑的前额叶获得放松和休息。当思考模式转换到执行控制模式后，人们就能对搜索到的问题答案进行有效的评价和决策。所以，人们可以训练自己的发散思维和联想能力（Beaty et al., 2015），提高自己在默认网络和执行控制网络模式下进行语义联接和目标信息搜索的能力。也有证据表明，经常进行冥想活动不仅有助于减轻压力，还有助于个体在可控的范围内“走神”，并随时集中注意力去解决问题（Lazar et al., 2005）。

参考文献

Beaty R E, Benedek M, Kaufman S B, et al., 2015. Default and executive network coupling supports creative idea production [J/OL]. Scientific Reports, 5 [2023-07-19]. https://doi.org/10.1038/srep10964.

Chrysikou E G, Morrow H M, Flohrschutz A, et al., 2021. Augmenting ideational fluency in a creativity task across multiple transcranial direct current stimulation montages [J/OL]. Scientific Reports, 11 [2023-07-19]. https://doi.org/10.1038/s41598-021-85804-3.

Dietrich A, Kanso R, 2010. A review of EEG, ERP, and neuroimaging studies of creativity and insight [J]. Psychological Bulletin, 136(5): 822–848.

Fink A, Benedek M, Grabner R H, et al., 2007. Creativity meets neuroscience: experimental tasks for the neuroscientific study of creative thinking [J]. Methods, 42(1): 68–76.

Lazar S W, Kerr C E, Wasserman R H, et al., 2005. Meditation experience is associated with increased cortical thickness [J]. Neuroreport, 16(17): 1893–1897.

Sperry R W, 1968. Hemisphere deconnection and unity in conscious awareness [J]. American Psychologist, 23(10): 723–733.

5.2

“要有创造性”，激发创造力

研究12 Green A E, Cohen M S, Raab H A, et al., 2015. Frontopolar activity and connectivity support dynamic conscious augmentation of creative state [J]. Human Brain Mapping, 36(3): 923–934.

> 打破习惯有点像敲碎自己的骨头。你之所以应该坚持去体验从不同的视角感知世界，是因为你的生活会因此而变得非常丰富。
>
> ——米哈里·契克森米哈赖（Mihaly Csikszentmihalyi）

背景介绍

在上一节介绍的研究中，我们了解到高创造力和低创造力个体在遇到创造力问题时激活的脑网络模式是不同的，这很可能会导致一部分人认为创造力在很大程度上是天生的，是一种个体特质，因而很难改变。不过，我们也听到过这样的事例：一个平时循规蹈矩的人在危难时刻急中生智，想出异乎寻常的方法化险为夷。这说明，个体的创造力不仅是一种特质，也是一种状态，会伴随外界环境信息的变化而呈现出不同的水平。指导语效应便是很好的证据。指导语效应是指在创造活动过程中，明确告诉参与者“要产生有创造性的想法”（be creative）就能够提升参与者的创造性表现（Harrington，1975）。研究发现，不同的实验指导语会引起参与者在创造力不同维度上的表现差异。例如，伦科和阿尔伯特（Runco，Albert，1986）的研究发现，当要求参与者产生“尽可能多的不同的”（即类别多样）想法时，参与者想出的想法类别更加多样，而想法的独特性（对应的指导语为“非常规的、新颖的”）却没有提高。指导语效应表明创造力是可以改变的，个体能根据环境需求表现出状态性的创造力增强。那么，脑也能根据创造力需求的变化，适时地调整相关脑区的激活状态吗？本节呈现的研究将介绍在不同指导语条件下，与创造性活动相关的脑区激活模式的差异。

研究假设

在脑神经层面，个体能否呈现出状态性创造力是一个有待探索的问题。为此，美国华盛顿乔治城大学的研究者格林及其同事（Green et al.，2015）使用薄片创造力动词生成任务（thin slice creativity verb generation task），检验了在不同的指导语条件下，个体在产生创造性想法时的脑神经机制。这里的“薄片”是指通过分析局部内容就可以了解整体的心理学现象。薄片创造力动词生成任务即呈现一个名词，用词的颜色（如绿色）作为线索性指导语，提示参与者想出一个创造性的答案，参与者需要说出与这个名词相关的一个动词。研究假设，与没有指导语的条件相比，创造性指导语条件下参与者额极皮层的激活更强。

方法

63名英语母语者参与了实验，由于技术故障和数据缺失等原因，实验最终保留了55人（平均年龄22.5岁）的数据。实验过程中，电脑屏幕上首先呈现一个名词，参与者的任务是想出一个与这个名词相关的动词，例如由“农场”联想到的动词可以是“咩咩叫”或者“割草”。实验共包括72个名词，分成两组，每组36个名词，采用两种不同的颜色呈现：当名词以绿色字体呈现时，他们需要说出一个能体现创造力的动词（“要有创造性”指导语条件），例如“咩咩叫”；而当名词以紫色字体呈现时，则没有这种要求（无指导条件）。研究者使用潜在语义分析技术（latent semantic analysis）（见专栏5-2）计算了在“要有创造性”指导语和没有这种指导语的情况下，参与者在每个试次中提供的2个答案的语义距离平均值。语义距离越远，表示想出的动词的创造性越强。

专栏5-2　潜在语义分析

潜在语义分析主要用于文本的话题分析，其特点是通过矩阵分解发现单词之间的语义相似性，即在对大量文本语料库进行统计分析的基础上，对词（甚至整篇文章）之间的相似性进行量化分析。在该方法下，两词之间的语义距离由1减去潜在语义分析的相似度评分决定。

结果

行为结果表明，在“要有创造性”指导语条件下，参与者产生的词对间的平均语义距离比没有指导语的条件下更大，参与者想出的动词更有创造性（见图5-2）。

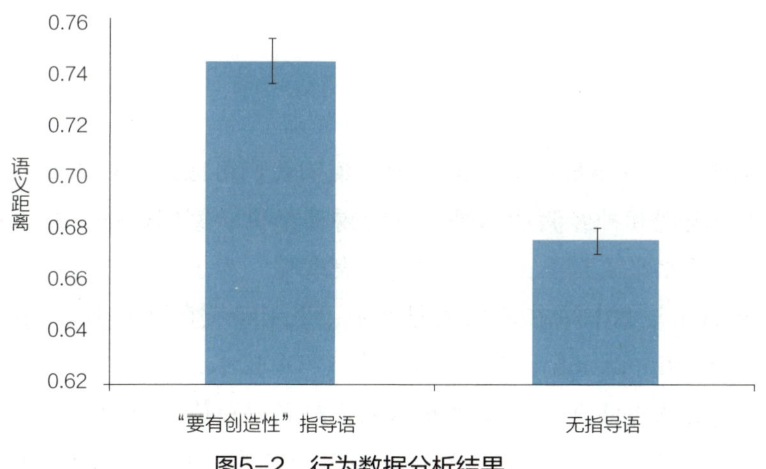

图5-2　行为数据分析结果

功能性磁共振成像结果显示，有意识地进行创造性思考增加了大脑前额叶区域的激活强度（见图5-3）。结合以往类比推理的研究发现，研究者假设在本研究中，前额叶区域参与了名词和动词词义间的关系整合，促使参与者发现词语间隐含的语义联系。在“要有创造性”指导语的促使下，参与者的语义搜

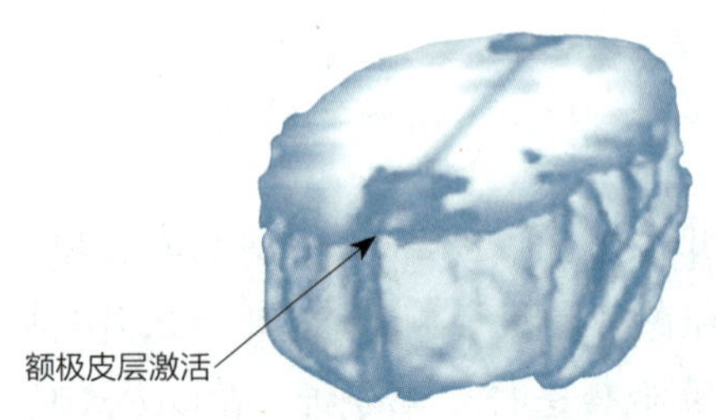

图5-3 “要有创造性”指导语和无指导语条件对比后的额叶区域激活图

索范围扩大，想到的动词与给定的名词间的语义距离因此变大。这个过程需要参与者对搜索到的信息进行整合，在名词和动词之间建立语义上的连接，这些认知过程需要前额叶的参与。随着语义距离变大，这一区域的神经活动增强。除此之外，“要有创造性”指导语条件也激活了额叶的其他部分，如前扣带回和双侧额下回。前者的激活反映了创造性任务需要的注意转换和认知状态保持，后者的激活反映了在“要有创造性”指导语条件下，参与者付出了更多的认知资源。

后续研究

“要有创造性”指导语效应的发现，说明我们可以通过环境刺激来改变个体的创造力表现和神经激活水平。这使得神经科学家们好奇：是否可以通过调节神经激活水平来提升人们的创造力表现呢？为了回答这一问题，格林等人（Green et al.，2016）在之后的研究中，采用经颅直流电刺激（transcranial direct current stimulation，tDCS，见专栏5-3）技术，探索了神经调节改变个体创造力表现的可能性。这项研究招募了31名以英语为母语的大学生参与者（平均年龄21.69岁），并将这些参与者随机分配到tDCS组（15人）和对照组（伪刺激组，16人）。实验时，在20分钟时间里，tDCS组参与者的额极皮层部位持续接受tDCS，对照组在刺激器发出一个刺激电流后不提供电流刺激，且参与者也没有意识到这一点。在这个过程中，参与者先后完成人口统计学变量问卷、类比推理任务和词汇生成任务，研究者最终获得23名参与者的有效数据。

专栏5-3 经颅直流电刺激技术（tDCS）

tDCS是一种非侵入性的，利用恒定、低强度直流电（0—2毫安）调节大脑皮层神经元活动的技术。该技术将微弱的电流通过电极作用于头皮刺激特定的脑区。此特定区域的电流则会基于不同类型的刺激而提高或降低神经元的兴奋性，进而引起脑的功能性转变。刺激方式包括3种：阳极刺激、阴极刺激和伪刺激。阳极刺激通常能增强刺激部位神经元的兴奋性，阴极刺激则会降低刺激部位神经元的兴奋性。在进行伪刺激时，刺激器发出一个刺激电流，但是在后面的时间里刺激器不提供电流刺激，在伪刺激过程中，参与者并不知道他们没有被电流持续刺激。

tDCS是无痛和安全的，不会诱发癫痫。由于电极固定在参与者头部，因此对操作者要求不高。另外，与传统的刺激技术相比，tDCS可以实施伪刺激，这使得tDCS的实验结果更有说服力。tDCS在临床治疗上有着广阔的运用前景，其在治疗帕金森病、耳鸣、肌肉纤维疼痛和脑卒中后运动障碍上的疗效已经得到了证明。另外，tDCS疗法对心理疾病和精神疾病例如抑郁症、焦虑症和精神分裂症，也有明显的作用。总之，tDCS这种安全、不良反应小的皮层刺激手段为临床工作者提供了新的治疗思路，也为我们开展神经干预促进个体能力表现提供了新方向。

但同时需要注意的是，由于tDCS制作原理相对简单，目前也存在一些滥用的风险。例如一些公司或个人将改造后的tDCS设备用于过度保持注意力、增加游戏娱乐过程中的感官刺激，或将其运用于不符合伦理要求的其他方面。因此，在考虑使用基于tDCS技术的产品时，要注意鉴别相关机构的专业资质。

行为数据结果表明，在类比推理任务中，tDCS组的语义距离显著大于对照组。在词汇生成任务中，tDCS组和对照组在“要有创造性”指导语条件下都产生了更有创造性的动词，但tDCS组产生的动词与给定名词之间的语义距离更大，换句话说，tDCS增强了“要有创造性”指导语的效应。该项研究结果发表在期刊《大脑皮层》（*Cerebral Cortex*）上。这项研究表明，神经干预可以有效地调节个体的创造力表现，提升个体的状态性创造力水平。

教育启示

每个人都有创造的潜能，很多时候，人们不是缺少创造力，而是缺少创造的机会。本节介绍的研究启示我们，在课堂中，教师要向学生明确提出创造性思考的要求，并创设合适的课堂教学情境，鼓励学生去进行创造活动。事实上，创造性目标的设置不仅可以使学生明确任务的性质，更重要的是可以提高他们的动机水平，使他们把注意力集中在创造性认知方面，进而提升创造性表现。此外，教师也可以通过预设开放性的问题来为学生的创造性思维发展提供机会。例如，在学习一个新词语时，可以让学生尽可能多地说出与这个词语有关的词语，以此来提高学生的远距离语义联想能力；平时鼓励学生一题多解，对非标准化的解题思路予以鼓励。此外，日常生活中对孩子提出的“奇怪的”想法，家长和教师应保持开放包容的态度，允许孩子在安全的范围内进行自主探索。

教学对象的类型也是需要考虑的内容。已有研究比较了“要有创造性”指导语效应在天才儿童（IQ≥130）和普通儿童之间的差异（Runco, Albert, 1986）。结果表明，“要有创造性”指导语更有利于普通儿童明确任务标准，进而促进他们的创造性表现；而天才儿童从中受益较小，这可能是因为他们本身就已具备较高水平的认知能力和创造性思维技能，无须更多的外部提示和引导就能有很好的创造力表现。因此，在教学活动中，要注意鉴别不同指导语的指向性，并且考虑个体差异对行为层面以及神经调节层面的干预效果可能造成的影响。

参考文献

Green A E, Cohen M S, Raab H A, et al., 2015. Frontopolar activity and connectivity support dynamic conscious augmentation of creative state [J]. Human Brain Mapping, 36(3): 923–934.

Green A E, Spiegel K A, Giangrande E J, et al., 2016. Thinking cap plus thinking zap: tDCS of frontopolar cortex improves creative analogical reasoning and facilitates conscious augmentation of state creativity in verb generation [J]. Cerebral Cortex, 27(4): 2628–2639.

Harrington D M, 1975. Effects of explicit instructions to “be creative” on the psychological meaning of divergent thinking test scores [J]. Journal of Personality, 43(3): 434–454.

Runco M A, Albert R S, 1986. The threshold theory regarding creativity and intelligence: an empirical test with gifted and nongifted children [J]. Creative Child & Adult Quarterly, 11(4): 212–218.

5.3

两个臭皮匠，合作创意强

研究13 Xue H, Lu K L, Hao N, 2018. Cooperation makes two less-creative individuals turn into a highly-creative pair [J]. NeuroImage, 172: 527–537.

一个和尚挑水吃，两个和尚抬水吃，三个和尚没水吃。

背景介绍

创造不仅仅是一种个人行为，在工作和学习中，我们常常是一群人围绕一个特定的问题，来思考创造性的解决办法。团体创造力的研究也日益受到关注。哪些因素能够促进团队协作、碰撞出创造性的火花呢？一部分人认为，个体是影响创造力的关键因素，团体成员的创造性水平越高，团体的创造性水平就越高。然而，在奥运会赛场上，两个单打都很优秀的顶级乒乓球选手却未必能成为最强的双打组合。我们所熟知的“三个和尚没水吃”的故事，就说明个人能力与团队能力之间并不总是“1+1≥2”这样简单的关系，两个能力高超的人一起合作产生的效应也可能为负。因此，在提升团体创造性的过程中，除了个体创造力水平，团队的成员构成和互动方式也会影响团队创造性问题解决的能力。

芬克等人（Fink et al.，2012）采用功能性磁共振成像技术探索了他人观点对个体头脑风暴的影响。在实验中，在参与者进行发散思维任务（“雨伞有什么用”）之前，实验员先向他们呈现他人产生的想法。结果显示，了解他人的想法，尤其是他人常规、非创造性的想法后，参与者产生的想法的创造性水平更高。此外，大脑中有关知识整合、记忆搜索和注意控制的左侧颞中回和额上回等区域的激活也会显著增强。相对于独特性想法，常规想法或许更容易被理解，因而能促进参与者产生更新颖的想法。相对于高创造力者，低创造力者更容易产生常规的想法。因此，芬克等人的研究似乎表明，两个低创造力者的合作更有利于促进彼此的创造力表现，进而提高团队的创造力表现。

不过，团队成员的个体创造力水平差异如何影响团队的创造力表现，以及团队成员的脑活动状态是否会显示出“合作”模式，即神经的同步性，还有待进一步研究。本节介绍的研究采用近红外技术（见专栏5-4），探索了团队成

专栏5-4　近红外技术与脑间活动同步性

近红外技术，全称为功能性近红外光谱（functional near-infrared spectroscopy，fNIRS）技术，它利用血液的主要成分对600—900纳米波长的近红外光良好的散射性，获得脑活动时氧合血红蛋白和脱氧血红蛋白的变化情况。由于对伪迹敏感、造价昂贵、仪器庞大等原因，现有的脑功能成像技术（如功能性磁共振成像技术）不适用于以儿童（尤其是婴幼儿）、老年人以及特殊人群为对象的脑功能成像研究，亦不适用于日常生活、工作等自然情境下的认知神经科学研究。近红外技术被认为是一种能满足以上要求的脑功能成像技术。尤其重要的是，近红外技术可以实现多人脑活动的同步扫描，用于探索人际互动中的神经同步状态，同步模式越一致，表明互动效果越好。因此，近红外技术能为认知神经科学研究提供新的视角，具有良好的应用前景。

脑间活动同步性（interpersonal brain synchronization，IBS）指个体间脑活动信号的相关性或者相干性，可衡量个体间的互动关系。目前绝大多数研究都将这种神经同步看作合作行为的一个指标。通俗来讲，脑间活动同步性指在某一时间段里，多个个体的脑活动之间的相似程度。合作中的双方需要在交流中不断调整自己的行为和想法，来对另一方进行积极反馈或达成双方一致的意见。这种持续的适应行为会造成双方的脑活动之间的同步和反复，进而导致交互同步。研究者主要通过近红外超扫描技术（同步记录参与相同认知活动的两人或者多人的脑活动）来揭示不同个体的脑间活动同步性变化。

员的创造力差异对团队创造力表现的影响，以及不同的合作模式下团队成员的脑间活动同步性。

研究假设

当团队成员之间的观点和想法具有互补性，且个体提供的信息资源能够被其他成员理解时，就会形成一种相互协助、支持和默契的团队氛围，从而提高团队的创新能力。芬克等人的研究也暗示，在进行团队创造力任务的时候，低创造力者的常规观点更容易被他人接纳和理解，低创造力个体之间的合作和互动可能更积极、更有利于提升团体创造力。因此，本节介绍的研究假设，由两个低创造力者组成的团队，其创造力表现未必比由高创造力者组成的团队差，并且会表现出更多的合作行为，在与合作相关的前额叶和右侧颞顶联合区也会有更强的脑间活动同步性。

方法

实验招募了90名大学生参与者（平均年龄20岁）。为了测量参与者的创造力水平，研究者首先要求每个参与者完成一个多用途任务：在5分钟内尽可能多地说出一个日常用品（如报纸）的新颖用途。随后，研究者根据参与者想出答案的数量的多少（流畅性）将参与者排序，想出最多答案的排在第1位，表示创造力水平最高，想出答案最少的排在第90位，表示创造力水平最低。接下来，研究者将参与者两两配对到三种不同的实验条件下，两名参与者互不认识：（1）高高组，两人都是高创造力者，由第11—30号参与者匹配组成；（2）低低组，两人都是低创造力者，由第61—80号参与者匹配组成；（3）高低组，包含一名高创造力者和一名低创造力者，由第1—10号参与者和第81—90号参与者匹配组成。排名在第31—60位的参与者由于创造力处于中等水平，没有被纳入后续研究。

实验中，每组的参与者都要合作完成一个模拟现实情境的“音乐会门票”问题：“放学之后你要立刻赶去听一场音乐会，你和朋友约定好在场内的座位直接碰面，音乐会大厅外面有一个零售部，那里有你的入场券。你赶到现场的时候告诉了检票员你的名字，但他说音乐会已经开始了，你的朋友也已经入场了，你需要提供给他可以证明身份的东西。但你这才意识到没有带钱包和身份证！那你还能通过什么方式或哪些东西来拿到入场券并观看这场表演呢?”在任务阶段，两个参与者在5分钟里轮流回答问题，每次报告一个答案，如果在某一轮中无法给出任何答案，可以说“过”并在下一轮继续作答。在参与者解决任务的过程中，实验员利用录音笔记录了参与者的口头报告数据，并使用近红外技术记录了参与者的脑间活动同步性。参与者在实验前填写了用于测量合作倾向的团队倾向量表，并在实验前后评价自己的情绪状态，以此测验合作解决创造性问题是否引起了他们的情绪起伏。实验场景如图5-4所示。

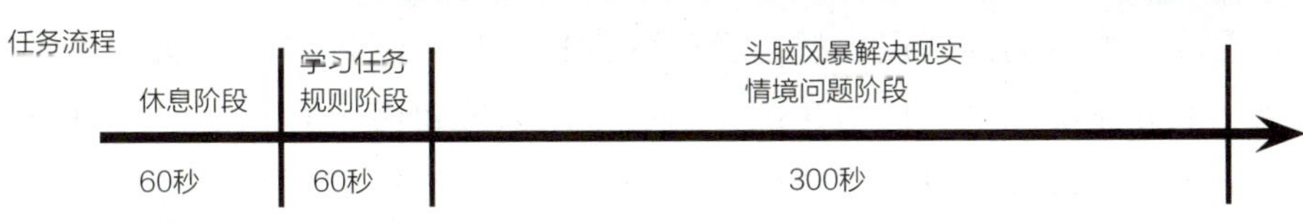

图5-4　实验场景

结果

数据分析结果表明，在行为表现上，低低组的团队创造性表现和高高组一样好，同时低低组比高高组和高低组表现出了更高水平的合作行为。近红外成像结果显示，解决现实情境问题时，低低组在右侧背外侧前额叶和右侧颞顶联合区有更显著的脑间活动同步性增加，低低组在前额叶表现出的脑间活动同步性增加比高高组和高低组更强。以往研究发现，背外侧前额叶在复杂的发散思维任务中主要负责概念的拓展（Abraham et al.，2012），这种功能在合作模式的创造性任务中，负责整合相关观点和对不同方面的信息进行反馈与监测，并选择合适的想法（Weinberger，Green，Chrysikon，2017）。正如研究者所解释的，在合作解决任务的过程中，个体不仅需要产生个人的观点，还要随时注意他人的观点与想法，通过充分利用他人观点来改善和提升自我生成的观点，促进整个团队的创造性任务表现。此外，低低组在脑间活动同步性上的增强效应，与成员间的合作行为以及团队创造力表现呈显著正相关。

这些结果表明，当两个低创造力者共同解决创造力问题时，他们会更倾向于与对方合作，通过合作互动取得的创造力成绩，不仅超出他们原先作为两个独立个体的表现，甚至和两个高创造力者的合作效果一样好。这可能是因为两个低创造力者所产生的大多数观念都更加常见，容易产生语义联结，进而易于联想并产生新颖的观点。而当一个小组中有高创造力者时，由于其观念比较新颖，对于其他成员而言不易产生语义联结，成员间难以产生有效互动，因而不利于整个团队的创造力表现。

教育启示

合作对于团队的创造力有着重要的影响。在当前的教育中，教师也要关注如何通过小组活动的开展，提高学生的创造意识，促进其合作能力和创造力发展。本节介绍的研究启示我们，当一个团队或班级中有几个创造力相对较低的个体时，可以通过增强学生间的合作来提升团队的创造力表现。这需要教师在开展小组活动前，对学生的创造力水平有所了解，然后再进行合理的分组。比如，对于高创造力的学生，可以让其独自成组或者和高创造力的学生组队；对于低创造力的学生，最好让其也和一个创造力相对低的学生组队，因为他们之间的想法更为接近，有利于彼此沟通想法，产生良好的合作效果和更协调的脑间同步。在开展创造性教学的过程中，教师也要改变只有

“天才”学生才拥有创造力的偏见，避免根据学生的学业成绩主观地判断其创造性表现。本节介绍的研究发现提示我们，采取适当的教学手段，“差生”也会取得毫不逊色的创造性成果。

参考文献

Abraham A, Beudt S, Ott D V M, et al., 2012. Creative cognition and the brain: dissociations between frontal, parietal-temporal and basal ganglia groups [J]. Brain Research, 1482: 55–70.

Fink A, Koschutnig K, Benedek M, et al., 2012. Stimulating creativity via the exposure to other people's ideas [J]. Human Brain Mapping, 33(11): 2603–2610.

Weinberger A B, Green A E, Chrysikou E G, 2017. Using transcranial direct current stimulation to enhance creative cognition: interactions between task, polarity, and stimulation site [J/OL]. Frontiers in Human Neuroscience, 11 [2023-07-19]. https://doi.org/10.3389/fnhum.2017.00246.

第六章

睡眠、运动与饮食

众所周知，睡眠、运动和饮食均是生活方式的重要构成因素。不健康的生活习惯，如熬夜、睡眠不足、缺乏锻炼、饮食无规律等，会对人们的身心健康造成严重的负面影响。学生正处于身体发育和心智发展的重要阶段，充足的睡眠、适当的运动和合理的饮食安排，对他们的学业表现和认知功能的发展均有促进作用。

充足的睡眠可以帮助人们消除疲劳从而恢复体力，同时，其在保护大脑、提高免疫力、促进生长发育、延缓衰老等方面也发挥着一定的作用。不仅如此，睡眠更是巩固某些类型记忆的关键时间窗口。不少研究表明，睡眠可能对巩固基于程序的技能学习尤其重要。因此，睡眠对于维持我们的身心健康以及其他认知功能都具有重要意义。

除了睡眠，运动也会影响脑的认知功能。近年来，体育运动作为促进身心健康的有效途径之一，已成为学校教育中的关键环节。有研究表明，长期的锻炼有助于个体心肺功能的提高，而心肺功能是青少年未来身体健康状况的预测指标。积极参与锻炼不仅可以提高个体的身体健康水平，也能促进其脑的认知功能发展，而认知功能发展又会直接影响学业表现。因此，我们需要探索运动对不同年龄阶段个体认知功能的作用，深入理解二者的关系，从而开展适合于学生认知功能发展、促进脑健康和脑发育的体育锻炼，在帮助学生提高身体素质的同时，也提升他们的学业和认知表现。

此外，饮食也对我们脑的发育起着重要的作用，饮食中的某些营养物质，特别是B族维生素、维生素C和Omega-3（欧米伽-3）脂肪酸，对于神经传导的正常功能至关重要。这些营养物质参与合成神经递质并维持神经细胞的健康，有助于改善认知功能和学习能力。但是，过多的糖分和加工食品可能对脑的认知功能产生负面影响。有研究表明，高糖饮食和高加工食品摄入与认知功能下降和慢性疾病风险增加有关。因此，我们也有必要深入了解饮食如何影响我们的认知表现。

本章将聚焦睡眠、运动和饮食对于个体学习、认知和大脑功能的影响。本章介绍的第一项研究发现了睡眠在提升运动技能方面的作用，揭示了睡眠对人类学习运动技能的重要意义；第二项研究探讨了运动对青春期前儿童的认知功能的有益影响；第三项研究并非一个关于饮食的具体研究，而是一篇汇总了多项研究的文献综述。毕竟世界上存在多种食物类型，涉及的营养成分也众多，单拿出其中一种来介绍无法让您有较为全面的了解。虽然这篇文献综述发表在十几年前，但仍是较为权威和全面的一篇。文中提及的研究和观点经受住了时间的考验，在今日来看依然意义重大。

6.1 要想学得好，睡眠不可少

研究14 Walker M P, Brakefield T, Morgan A, et al., 2002. Practice with sleep makes perfect: sleep-dependent motor skill learning [J]. Neuron, 35(1): 205–211.

> 拖拖拉拉地熬夜不睡觉，根本没一点好处。
> 天一黑就赶快钻进被窝，早上跟着太阳一起醒来，这样再好不过。
>
> ——村上春树

背景介绍

《卖油翁》的故事大家一定不陌生，其中的“无他，惟手熟尔”就强调了练习在成功道路上的重要性。例如，舞蹈家的每个动作都要经过无数次的重复才能产生肌肉记忆成就优美且流畅的演出，篮球运动员要投入大量的精力不断地磨炼才能准确投篮。这些例子都彰显了练习在运动技能学习中的重要作用。

随着研究的深入，越来越多的研究表明，除了练习，时间本身也是影响技能学习的一个重要因素。例如，练习能够提高运动表现的速度和准确性，但在练习结束后的24小时，人的运动表现仍在持续提高（Brashers-Krug，Shadmehr，Bizzi，1996）。这种与练习无关、仅与时间有关的运动表现的提高说明我们在休息的时候，脑的内部还在不断地“巩固”练习效果。然而，带来这种提高的是单纯的时间因素，即任意的时间段都有效果，还是只有特定的时间段才能带来这种提高，例如睡眠时，甚至是特定的睡眠阶段时？

有研究表明，经过一夜睡眠，人们执行涉及视觉辨别的知觉技能任务的能力有所提高，这种提高似乎取决于夜间早期非快速眼动的深度睡眠和夜间晚期快速眼动睡眠的时长（Karni et al.，1994）（见专栏6-1）。这提示我们，练习之后脑的内部的持续变化可能依赖于特定的睡眠阶段。但以往关于睡眠与技能学习的研究大多聚焦于视觉系统，关于睡眠对其他感觉运动过程的影响的研究究较少。本节介绍的研究采用手指敲击任务，探讨了对于运动技能而言，练习

专栏6-1　睡眠周期

人类的睡眠周期可以分为非快速眼动睡眠和快速眼动睡眠两个阶段。其中非快速眼动睡眠又可以分为四个阶段，分别对应N1—N4阶段（见图6-1）。N1是入睡的过渡阶段。在这个阶段，人们开始放松，这个阶段通常持续时间很短，只占整个睡眠周期的约5%。在N2阶段，人们处于浅睡眠状态，体温和心率逐渐降低。N3和N4阶段则为深度睡眠状态，也有学者将N3和N4合并为一个阶段。正常睡眠周期由非快速眼动期的N1阶段循序进入N2、N3和N4阶段，睡眠由浅睡眠进入深度睡眠，再从深度睡眠回到浅睡眠，之后进入快速眼动期。

快速眼动睡眠是一种与活跃梦境和眼球快速运动相关的阶段。在快速眼动睡眠中，脑电图显示出类似于清醒状态的高频率、低振幅的波形。通常情况下，非快速眼动和快速眼动睡眠两个阶段整晚交替出现5—6次，每个周期持续约90分钟。但每个90分钟周期内非快速眼动和快速眼动睡眠的比例会发生变化，快速眼动睡眠的时间会越来越长，非快速眼动睡眠的时间则越来越短。因此，在夜间早期，非快速眼动睡眠的N3阶段和N4阶段占据主导地位，而在夜间后期，非快速眼动睡眠的N2阶段以及快速眼动睡眠占据主导地位。

做梦大多发生在快速眼动睡眠阶段，这也可以解释为什么人在夜间后期到清晨时做梦更频繁。与大众普遍认知不同的是，每个人每天晚上都会做梦，虽然有些人声称自己从不做梦或者很少做梦，但那只是醒来以后不记得自己做过的梦而已。如果在快速眼动睡眠阶段被叫醒，绝大多数人都会报告自己做了梦并且能相对清晰地回忆出梦的内容。

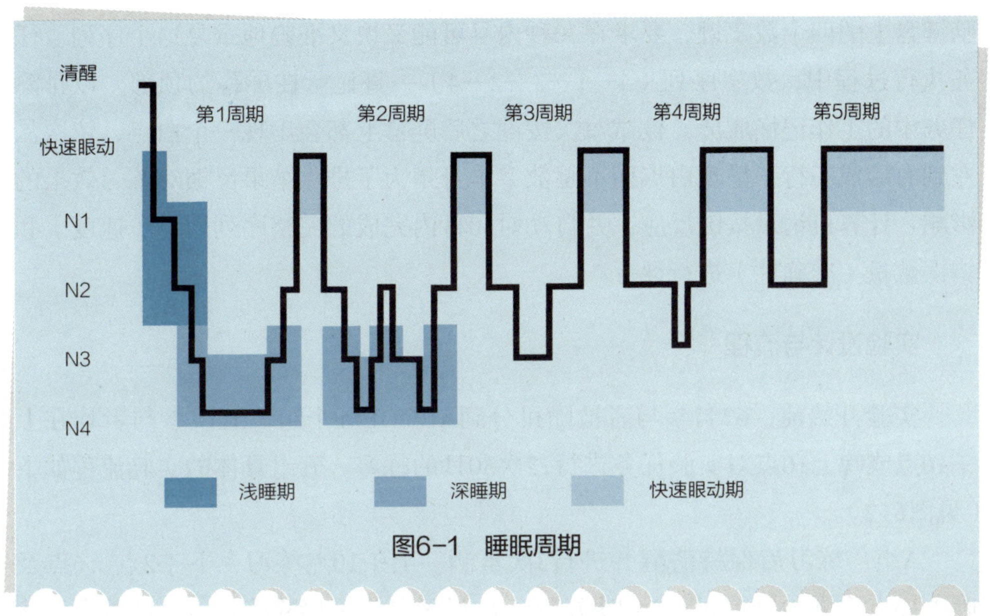

图6-1　睡眠周期

之后的清醒和睡眠时间是否会对技能表现产生显著的影响，如何控制并量化其影响，以及运动技能表现的提高是否与特定阶段睡眠的时长有关。

研究假设

本节介绍的研究假设，运动技能的持续提升只发生在夜晚的睡眠中，而与白天的清醒时间无关；并且，睡眠中的技能提升主要与夜间晚期非快速眼动睡眠的N2阶段的时长有关。

方法

参与者及实验任务

研究者招募了62名18—25岁的健康成年人（女性41名，男性21名，均为右利手）。所有实验参与者在研究前和研究期间的12小时内均未服用药物、酒精和咖啡因，以避免对睡眠和实验状态产生影响。实验任务为手指敲击任务，流程如下：实验参与者用左手（非惯用手）手指按4—1—3—2—4的顺序敲击电脑键盘上的四个数字键，要求在30秒内尽可能又快又准确地重复这个序列。任务执行过程中，数字序列（4—1—3—2—4）一直显示在屏幕的顶部，以排除任务中的工作记忆成分。被试每次按键之后屏幕上都会出现一个白点，依次从左到右形成一行，呈现白点而不是数字本身是为了排除结果反馈对练习效果的影响。计算机记录按键反应，并自动对30秒内完成的完整序列数量（速度）和错误数量（准确性）进行评分。

实验设计与流程

实验开始前，62名参与者被随机分到ABCDE五个组。五组参与者均在上午10点或晚上10点对实验任务进行12次30秒的练习。五组具体的实验流程如下（见图6-2）。

A组：练习后保持清醒并进行3次重测。上午10点练习，下午2点、6点及晚上10点重测（每次间隔4小时）。A组的设置是为了检验练习后，随着白天清醒时间的流逝，参与者运动技能的提升状况。

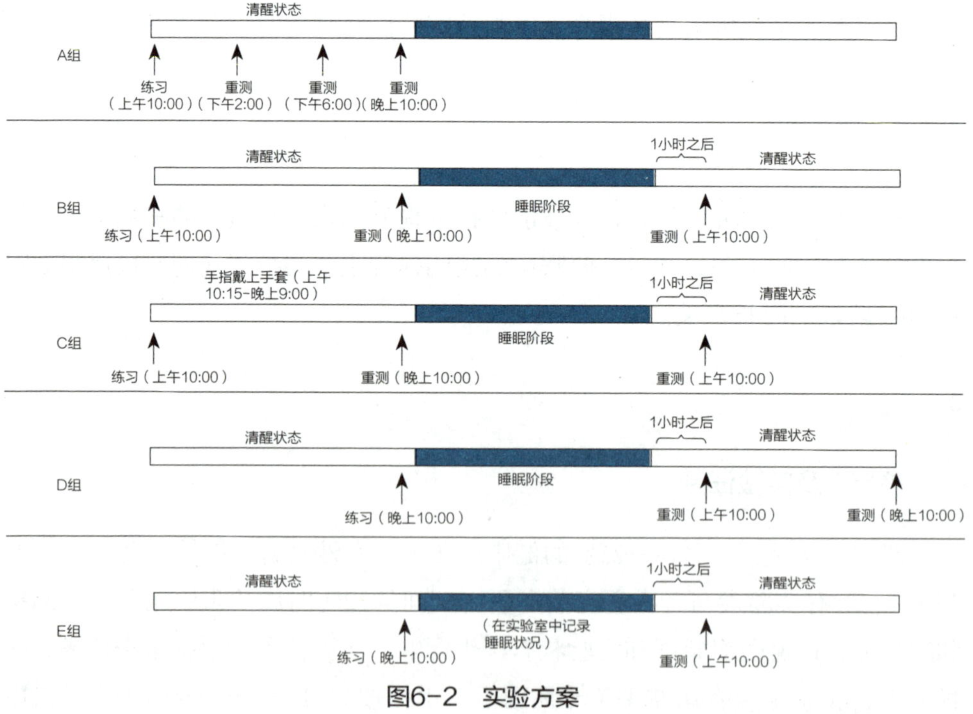

图6-2　实验方案

B组：练习后保持清醒，重测1次后进入睡眠，醒来后再次重测。上午10点练习，晚上10点（12小时后）、第二天上午10点（24小时后）重测。这就在重复A组检验目的的基础上，增加了对随着睡眠时间的流逝，参与者运动技能提升状况的检验。

C组：练习后保持清醒且手部休息，重测1次后进入睡眠，醒来后再次重测。练习和重测的时间点与B组一样，但从上午10点15分到晚上9点期间双手均戴上连指手套。设置C组的目的与B组一致，但是C组的实验额外控制了非训练期间的手指运动所导致的对参与者运动技能的影响。

D组：练习后进入睡眠，醒来后保持清醒并进行2次重测。晚上10点练习，第二天上午10点（12小时后）、晚上10点（24小时后）重测。设置D组的目的是排除技能的巩固和提升需要在接受训练的12个小时之后才会显现出来这种可能，因此实验者让参与者在练习后进入睡眠，以进一步验证睡眠的影响。

E组：练习后进入睡眠，醒来后保持清醒并进行1次重测。晚上10点练习，第二天上午10点（12小时后）重测。睡眠期间采用多导睡眠监测仪对睡眠过程进行记录。睡眠监测仪可以记录睡眠的不同阶段，进一步探究运动技能提高与不同睡眠阶段之间的相关性。

BCDE四组均包含睡眠过程，其中B、C和D组通过睡眠日志记录的平均睡眠时间为7.6 ± 0.56小时，E组通过睡眠监测仪记录的平均睡眠时间为7.88 ± 0.6小时。

结果与讨论

练习后五组参与者表现出了类似的学习曲线（见图6–3），只有2.3%的差异（相差0.52个序列）。总体而言，12次练习后，参与者在30秒内完成的数量提高了8.42个序列（59.3%），前3次练习后提高了5.51个序列（38.8%）。后10次练习完成序列的数量呈现出较慢但相对稳定的提高（2.91个序列，20.5%）。

与练习后的表现相比，A组在下午2点、6点和晚上10点的三次重测中完成序列的数量出现缓慢的线性增长，平均每次重测提高1.08个序列。练习后技能以每次0.32个序列的速度提升，可以预期，通过持续练习，每次重测将有0.64

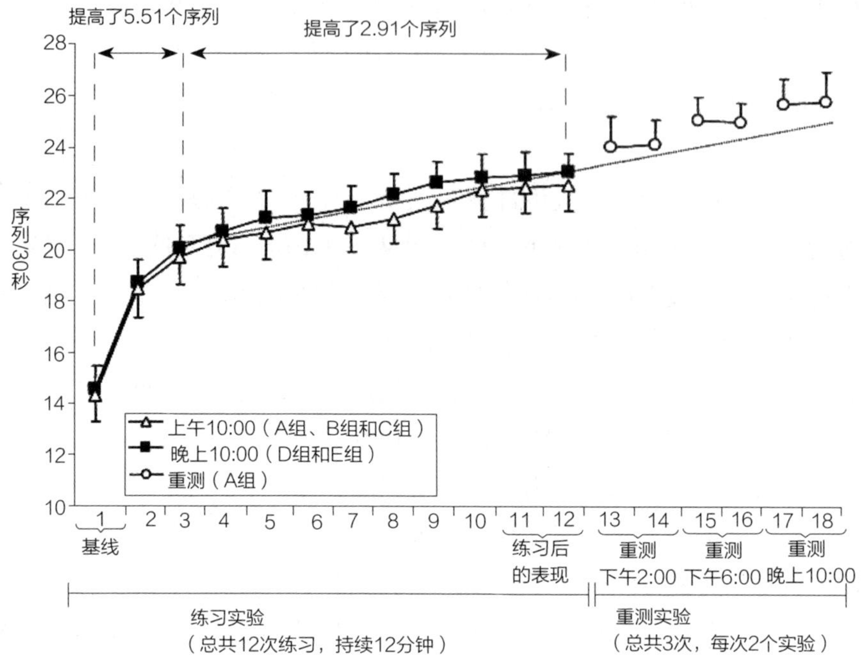

图6-3　通过练习和重测提高运动技能的表现

个序列的提高。实际上，下午2点、6点和晚上10点的三次重测中，每一次的进步始终高于预测的0.64个序列，但差距并不显著。错误率在这些时间点上也没有显著差异。因此，除了在预期的持续练习的基础上发生的改变，随着时间的流逝，参与者的技能并没有明显的提升。

与A组相似，B组在晚上10点的测试中，完成序列的数量没有表现出明显的增长（提高了0.94个序列，见图6-4A），与单独任务重复预测的结果相似（0.64个序列）。相比之下，在第二天上午的第二次重测中，其得分与24小时前的练习后得分相比提高了18.9%（4.33个序列），相对于前一晚提高了14.4%（3.39个序列）。此外，参与者睡眠后完成序列数量的提高显著大于睡眠之前清醒时的提高。B组清醒12小时后完成序列数量的提高程度与A组在第一次重测（4小时后）时没有显著差异，但明显低于A组的第三次重测（12小时后）。这进一步支持了A组在12小时后的完成序列数量的提高与任务重复有关，与时间流逝无关。B组三次测试的错误率没有显著差异。因此，清醒的12小时没有显著提升参与者的运动技能，但一夜的睡眠显著提升了其运动技能。

对A组和B组结果的另一种解释是，练习后12小时清醒期间参与者的技能没有显著提升是由非训练期间的手指运动导致的。为了排除这种可能，C组在上午10点接受练习后戴上了连指手套以防止手指运动。相对于当天上午10点的测试结果，当天晚上10点完成序列的数量没有显著提升（仅提高0.90个序列，见图6–4B），这与任务重复预测的结果相似。第二天上午10点与前一天晚上10点相比，参与者完成序列的数量显著提高了19.7%（4.30个序列）。此外，与练习后相比，清醒12小时后的测试在正确率方面有所下降，但第二天上午的测试成绩恢复到练习后的基线水平。因此，清醒时完成序列的数量没有明显提高并不是由非训练期的手指运动导致的。

对于“经过一个晚上的睡眠休息后，第二天的测试成绩提高”的另一种可能解释是，技能的巩固和提升需要在接受训练的12小时之后才会显现出来。为了验证这种可能性，D组在晚上10点接受练习，睡眠过后的第二天上午10点和晚上10点再进行测试。经过一夜的睡眠后，与练习后完成序列的数量相比，第二天上午10点的运动技能显著提高了20.5%（4.50个序列，见图6–4C），远远超过任务重复所预测的提高。然而，在睡醒之后额外的

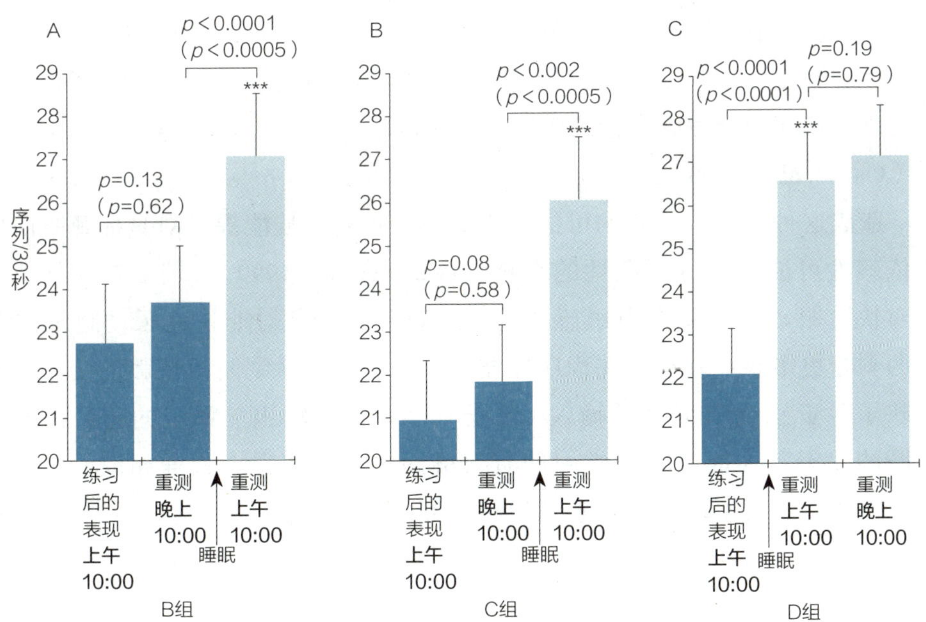

图6–4　B组、C组和D组参与者在练习后以及重测时的表现

12小时，即第二天晚上10点，研究者仅观察到2.0%（0.53个序列）的提高。

基于A—D组的研究结果可以得出以下结论：（1）无论练习的时间在上午还是晚上，所有参与者的运动技能在最初12次的练习中都有相似的提高；（2）随着一天中的重复测试，运动技能继续缓慢增长，并且没有明显的昼夜节律影响；（3）12小时的清醒时间内，手指运动是否受限制对结果的影响不大；（4）无论练习后立即睡觉还是隔12小时再睡觉，经过一个晚上的睡眠，参与者的运动技能都有极大的提高，并且准确率不会下降。

由于运动技能的提高发生在夜晚而不是白天，睡眠本身似乎是这种延迟提高的最有可能的原因。然而，从A—D组的研究结果来看，另一种解释是某些睡眠阶段而不是整个睡眠造成了这种提高。因此，E组实验旨在探讨夜间提高与不同睡眠阶段之间的相关性。

E组在晚上10点进行练习，在睡眠实验室里睡觉，并在第二天上午10点进行重测。相较前一天晚上10点练习后的技能水平，参与者重测时的技能水平显著提高了17.9%（4.41个序列），且准确率没有降低。更重要的是，非快速眼动睡眠的N2阶段在整个睡眠时间中的总占比与夜间运动技能的提升存在显著的正相关。其他睡眠阶段时间与技能的提高没有显著相关。这与前人研究中探究学习与非快速眼动睡眠N2阶段关系的结果相一致（Smith，MacNeill，1994），但与之前的几个关于视觉程序性技能学习的研究结果不一致，先前这类研究主要发现了快速眼动睡眠和慢波睡眠（非快速眼动睡眠的N3和N4阶段）的重要性（Gais et al.，2000）。

造成这种不一致结果的可能原因如下。首先，技能提升对具体睡眠阶段的依赖性可能受任务复杂性的影响（Tweed et al.，1999），较复杂的技能任务对快速眼动睡眠剥夺更敏感，而相对简单的任务对非快速眼动睡眠N2阶段的剥夺更敏感。其次，在程序性技能学习领域，睡眠阶段依赖的变化可能反映了负责感觉/知觉的（输入）系统和运动的（输出）系统的脑区需要在不同的状态下才能实现对学习的有效巩固。与这些观点相辅相成的是，有研究表明，针对不同形式的感觉运动任务，大脑皮层具有独特形式的可塑性（Jenkins et al.，1990）。

后续研究

本节介绍的研究探讨了睡眠对简单运动技能学习的重要性，此后，更多研究从不同侧面探究了睡眠对学习和记忆的影响。

睡眠与陈述性记忆

对于陈述性记忆[1]，慢波睡眠（N3及N4睡眠阶段）对巩固清醒状态下获得的记忆贡献最大。除了巩固以前学过的信息外，睡眠还促进了睡眠后新记忆的编码。有研究者通过记录海马和颞叶的脑电图，研究11名颞叶癫痫患者[2]在午睡后对午睡前学习的图片进行回忆的情况，具体考察这些患者能否区分旧图片和80张随机混合而成的新图片（陈述性记忆）（Axmacher et al.，2008）。结果显示，患者的反应时、海马的事件相关电位[3]和伽马振荡[4]活动在午睡后均表现出与清醒时的海马参与记忆检索相似的时间梯度。有午睡时，海马对午睡后短暂编码的近期项目的检索效率与午睡前的编码效率相似。这些结果表明，午睡虽然有助于海马的快速加工，但并不是信息传递到大脑新皮层的必要条件。

睡眠不足与学习、记忆

许多研究从睡眠不足的角度探究了睡眠对学习和记忆的消极影响。结果表明，相比于简单的记忆任务，睡眠剥夺对涉及脑高级功能的抽象和复杂任务的影响更大，睡眠剥夺会导致前额叶相关功能出现明显缺陷（Kopasz et al.，2010）。库西奥等人（Curcio，Ferrara，de Gennaro，2006）的研究综述深入分析了睡眠剥夺/睡眠片段化对学生后天学习能力和学业成绩的影响。通过对比良好睡眠者和不良睡眠者，探究睡眠–觉醒模式、睡眠质量、睡眠习惯等与学业成绩之间的关系，结果显示，学生的学业成绩和认知功能的下降与睡眠时间

1　人类的记忆可以分为两大类：陈述性记忆和程序性记忆，陈述性记忆是关于事实和事件的记忆，即关于“是什么”的记忆，程序性记忆是关于技能和习惯的记忆，即关于“怎么做”的记忆。

2　颞叶被认为与记忆功能密切相关，因此颞叶癫痫患者的记忆通常弱于正常人。

3　事件相关电位是一种特殊的脑诱发电位，即通过有意地赋予刺激以特殊的心理意义，利用多个或多样的刺激所引起的脑的电位。它反映了认知过程中大脑的神经电生理的变化，也被称为认知电位，也就是当人们进行认知加工时，在头颅表面记录到的脑电位。

4　伽马振荡实际上就是脑内不同区域神经细胞形成的同步共振现象，这种共振可能是脑产生意识等高级功能的基础。

不规律、睡眠时间短、入睡时间晚和白天嗜睡增加有关，睡眠质量差的青少年在运动速度、注意力、记忆跨度等任务中会表现出注意力缺陷和执行控制受损。除此之外，该综述还介绍了一些研究，这些研究人为地操纵睡眠造成睡眠剥夺，以观察神经认知和行为的后果，如学习、记忆容量和学校表现，结果表明了前额叶皮层功能对睡眠的依赖性。该综述总结出以下结论：首先，不良或零碎的睡眠往往与行为和认知困难有关；其次，这些困难往往会降低学生的学业成绩和学习能力；最后，这种认知功能的下降可以通过健康的睡眠时间表得到恢复，如固定的就寝和起床时间、降低社会心理压力和环境压力等。

教育启示

随着脑科学研究的深入，睡眠对学习的重要性逐渐为大众所知。睡眠不仅是身体休息的时间，而且是脑巩固学习和记忆信息的重要时间。当我们学习新的知识或技能时，我们的脑会形成新的神经连接和记忆痕迹。这个过程需要时间和能量，睡眠可以提供这些资源。研究表明，睡眠可以促进神经元之间的连接和信息的传递，从而加强记忆、巩固学习效果。

睡眠对学习的影响不仅体现在记忆等认知功能上，还体现在影响学习的非智力因素上，例如，睡眠不足会导致社交退缩和孤独（Ben Simon，Walker，2018），还会放大焦虑等情绪问题（Short，Louca，2015）。近年来国家陆续出台的政策体现了对学生睡眠的重视。2021年3月，教育部办公厅印发《关于进一步加强中小学生睡眠管理工作的通知》，明确要求小学生、初中生和高中生的睡眠时长分别达到10小时、9小时和8小时。同年7月，教育部出台了“双减”政策，要求减轻中小学作业负担与校外培训负担，这也是保障学生睡眠的重要措施。

根据中国睡眠研究会等机构发布的《2022中国国民健康睡眠白皮书》，“睡眠令”和“双减”政策推出后，六成6—18岁中小学生的睡眠时长的确有了不同程度的提升。然而，与2019年发布的《中国青少年儿童睡眠健康白皮书》相比，中小学生睡眠时长在8小时及以下的占比仍增加了近4%。此外，值得注意的是，《2022中国国民健康睡眠白皮书》还指出，仅有27%的青少年压缩睡眠时间来写作业、学习，超六成的青少年用睡眠时间来玩手机、打游戏和追剧。

这说明学习压力减轻后，不少学生将睡眠时间分配给了娱乐活动，娱乐代替做作业等学习任务成为青少年晚睡的首要原因。对此，学校、家长应该找到影响学生睡眠的具体原因，有针对性地进行改善。

本节介绍的研究表明，简单运动技能的提升与特定的睡眠阶段——非快速眼动睡眠N2阶段的持续时间相关，这提示我们除了充足的睡眠时间，睡眠质量对学习效果来说同样重要。养成良好的睡眠习惯有利于脑的恢复和塑造。学会调节学习期间的睡眠、觉醒行为，如在睡眠前进行阅读或复习所学知识而不是玩手机，更有助于在学业等方面获得长期的收益回报。此外，良好的生活习惯，如白天适当运动锻炼，可能会通过调节压力-睡眠关系提升学生的睡眠质量。与此同时，教师、家长也要关注影响儿童青少年睡眠的心理因素，如社会心理压力及环境压力，从根源上改善儿童青少年的睡眠时间和质量。

参考文献

Axmacher N, Haupt S, Fernández G, et al., 2008. The role of sleep in declarative memory consolidation: direct evidence by intracranial EEG [J]. Cerebral Cortex, 18(3): 500–507.

Ben Simon E, Walker M P, 2018. Sleep loss causes social withdrawal and loneliness [J/OL]. Nature Communications, 9 [2023-07-19]. https://doi.org/10.1038/s41467-018-05377-0.

Brashers-Krug T, Shadmehr R, Bizzi E, 1996. Consolidation in human motor memory [J]. Nature, 382(6588): 252–255.

Curcio G, Ferrara M, de Gennaro L, 2006. Sleep loss, learning capacity and academic performance [J]. Sleep Medicine Reviews, 10(5): 323–337.

Gais S, Plihal W, Wagner U, et al., 2000. Early sleep triggers memory for early visual discrimination skills [J]. Nature Neuroscience, 3(12): 1335–1339.

Jenkins W M, Merzenich M M, Ochs M T, et al., 1990. Functional reorganization of primary somatosensory cortex in adult owl monkeys after behaviorally controlled tactile stimulation [J]. Journal of Neurophysiology, 63(1): 82–104.

Karni A, Tanne D, Rubenstein B S, et al., 1994. Dependence on REM sleep of overnight improvement of a perceptual skill [J]. Science, 265(5172): 679–682.

Kopasz M, Loessl B, Hornyak M, et al., 2010. Sleep and memory in healthy children and adolescents: a critical review [J]. Sleep Medicine Reviews, 14(3): 167–177.

Short M A, Louca M, 2015. Sleep deprivation leads to mood deficits in healthy adolescents [J]. Sleep Medicine, 16(8): 987–993.

Smith C, MacNeill C, 1994. Impaired motor memory for a pursuit rotor task following Stage 2 sleep loss in college students [J]. Journal of Sleep Research, 3(4): 206–213.

Tweed S, Aubrey J B, Nader R, et al., 1999. Deprivation of REM sleep or stage 2 sleep differentially affects cognitive procedural and motor procedural memory [J]. Sleep, 22: S241.

6.2
四肢发达，头脑更发达

研究15 Hillman C H, Castelli D M, Buck S M, 2005. Aerobic fitness and neurocognitive function in healthy preadolescent children [J]. Medicine & Science in Sports & Exercise, 37(11): 1967–1974.

> 教育里没有了体育，教育就不完全。
>
> ——张伯苓

背景介绍

人们常常有一个误解："头脑简单，四肢发达。"但事实真的如此吗？事实上，已有大量研究表明，四肢发达有助于让头脑更发达。

在运动中，有氧适能（aerobic fitness）是一个关键的概念。有氧适能是指在持续进行中等强度的运动时，能够有效地将氧气供应给肌肉，以满足肌肉能量所需的能力。有氧适能运动通常指长时间的适量运动，如适量的跑步、快走、游泳、跳绳等，这些运动会让个体心率升高、呼吸急促，但仍然可以保持持续运动的状态。进行有氧适能运动有助于个体维护心血管系统的健康，增加肺活量，改善血液循环系统，增强体能并提高身体的耐力。不仅如此，对于身体健康但有久坐习惯的老年人，有氧适能运动能够有选择性地增强其认知功能（Colcombe，Kramer，2003）。然而，有氧适能与儿童认知功能之间的潜在关系几乎未被探索。有研究考察了日常体育活动对小学生数学和阅读成绩的影响，结果发现，尽管额外的体育锻炼减少了学习时间，但学生的学业成绩并没有下降（Dwyer，Coonan，Leitch，1983）。美国加利福尼亚州的一项全州性研究发现，九年级学生的成绩与体能水平呈正相关。一项元分析发现，学龄儿童体育锻炼的强度与其知觉技能、学业成绩等认知表现之间存在正相关（Sibley，Etnier，2003）。这些研究表明，健身活动可能与认知功能的普遍改善有关，但尚不清楚有氧适能对儿童脑和认知的潜在影响机制为何。此外，社会经济地位等社会因素可能促进或阻碍儿童参与体育活动（Duncan et al.，2004），因此要排除其他因素的影响，确定有氧适能对儿童认知功能的作用并不是一件容易的事。

脑电图（electroencephalography，EEG）为研究者观测认知过程中的脑活动打开了一扇窗，基于脑电图的事件相关电位（event-related potentials，ERP）为我们提供了检测认知功能的神经电生理指标。P3成分是事件相关电位的一个内源性成分，被认为是反映注意力和工作记忆资源分配的指标。P3成分的波幅与个体分配给刺激的注意力资源成正比（Polich，Kok，1995），其潜伏期反映了个体对刺激的评估时间（Curry，Polich，1992），潜伏期越短说明个体的认知加工速度越快。已有研究发现，有氧运动可能影响成人在完成刺激辨别任务时的P3成分的波幅和潜伏期（Polich，Lardon，1997；Dustman et al.，1990）；与低有氧适能者相比，高有氧适能者的行为反应更快、更准确（Kramer et al.，1999）。与成年早期的个体相比，青春前期儿童在刺激辨别任务（如oddball任务，亦见本书3.3节）中的表现较差。首先，儿童在执行oddball任务时表现出更长的P3成分潜伏期，表明其认知加工速度较慢（Curry，Polich，1992）；其次，儿童表现出更长的反应时和更低的反应正确率（Batty，Taylor，1992；Johnstone et al.，1996）。这可能是由于儿童与各种认知功能相关的脑结构发育不全或不成熟。但有关P3成分波幅的研究结果尚未达成一致。有研究表明，与成人相比，儿童的P3成分波幅更大（Batty，Taylor，1992），也有研究认为儿童的P3成分波幅更小（Johnstone et al.，1996）或与成人无差异（Curry，Polich，1992）。

上述研究表明，有氧适能可能影响注意力、工作记忆资源的分配和认知加工速度，以及个体在刺激辨别任务中的行为反应。但这些研究并未探讨青春前期儿童的有氧适能与神经电生理指标之间的关系。与行为研究相比，事件相关电位技术的时间分辨率更高，可能对与有氧适能有关的认知差异更敏感。因此，本节介绍的研究采用事件相关电位技术，考察高、低有氧适能水平的参与者在oddball视觉辨别任务中的认知表现和神经电生理指标特征（P3成分波幅和潜伏期），以探讨有氧适能对儿童神经系统功能发展的影响。

研究假设

研究发现，与不爱运动的同龄人相比，长期进行有氧运动的成年人的P3成分波幅更大（Polich，Lardon，1997）、潜伏期更短（Dustman et al.，1990；Hillman et al.，2004）；高有氧适能者的行为反应更快、更准确（Kramer et al.，1999）。因此，研究者假设，有氧适能水平高的儿童也有更大的P3成分波幅和更短的P3成分潜伏期，并且行为反应更快、更准确。研究者还对高有氧适能和低有氧适能的成年早期参与者进行了检测，以更好地对比高有氧适能和低有氧适能的儿童与成年人之间行为反应的变化幅度。

方法

研究者使用FitnessGram[1]对600名儿童和110名成年人进行体能评估。测试结束后，研究者对儿童在有氧能力测试（即渐进式有氧心肺耐力跑）中的得分进行排序，从得分前10%和后10%的儿童中招募实验参与者。对成人样本采用了类似的筛选程序。最终共招募了51名实验参与者，包括24名儿童（平均年龄9.6岁）和27名成人（平均年龄19.3岁）。根据有氧适能水平的高低，实验参与者被划分为四组：高适能儿童组、低适能儿童组、高适能成人组和低适能成人组。

参与者需要完成一项刺激辨别任务：视觉oddball任务。实验中，实验人员随机向参与者呈现两种概率不同的刺激，不常出现的刺激为目标刺激（一幅猫的黑白线条画），其出现概率为20%；频繁出现的刺激为非目标刺激（一幅狗的黑白线条画），其出现概率为80%。实验参与者需要用右手拇指尽可能快地对目标刺激做出反应，对非目标刺激则不做反应。研究者在参与者完成视觉oddball任务时，记录他们的脑电信号。

---

1 FitnessGram是由美国得克萨斯州达拉斯的库珀研究所开发的对5岁至成年期的儿童青少年进行体质健康测评的网络软件系统，是美国学校广泛使用的青少年体能测试体系。FitnessGram指标体系包括若干个体质测试模块：有氧能力（渐进式有氧心肺耐力跑、20米递增速度有氧耐力跑、1.61千米跑/走和适用于13岁及以上中学生的步行测试）、身体成分（体脂百分比和身体质量指数BMI）、肌肉力量、耐力与柔韧性（半仰卧起坐、躯干拉伸、俯卧撑、引体向上、坐位体前屈和肩部拉伸）。该系统采用规范参考标准对测试结果进行评价。

结果与讨论

行为结果

数据分析结果（见表6–1）表明，在反应时上，成人对目标刺激的反应时显著低于儿童，即成人的反应更快；高适能儿童对目标刺激的反应比低适能儿童更快，但仍比两个成人组慢。高适能和低适能成人之间则没有发现反应时的显著差异。在反应正确率方面，总体上成人比儿童表现出更高的正确率；高适能儿童和成人的正确率倾向于高于低适能的同龄人。这一发现表明，与反应时相关的提高并不是由速度–准确性权衡（牺牲速度以达到更高的正确率，或者相反）导致的。可见，有氧适能与儿童在执行oddball任务时更快和更好的行为表现相关。

表6–1　各组对目标刺激的反应时和反应正确率［平均值（标准差）］

分组	对目标刺激的反应时（毫秒）	对目标刺激的反应正确率（%）
高适能儿童	430.7（53.4）	94.6（10.2）
低适能儿童	509.1（83.2）	88.1（12.9）
高适能成人	352.8（38.3）	98.4（2.2）
低适能成人	359.5（36.0）	94.2（10.2）

ERP 结果

在波幅上，与儿童相比，成人在Cz（头顶中央位置）和Pz（顶叶中央位置）电极点上有更大的P3成分波幅，但在Oz（枕叶中央位置）电极点的波幅相对更小。P3成分波幅有显著的适能水平差异：与低适能参与者相比，高适能参与者的波幅更大。另外，年龄与有氧适能存在交互作用：高适能儿童的P3成分波幅比其他三组更大（见图6–5）。可见，相对于低适能儿童和成人，高适能儿童在执行oddball任务时，有更多的脑认知资源投入。

在潜伏期上，与儿童相比，成人在Cz和Pz电极点的P3成分潜伏期更短。此外，在Oz电极点处，高适能组比低适能组的P3成分潜伏期更短，说明高适能儿童的认知加工速度更快。

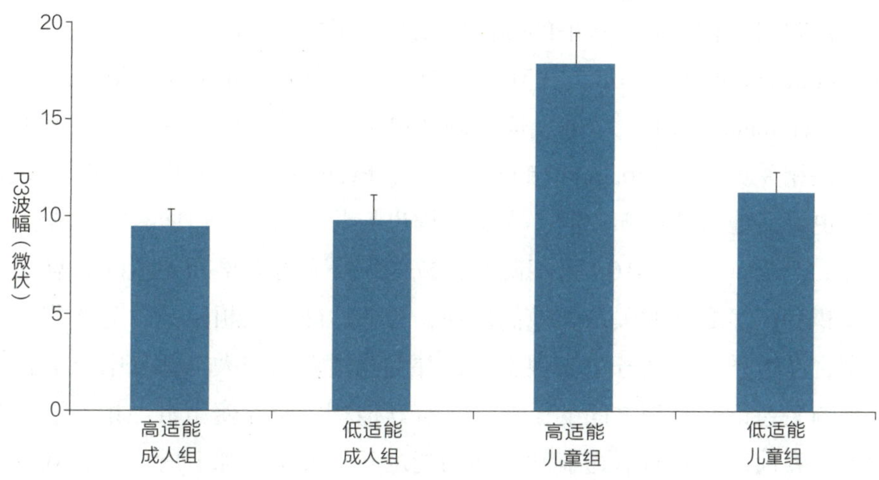

图6-5　年龄与有氧适能对P3波幅的交互作用

以上结果表明，高适能儿童相比成年人和低适能儿童，在oddball任务中的行为表现以及神经电生理指标特征上存在差异，高适能儿童的行为反应更快、投入的认知资源更多、认知加工速度更快。可见，有氧适能与青少年前期的认知功能存在积极关联，有助于提高儿童的认知表现。

后续研究

近年来，不断有研究考察有氧适能或体育锻炼与儿童学业成就以及认知功能之间的关系。例如，在控制了性别、身体质量指数（BMI）、年级、种族和家庭社会经济地位的影响后，在体能测试中通过率更高的儿童在数学测试和英语测试上的通过概率也更高（Chomitz et al.，2009）。在注意力控制、抑制和记忆等任务中，高适能儿童的表现优于低适能儿童。例如，巴克等人（Buck，Hillman，Castelli，2008）的研究发现，高有氧适能的儿童在斯特鲁普（Stroop）色词任务的三种条件[1]下均有更好的表现，由此可以推论在青春期

1　参与者完成了5—14岁斯特鲁普色词测试儿童版的纸质版本。斯特鲁普任务共有三种条件，每种条件下，参与者需要在45秒内大声朗读尽可能多的项目。单词条件：黑色墨水打印的颜色单词列表（如红、蓝），参与者需要朗读单词。颜色条件：用不同颜色墨水打印的非颜色单词列表，参与者需要读出墨水颜色。不一致颜色-单词条件：用不同颜色墨水打印的颜色单词（如用蓝色墨水打印的“红色”），参与者需要说出每个词的墨水颜色。相比前两种条件，最后一种需要最大限度的干扰控制。

前的发育期间，有氧适能水平的提高可能有益于执行功能的发展。旁蒂费克斯等人（Pontifex et al.，2011）在其研究中发现，高适能儿童在埃里克森侧翼任务（Eriksen flanker task）[1]中的反应准确性更高，P3成分的波幅更大、潜伏期更短，错误相关负波[2]（error-related negativity，ERN）的波幅较小，说明高适能儿童能够更灵活地调节认知控制。大脑结构也与儿童的有氧适能有关。查多克等人（Chaddock et al.，2010）采用磁共振成像来研究青春早期儿童的有氧适能、海马体积和记忆之间的关系，他们发现，与低适能儿童相比，高适能儿童的海马更大，在关系记忆任务中表现更好，并且儿童海马的大小部分中介了有氧适能水平与关系记忆表现之间的关系。还有其他相关研究使用事件相关电位技术来探究青春前期儿童有氧适能和大脑功能之间的关系。综上所述，有氧适能与儿童的学业表现、认知功能、大脑结构有着密切关联，体育锻炼是促进儿童脑认知功能发展的一种简单有效的方法。

除此之外，越来越多的研究证实了体育锻炼对心理健康的重要作用。体育锻炼是缓解抑郁等负性情绪的有效手段。有研究发现，运动会引发与抗抑郁药物类似的神经分子变化，比如增加脑源性神经营养因子（BDNF）的含量（Garza et al.，2004）、调节下丘脑-垂体-肾上腺轴（HPA）活性（Lopresti，Hood，Drummond，2013）等。运动锻炼还可能通过增加前额叶皮层和前扣带皮层的体积来发挥抗抑郁的作用（Gujral et al.，2017）。

教育启示

近年来，体育运动作为促进身心健康的有效途径之一，在学校教育领域受到越来越多的关注。我国的“十四五”规划纲要提出要“建设体育强国”，“深化体教融合”，“保障学校体育课和课外锻炼时间，以青少年为重点开展国民

1 埃里克森侧翼任务是一系列反应抑制测试，用于评估个体在特定情况下抑制不当反应的能力。在标准的埃里克森侧翼任务中，屏幕中央显示一个指向左侧或右侧的箭头，在它两侧的其他箭头可能与中心箭头方向一致（一致条件），也可能与中心箭头方向相反（不一致条件），或者在中心箭头两侧的不是箭头，而是正方形（中性条件）。被试需要在中心箭头指向右侧时按下右键，中心箭头指向左侧时按下左键，忽略两侧的其他刺激。

2 错误相关负波是一种与反应紧密联系的监控行为和觉察错误的负向脑电波，是错误加工的一个可靠指标。错误相关负波在错误反应后的20—100毫秒内出现，产生于前扣带皮层。

体质监测和干预”。《“健康中国2030”规划纲要》也指出要实施青少年体育活动促进计划，确保学生校内每天体育活动时间不少于1小时。以上研究结果为相关政策提供了科学依据。

体育运动不仅能够强身健体，促进学生身体发育，更有助于学生的认知发展和学业成绩的提高，同时还有助于学生的心理健康，能够帮助学生缓解压力、释放负面情绪。因此，要实现促进学生全面发展的教育目的，体育的作用无可代替。

首先，学校要高度重视学生的体育活动，培养学生的体育爱好，保障学生的体育课和课间自由活动时间。在体育课上，教师可以根据学校实际情况和学生的兴趣爱好，组织丰富的体育活动，合理安排学生的运动类型，尽可能做到封闭性锻炼（跑步、游泳等）与开放性锻炼（篮球、排球、羽毛球等）相结合，提高学生的参与积极性，并对学生的体能健康情况实施系统的监测和评估，用合理有效的体育锻炼形式促进学生综合素质的提高。

其次，在课后服务中，学校应安排丰富的体育活动，增加学生的体育锻炼时间，培养其体育爱好和特长。特别要注意的是，学校的体育课和体育活动不仅要注重学生身体素质和体育技能的提升，还要注重公平竞争、团队合作、吃苦耐劳、坚忍不拔等体育精神和人格品质的培养，充分发挥体育在立德树人中的重要作用。

最后，体育运动不应局限在学校范围内，更应成为每个人的生活习惯。牢记体育运动“三三三原则”有助于我们每个人养成运动习惯：每周至少锻炼3次，每次至少锻炼30分钟，每一阶段锻炼至少持续3个月。

参考文献

Batty M, Taylor M J, 1992. Visual categorization during childhood: an ERP study [J]. Psychophysiology, 39(4): 482–490.

Buck S M, Hillman C H, Castelli D M, 2008. The relation of aerobic fitness to stroop task performance in preadolescent children [J]. Medicine & Science in Sports & Exercise, 40(1): 166–172.

Chaddock L, Erickson K I, Prakash R S, et al., 2010. A neuroimaging investigation of the association between aerobic fitness, hippocampal volume, and memory performance in preadolescent children [J]. Brain Research, 1358: 172–183.

Chomitz V R, Slining M M, McGowan R J, et al., 2009. Is there a relationship between physical fitness and academic achievement?: positive results from public school children in the northeastern United States [J]. Journal of School Health, 79(1): 30–37.

Colcombe S, Kramer A F, 2003. Fitness effects on the cognitive function of older adults: a meta-analytic study [J]. Psychological Science, 14(2): 125–130.

Curry J G, Polich J, 1992. P300, global probability, and stimulus sequence effects in children [J]. Developmental Neuropsychology, 8(2/3): 185–202.

Duncan S C, Duncan T E, Strycker L A, et al., 2004. A multilevel analysis of sibling physical activity [J]. Journal of Sport and Exercise Psychology, 26(1): 57–68.

Dustman R E, Emmerson R Y, Ruhling R O, et al., 1990. Age and fitness effects on EEG, ERPs, visual sensitivity, and cognition [J]. Neurobiology of Aging, 11: 193–200.

Dwyer T, Coonan W E, Leitch D R, 1983. An investigation of the effects of daily physical activity on the health of primary school students in South Australia [J]. International Journal of Epidemiology, 12(3): 308–313.

Garza A A, Ha T G, Garcia C, et al., 2004. Exercise, antidepressant treatment, and BDNF mRNA expression in the aging brain [J]. Pharmacology Biochemistry and Behavior, 77(2): 209–220.

Gujral S, Aizenstein H, Reynolds C F, 3rd, et al., 2017. Exercise effects on depression: possible neural mechanisms [J]. General Hospital Psychiatry, 49: 2–10.

Hillman C H, Belopolsky A V, Snook E M, et al., 2004. Physical activity and executive control: implications for increased cognitive health during older adulthood [J]. Research Quarterly for Exercise and Sport, 75(2): 176–185.

Johnstone S J, Barry R J, Anderson J W, et al., 1996. Age-related changes in child and adolescent event-related potential component morphology, amplitude and latency to standard and target stimuli in an auditory oddball task [J]. International Journal of Psychophysiology, 24(3): 223–238.

Kramer A F, Hahn S, Cohen N J, et al., 1999. Aging, fitness, and neurocognitive function [J]. Nature, 400(6743): 418–419.

Lopresti A L, Hood S D, Drummond P D, 2013. A review of lifestyle factors that contribute to important pathways associated with major depression: diet, sleep and exercise [J]. Journal of Affective Disorders, 148(1): 12–27.

Polich J, Kok A, 1995. Cognitive and biological determinants of P300: an integrative review [J]. Biological Psychology, 41(2): 103–146.

Polich J, Lardon M T, 1997. P300 and long-term physical exercise [J]. Electroencephalography and Clinical Neurophysiology, 103(4): 493–498.

Pontifex M B, Raine L B, Johnson C R, et al., 2011. Cardiorespiratory fitness and the flexible modulation of cognitive control in preadolescent children [J]. Journal of Cognitive Neuroscience, 23(6): 1332–1345.

Sibley B A, Etnier J L, 2003. The relationship between physical activity and cognition in children: a meta-analysis [J]. Pediatric Exercise Science, 15: 243–256.

6.3 如何吃才能更聪明?

研究16 Gómez-Pinilla F, 2008. Brain foods: the effects of nutrients on brain function [J]. Nature Reviews: Neuroscience, 9: 568–578.

在人体的所有器官中，大脑是最容易受到不良饮食损害的。从结构到功能，大脑中的一切都需要适当的食物。

——《如何成为优秀的大脑饲养员》

背景介绍

虽然一直以来我们都认为食物只是为我们提供能量的物品，但是，随着研究的进展，人们逐渐认识到食物具有预防和抵抗疾病的作用。一些饮食成分更是被证实可以影响脑的认知能力。例如，富含Omega-3（欧米伽–3）多元不饱和脂肪酸的饮食因为可以保护人类的认知功能而备受推崇，而饱和脂肪酸含量高的饮食则因为会减少有益于认知功能的分子基质和增加神经功能障碍的风险而变得臭名昭著。接下来介绍的这篇综述性文献将主要从食物的营养成分和热量摄入两方面阐述食物如何影响脑的认知功能。

主要内容

食物营养成分与脑认知

Omega-3多元不饱和脂肪酸（见专栏6–2）是脑神经元细胞膜的重要组成部分，是人体必需脂肪酸，对正常的脑功能至关重要。但人体合成Omega-3多元不饱和脂肪酸的效率很低，所以我们特别依赖从饮食中摄入Omega-3多元不饱和脂肪酸。尽管评估不同食物元素对认知功能作用的实验在设计上存在很大差异，但研究结果普遍认为缺乏Omega-3多元不饱和脂肪酸会导致啮齿类动物的学习和记忆受损（Bourre et al.，1989；Moriguchi，Greiner，Salem，2000）。缺乏Omega-3多元不饱和脂肪酸与罹患精神障碍疾病的风险有关，包括注意力缺陷障碍、阅读障碍、痴呆症、抑郁症、双相情感障碍和精神分裂症（Adams et al.，1996；Peet et al.，1996；Hibbeln，1998；Horrobin，1998；Freeman et al.，2006）。

专栏6-2　Omega-3多元不饱和脂肪酸的分类

存在于食物中的Omega-3多元不饱和脂肪酸主要有三种。

（1）ALA（α-亚麻酸，十八碳三烯酸）

ALA主要存在于植物性食物，如蔬菜、水果、坚果、大豆以及植物油（紫苏油、亚麻籽油、油菜籽油、大豆油等）中。ALA可以在人体内转化成另外两种不饱和脂肪酸（见下文）进而被人体吸收，但转化率很低，一般不到10%，而且转化速度慢，难以满足人们身体的需求。

（2）EPA（二十碳五烯酸）

EPA主要来源于海洋动物，比如鱼、虾等海鲜，特别是深海鱼类，像是鲑鱼、鲔鱼、鲭鱼(小型青花鱼)、秋刀鱼、沙丁鱼、鳀鱼、乌鱼子等。

（3）DHA（二十二碳六烯酸）

和EPA一样，DHA的主要来源也是鱼虾等海鲜及深海鱼类，淡水鱼的Omega-3多元不饱和脂肪酸含量则较低，若渔户在饲料中添加鱼油或鱼粉，则养殖出来的鱼类也会含有较多EPA、DHA。

ALA、EPA、DHA三种Omega-3多元不饱和脂肪酸除了获取来源不同，在对人体的作用上也有差异。ALA有助于防止血管中胆固醇沉积的形成、减少动脉炎症并抑制肿瘤生长；EPA有助于减缓炎症反应，对于心血管疾病、“三高”、关节炎有缓解作用；DHA有助于神经再生，可以帮助改善认知功能、提升记忆及专注力等。

以人类为对象的研究除了评估Omega-3多元不饱和脂肪酸在减少与精神障碍疾病有关的认知缺陷方面的作用，也探讨了Omega-3多元不饱和脂肪酸对儿童认知能力的影响。例如，有研究表明补充Omega-3多元不饱和脂肪酸有助于降低发育协调障碍儿童的认知缺陷（Richardson，Montgomery，2005）。基于此研究结果，有研究者在英国达勒姆的几所学校进行了一项随机的双盲对照实验（Portwood，2006）。研究者在学校内随机选取一部分学生，其中一半儿童摄入Omega-3多元不饱和脂肪酸，另一半摄入安慰剂。随后对他们进行定期测试，以测量他们的协调性、注意力和学术能力。结果显示，在摄入Omega-3多元不饱和脂肪酸的儿童组中观察到了一定幅度的学业成绩提高，而安慰剂组没有显著变化。不难想象，这一结果引起了当地媒体的一片哗然。但达勒姆研究的结果仍需更多的科学研究来验证。在另一项大型的实验中，Omega-3多元不饱和脂肪酸（DHA每天88毫克，EPA每天22毫克）和微量营养素（铁、锌、叶酸和维生素A、维生素B_6、维生素B_{12}和维生素C）被分别或以组合的形式添加到混合饮料中并提供给396名澳大利亚6—12岁儿童和394名印度尼西亚儿童（The NEMO Study Group，2007）。结果显示，微量营养素治疗中的澳大利亚儿童的语言学习和记忆测试分数显著增加。在印度尼西亚女孩中观察到了类似的效果，但一般智力或注意力测试分数没有任何显著差异。更为重要的是，在只使用Omega-3多元不饱和脂肪酸的儿童组中没有观察到任何认知测试分数的变化。因此Omega-3多元不饱和脂肪酸是否能促进儿童认知能力的发展仍有待更多研究证实。

但可以确定的是，反式脂肪酸和饱和脂肪酸含量高的饮食对认知能力存在不利影响（Greenwood，Winocur，2005）。在一项研究中，研究者持续3周喂给啮齿动物以高饱和脂肪和高蔗糖为特征的“垃圾食品”，结果发现实验对象的认知能力显著下降（Molteni et al.，2002）。

如前所述，脑富含磷脂和多元不饱和脂肪酸。大量的代谢负荷和丰富的可氧化物质（如神经细胞膜的多元不饱和脂肪酸）使得脑比其他器官更容易受到氧化损伤[1]。因此，一些“抗氧化饮食”因其对神经功能的积极影响而变得流行起来。例如，浆果已被证明具有很强的抗氧化能力。此外，各种具

1 指由于代谢活动而导致多余的活性氧产生，特别是氧自由基引起的包括细胞膜的磷脂、蛋白质、酶以及DNA的细胞成分的损伤。

有抗氧化能力、与线粒体活动有关的微量营养素也被证明可以影响脑的认知功能。

例如，α-硫辛酸存在于肉类、肝脏以及蔬菜（如菠菜、西兰花）中，是一种辅酶，对维持线粒体的能量平衡很重要。α-硫辛酸已被证明可以改善患阿尔茨海默病动物的记忆障碍，并能减缓一小部分阿尔茨海默病患者的认知衰退。

与之类似，咖喱香料姜黄是印度传统的食品和药草，已被证明可以减少患有阿尔茨海默病和脑损伤的动物的记忆障碍。姜黄素是一种强有力的抗氧化剂，似乎可以保护脑免受脂质过氧化和一氧化氮自由基的影响。

维生素E也被认为与认知能力有关。植物油、坚果、绿叶蔬菜和强化谷物中富含维生素E。血清维生素E水平下降与老年人的记忆能力变差有关。

黄酮醇具有非常好的抗氧化作用，存在于各种水果、可可、豆类和银杏树中。尽管黄酮醇的抗氧化作用在体外已经得到了充分的证实，但人们普遍认为黄酮醇在体内的作用机制更复杂，需要进一步研究。黄酮醇槲皮素是银杏叶提取物的主要成分，已被证明可以减少脑缺血啮齿动物的学习和记忆障碍（Pu，2007）。饮食中补充植物来源的黄醇（-）表儿茶素，已被证明可以穿过血脑屏障，增强小鼠的海马体依赖性记忆（van Praag et al.，2007）。更有趣的是，黄醇（-）表儿茶素膳食补充对记忆形成的积极影响会因同时进行的运动而进一步增强。

叶酸存在于各种食物中，包括菠菜、橙汁和酵母。充足的叶酸水平对脑功能至关重要，叶酸缺乏会导致神经系统疾病，如抑郁症和认知障碍。叶酸的缺乏主要是由饮食中的低摄入量引起的。补充叶酸本身或将其与其他B族维生素一起补充，已被证明能有效防止衰老过程中的认知衰退和痴呆，并能增强抗抑郁药的效果。一项随机临床试验的结果表明，3年的叶酸补充可以帮助减少与年龄有关的认知功能的下降（Durga et al.，2007）。

此外，还有多种营养物质与脑的认知功能相关，详见表6-2。

表6-2 影响脑认知功能的部分营养物质

营养物质	对大脑认知的影响	食物来源示例
饱和脂肪	降低成年啮齿动物的认知能力，加重啮齿动物脑外伤后的认知障碍，加剧老年人认知能力的下降	黄油、酥油、板油、猪油、椰子油、棉籽油、棕榈仁油、乳制品（奶油、奶酪）、肉类
Omega-3 多元不饱和脂肪酸	延缓老年人认知能力的下降，情绪障碍患者的治疗基础	鱼（鲑鱼）、亚麻籽、磷虾、奇亚籽、猕猴桃、胡桃、核桃
姜黄素	改善阿尔茨海默病小鼠模型的认知衰退，改善啮齿动物创伤性脑损伤导致的认知衰退	姜黄（咖喱香料）
黄酮类化合物	结合运动可增强啮齿类动物的认知能力，改善老年人的认知功能	可可、绿茶、银杏树、柑橘类水果、葡萄酒（红酒含量较高）、黑巧克力
B 族维生素	补充维生素 B_6、维生素 B_{12} 或叶酸对不同年龄段女性的记忆力表现都有积极影响	各种天然的来源，但维生素 B_{12} 不能从植物中获取
维生素 D	对于保持老年人的认知能力很重要	鱼肝、多脂鱼、蘑菇、强化产品、牛奶、豆浆、谷物
维生素 E	减缓老年人的认知衰退	芦笋、鳄梨、坚果、花生、橄榄、红棕榈油、种子、菠菜、植物油、麦芽
胆碱	膳食胆碱与人类和大鼠的良好认知功能之间存在因果关系	蛋黄、大豆、牛肉、鸡肉、火鸡肝、生菜
维生素组合（维生素 C、维生素 E、胡萝卜素）	摄入抗氧化维生素可延缓老年人认知能力的下降	柑橘类水果、一些植物和蔬菜、牛肉和牛肝，以及上文中所示维生素 E 的食物来源
钙、锌、硒	高血清钙可能减缓老年人认知能力的下降，增加饮食中的锌有助于缓解老年人的认知衰退，硒有助于维持人类良好的认知功能	钙，牛奶、珊瑚；锌，牡蛎，少量存在于豆类、坚果、杏仁、全谷物、葵花籽中；硒，坚果、谷物、肉、鱼、鸡蛋
铜	阿尔茨海默病患者的认知能力下降与血浆铜浓度有低相关	牡蛎、牛 / 羊肝、巴西坚果、黑糖蜜、可可、黑胡椒
铁	铁剂治疗可使年轻女性的认知功能正常化	红肉、鱼、家禽、扁豆、豆类

热量摄入与脑认知

饮食中的热量是影响认知能力的另一个潜在因素。研究表明，过量摄入食物热量会降低神经突触的可塑性（Wu，Ying，Gomez-Pinilla，2004；Vaynman，Gomez-Pinilla，2006），并通过自由基的形成增加细胞的脆弱性（Mattson，

2005）。因此，适度的热量限制可以通过减少对细胞蛋白质、脂质和核酸的氧化损伤来保护脑。此外，对啮齿动物的研究表明，针对断奶到35个月大的小鼠，将热量摄入减少到控制额定值的40%左右，可以减少与衰老有关的运动和认知功能的缺陷（Ingram et al.，1987）。在患有阿尔茨海默病的小鼠模型中，如果在3至17个月之间以隔天喂养的方式进行喂养，可以改善与年龄有关的认知功能缺陷（Halagappa et al.，2007）。

食物热量领域一个长期受到关注的问题是热量摄入或用餐频率如何影响人类的能量代谢和健康。一项针对中年男性和女性的研究表明，在不减少热量摄入的情况下，进餐频率的改变不会导致几个代谢参数水平的改变，如葡萄糖、胰岛素和瘦素等。然而，在另一项研究中，实验参与者在2个月内坚持隔天限制饮食热量，结果其不仅体重下降，心血管疾病和糖尿病风险状况也得到改善（Johnson et al.，2007）。这两项研究结果共同表明，摄入热量的总量（而非频率）似乎是一个关键因素。因此，有控制的跳餐或间歇性卡路里限制可能对人类健康有益。不过，这并不意味着“低卡路里饮食就能促进健康”，因为低卡路里饮食有益于健康的一个重要前提是饮食的营养平衡。此外，探明食物热量摄入如何影响身体的其他生理指标，如激素水平和免疫系统状态，有助于评估以治疗为目的的热量摄入限制的效果。

讨论

我们现在知道，特定的营养物质确实能影响我们的认知。这意味着通过改变饮食来提高认知能力、保护脑免受损害、促进修复和抵消衰老的影响是可能的。但是，要确定其作用机制和在人类中的治疗应用条件，还需要进一步的工作。例如，什么类型的饮食（包括食物的营养物质的类型、摄入频率和数量）可以专门改善脑功能，仍有待更多的实证研究来回答，文中所介绍的研究成果仍未能完全解答我们的疑惑。

民以食为天，饮食与脑功能存在关联的话题总能引起媒体的极大关注。但是大众媒体在传播信息时往往是模糊或夸大的，这导致人们对一些研究结果的理解存在偏差。正如前面所讨论的那样，尽管一些饮食成分已被发现对认知有积极影响，但我们面对这些结果时仍需谨慎，因为平衡的饮食是所有食补的前提。同样的道理，那些可能有助于减轻体重的流行饮食处方，并不一定有利于身体或心理的健康。

此外，研究表明，摄入过多的卡路里可能会抵消饮食带来的积极作用，这表明在食物的丰富程度和健康之间存在着一条模糊的界限。具有讽刺意味的是，从西方国家日益增长的肥胖率来看，这些富裕国家人们的过量食物摄入似乎与贫穷国家人们的食物缺乏一样有害。这一现象值得我们去思考。

教育启示

很多人认识到了饮食与身体健康的关系，却没有把饮食和脑的认知功能联系在一起。从上述介绍我们可以了解到，饮食确实可以通过各种方式来影响脑的认知功能以及脑神经元的可塑性。现代社会饮食的丰富性和便捷程度相对以往大大提高，在大城市中只要一键下单，外卖人员很快就能将各种食物送至家门口。很多家长迫于工作压力经常选择方便快捷的方式为孩子安排饮食，认为只要食物足够丰富，孩子就不会缺乏营养。实际上，家长们仍需要反思一下为孩子们提供的一日三餐是否保证了营养均衡，孩子的饮食中是否包含了对脑功能有益的食物。同时，家长们也需要反思孩子的饮食中是否包含了过多的热量，以及不利于脑功能发育的食物成分。

另外，虽然研究表明了某些食物的有效性，但是也不应该对某些研究结果过度解读（如夸大食物的有效性，模糊食物有效的对象和条件），例如鱼油（Omega-3多元不饱和脂肪酸的一种）能提高智力的说法就是一个媒体过度或者错误解读的例子。在欧美地区曾经风行过让儿童吃鱼油可以提高智力的说法。Omega-3多元不饱和脂肪酸确实对脑的发育有重要的作用，但目前各种各样的针对Omega-3多元不饱和脂肪酸能否提高正常儿童的智力和认知能力的研究尚未有统一的结论。对于健康儿童而言，与其过度依赖某一种营养成分，不如从均衡、适量的饮食做起。

最后，饮食和本章介绍的另外两个研究主题——睡眠与运动会共同作用于脑，影响脑的认知能力。前文提到，某些饮食对认知能力的积极影响会因同时进行的运动而进一步增强。因此我们要兼顾饮食、睡眠和运动三个方面，以“组合拳”的方式保护脑。

参考文献

Adams P B, Lawson S, Sanigorski A, et al., 1996. Arachidonic acid to eicosapentaenoic acid ratio in blood correlates positively with clinical symptoms of depression [J]. Lipids, 31(Suppl): S157–S161.

Bourre J M, Francois M, Yooyou A, et al., 1989. The effects of dietary α-linolenic acid on the composition of nerve membranes, enzymatic activity, amplitude of electrophysiological parameters, resistance to poisons and performance of learning tasks in rats [J]. The Journal of Nutrition, 119(12): 1880–1892.

Durga J, van Boxtel M P, Schouten E G, et al., 2007. Effect of 3-year folic acid supplementation on cognitive function in older adults in the FACIT trial: a randomised, double blind, controlled trial [J]. The Lancet, 369(9557): 208–216.

Freeman M P, Hibbeln J R, Wisner K L, et al., 2006. Omega-3 fatty acids: evidence basis for treatment and future research in psychiatry [J]. The Journal of Clinical Psychiatry, 67(12): 1954–1967.

Greenwood C E, Winocur G, 2005. High-fat diets, insulin resistance and declining cognitive function [J]. Neurobiology of Aging, 26(Suppl 1): 42–45.

The NEMO Study Group, 2007. Effect of a 12-mo micronutrient intervention on learning and memory in well-nourished and marginally nourished school-aged children: 2 parallel, randomized, placebo-controlled studies in Australia and Indonesia [J]. The American Journal of Clinical Nutrition, 86(4): 1082–1093.

Halagappa V K M, Guo Z H, Pearson M, et al., 2007. Intermittent fasting and caloric restriction ameliorate age-related behavioral deficits in the triple-transgenic mouse model of Alzheimer's disease [J]. Neurobiology of Disease, 26(1): 212–220.

Hibbeln J R, 1998. Fish consumption and major depression [J]. The Lancet, 351(9110): 1213.

Horrobin D F, 1998. Schizophrenia: the illness that made us human [J]. Medical Hypotheses, 50(4): 269–288.

Ingram D K, Weindruch R, Spangler E L, et al., 1987. Dietary restriction benefits learning and motor performance of aged mice [J]. Journal of Gerontology,

42(1): 78–81.

Johnson J B, Summer W, Cutler R G, et al., 2007. Alternate day calorie restriction improves clinical findings and reduces markers of oxidative stress and inflammation in overweight adults with moderate asthma [J]. Free Radical Biology and Medicine, 42(5): 665–674.

Mattson M P, 2005. Energy intake, meal frequency, and health: a neurobiological perspective [J]. Annual Review of Nutrition, 25: 237–260.

Molteni R, Barnard R J, Ying Z, et al., 2002. A high-fat, refined sugar diet reduces hippocampal brain-derived neurotrophic factor, neuronal plasticity, and learning [J]. Neuroscience, 112(4): 803–814.

Moriguchi T, Greiner R S, Salem N, Jr, 2000. Behavioral deficits associated with dietary induction of decreased brain docosahexaenoic acid concentration [J]. Journal of Neurochemistry, 75(6): 2563–2573.

Peet M, Laugharne J D E, Mellor J, et al., 1996. Essential fatty acid deficiency in erythrocyte membranes from chronic schizophrenic patients, and the clinical effects of dietary supplementation [J]. Prostaglandins Leukotrienes & Essential Fatty Acids, 55(1/2): 71–75.

Portwood M M, 2006. The role of dietary fatty acids in children's behaviour and learning [J]. Nutrition & Health, 18(3): 233–247.

Pu F L, Mishima K, Irie K, et al., 2007. Neuroprotective effects of quercetin and rutin on spatial memory impairment in an 8-arm radial maze task and neuronal death induced by repeated cerebral ischemia in rats [J]. Journal of Pharmacological Sciences, 104(4): 329–334.

Richardson A J, Montgomery P, 2005. The Oxford-Durham study: a randomized, controlled trial of dietary supplementation with fatty acids in children with developmental coordination disorder [J]. Pediatrics, 115(5): 1360–1366.

van Praag H, Lucero M J, Yeo G W, et al., 2007. Plant-derived flavanol (-) epicatechin enhances angiogenesis and retention of spatial memory in mice [J]. Journal of Neuroscience, 27(22): 5869–5878.

Vaynman S, Gomez-Pinilla F, 2006. Revenge of the "sit": how lifestyle impacts neuronal and cognitive health through molecular systems that interface energy metabolism with neuronal plasticity [J]. Journal of Neuroscience Research, 84(4): 699–715.

Wu A G , Ying Z, Gomez-Pinilla F, 2004. The interplay between oxidative stress and brain-derived neurotrophic factor modulates the outcome of a saturated fat diet on synaptic plasticity and cognition [J]. European Journal of Neuroscience, 19(7): 1699–1707.

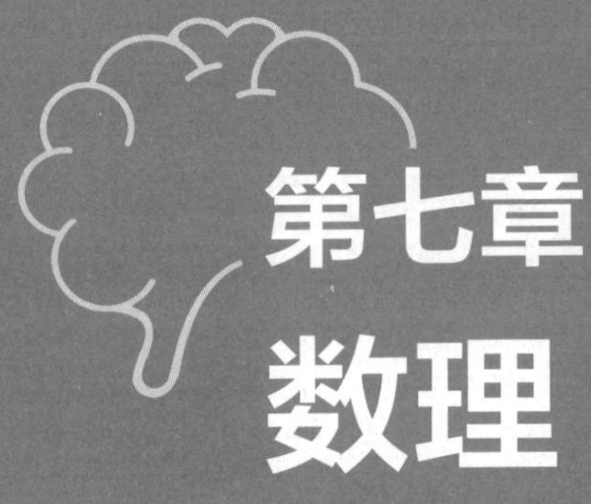

第七章 数理

俗话说：“学好数理化，走遍天下都不怕。”经济合作与发展组织（Organization for Economic Co-operation and Development，OECD）一项名为《低教育表现的高成本：提升PISA结果的长期经济影响》（The High Cost of Low Educational Performance: The Long-Run Economic Impact of Improving PISA Outcomes）的报告显示，在国家发展历程中，数学和科学成绩在个人层面上每提高半个标准差，人均国内生产总值的年增长率将提高0.87%。数理相关知识对个人和社会发展的重要性无须多言。相对于其他学科，脑科学在数理尤其是数学方面的研究开始得较早，目前仍在蓬勃发展当中。其丰硕的研究成果也让我们看到了脑科学与教育相结合的必要性和可行性。

本章将介绍三项研究。第一项研究从脑科学的角度告诉我们，对于科学或物理学中的一些特定的抽象知识概念，仅仅是观察和想象远不如亲身体验效果好。在VR（虚拟现实）、生成式人工智能等技术及在线教学越来越深入地影响传统教育方式的大背景下，这样的讨论显得尤为重要。第二项研究介绍了数学能力与语言技能之间的关系，并着重介绍了这种关系如何解释数学成绩的性别差异。如果你认为男性在学习数学方面更有优势，研究结果可能出乎你的意料。第三项研究介绍了一种目前尚不为大众所熟知的数学障碍——发展性计算障碍。如果你发现一个孩子经常在计算问题上出错，有可能不是因为他不够努力或者态度不好，而是他在计算能力方面存在障碍。这项研究是早期揭示发展性计算障碍脑机制的研究之一。

7.1 物理概念如何教？身体力行来帮忙

研究17 Kontra C, Lyons D J, Fischer S M, et al., 2015. Physical experience enhances science learning [J]. Psychological Science, 26(6): 737–749.

> 纸上得来终觉浅，绝知此事要躬行。
>
> ——陆游《冬夜读书示子聿》

背景介绍

教育正在从传统的教室迅速转向虚拟和在线学习环境（Allen，Seaman，2010；Lindgren，Johnson-Glenberg，2013）。虽然相对于传统的课堂教学方式，在线学习有多种好处，但有一个问题被忽视了，那就是在在线学习，尤其是针对科学或物理等学科的学习中，学生较难有机会亲身实践，如通过接触和操控真实物体来学习。即便是采用传统的教室授课方式，很多科学知识也只是以讲授的方式教给学生。然而，在理解一些抽象的科学概念，如涉及动力学的复杂科学概念时，单纯听讲或者观察的学习效果真的足够好吗？亲身实践的学习是否会比观察学习效果更好？其相关的神经机制又是如何？这是本节介绍的研究想要回答的问题。

研究假设

根据具身认知理论，对某个知识点或者事物进行回忆、推理或是推论，会激活最初用于获取相关信息的感觉和运动脑区（Barsalou et al.，2003；Niedenthal，2007）。比方说，专家级的舞者在观看他们过去练习过的动作视频时，相对于观看不熟悉的动作视频，大脑皮层中涉及舞蹈的感觉和运动区域的激活程度更高。当有经验的曲棍球运动员听到对曲棍球动作的描述（例如“曲棍球运动员击中了冰球”）时，他们会比曲棍球新手和只有观赛经验的球迷激活更多的运动相关脑区。此外，运动脑区的激活程度也预示了他们对曲棍球场景的理解程度。因此，在具身认知理论的基础上，研究者推断，亲身体验有助于学习某些与动力学相关的物理或科学知识。因为当学生再思考这些概念时，会激活当初体验时所用的感觉和运动脑区，而这种激活又会进一步促使学生在之后的学习中更好地理解相关的知识内容。

方法与结果

本节介绍的研究聚焦的知识点是大学物理中的角动量。在物理学上，角动量是一个旋转物体的转动惯量与其角速度的乘积。角动量是一个矢量，这意味着它有一个大小和一个方向。虽然在生活中经常会有与角动量相关的例子，例如移动的自行车轮和旋转的陀螺，但它其实是一个不好理解的抽象概念。同时，矢量在物理学初、高阶课程以及物理学的实际应用中都会经常出现，是一个重要的知识点。

为了加强参与者对角动量的理解，该研究使用了一个由两个自行车轮子组成的旋转系统（见图7–1A），两个轮子围绕同一个轴各自独立旋转，并利用角动量的矢量性质，让参与者直接感受角动量的特性。车轮的轴上安装着一个激光指示器，激光的红点（图7–1A中用蓝色表示）指向墙上的一条蓝色垂直线（图7–1A中用灰色表示）。为了实际体验角动量的特性，参与者拿着这组旋转的自行车轮轴，把轮轴从水平方向倾斜转动到垂直方向，然后再返回，同时试图把激光保持在墙上的目标垂直线上。当车轮旋转时，角动量的方向与装置的轴的方向一致。当轮轴倾斜时，角动量的方向就会改变，相应的力矩就会作为一个阻力被感觉到，导致激光偏离墙壁上的垂直线。随着角动量和力矩的增加，阻力也随之变大，参与者越来越难以让墙上的激光光点保持垂直方向的移动，最终，激光点会描画出一个椭圆。而作为对照实验，当两个轮子都没有旋转，即系统不存在角动量时，转动装置时没有阻力，参与者可以轻松地控制激光点沿着垂直线移动。本节介绍的研究包含多个子研究，我们接下来将类似的研究方法和结果合并后一起介绍。

研究 1

研究1的参与者是44名大学生。参与者首先阅读了关于角动量和影响角动量因素的介绍。然后，他们完成一个前测，以评估他们对相关知识的初步理解程度。测试的方式为看视频材料并做选择题（见图7–1B）。具体的测试过程如下：在每道视频题中，会出现两个人偶模特拿着上述车轮旋转系统。模特将轴从水平方向倾斜至垂直方向再返回。在52道选择题中，左边的模特和仪器的所有参数都保持不变（即作为被比较的模板）。右边的模特（伍迪）所持的仪器在每道题目中都会发生变化，并在以下一个或多个方面与左侧的比较模板不同：每个轮子的旋转方向，每个轮子的旋转速度，每个轮子的大小，以及轴的倾斜方向（向右或向左）。在大多数题目中，伍迪的两个轮子有不同的尺寸和旋转速度。轮子上的彩色条纹使旋转速度在知觉上很突出。实验参与者在看完视频后需要通过按键来回答："伍迪感受到的力与人偶模板相比，是大还是小?"

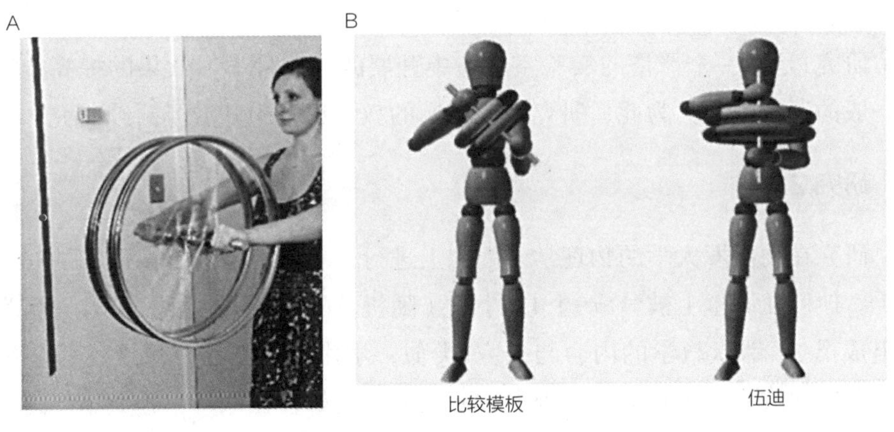

图7–1 （A）用于亲身体验的两轮装置；（B）测试题目示例

完成前测后，所有参与者两两配对。研究者随机将一位参与者分配到体验组，将另一位分配到观察组。体验组的参与者将有10分钟的时间来亲身体验类似于视频中的车轮装置，包括不同的倾斜角度和旋转速度。观察组的参与者则要密切观察体验组参与者的操作情况，如车轮的倾斜程度和墙上的激光点的路径以感受角动量和力矩的变化，但是不亲身参与任何操作。在10分钟的学习之后，两组参与者都完成与前测类似的后测。

结果如图7-2所示，两组参与者的前测成绩并无差异，这表明两组参与者对相关知识点的了解水平相当。然而，经过不同的实验处理后，两组参与者后测的表现有明显差异。体验组的参与者从前测到后测的正确率有明显的提高（约0.1），观察组的参与者则没有明显变化。

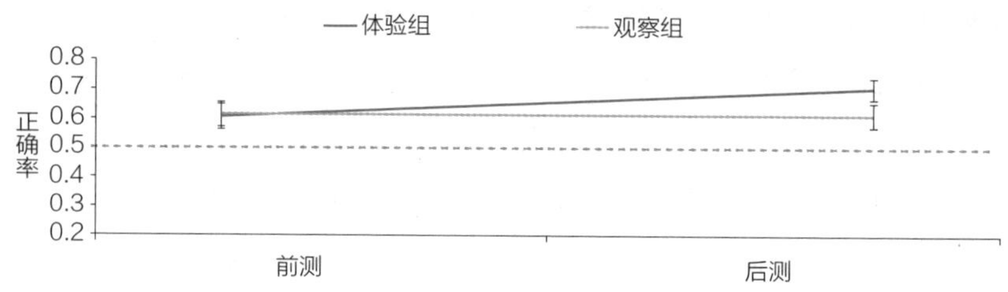

图7-2　研究1的行为结果：体验组的学习效果更好

研究1是在一个严格的实验室环境中开展的，这种学习效果的提高能推广到一般的课堂上吗？为此，研究者在真实的教学场景中开展了后续研究。

研究2

研究在德保罗大学的物理学入门课上进行，参与者是选修该课程的36名大学生。他们在课堂上被分成9个4人小组（随机分配2名为体验组成员，2名为观察组成员）。课堂教学的内容与研究1类似，学生合作学习，依次比较了两轮系统在一次改变一个相关影响因素时的表现。例如，在保持车轮大小、旋转速度和旋转方向不变的情况下，比较快速倾斜和慢速倾斜时角动量的差别。课堂实验结束后，4名学生各自完成一份实验报告，但被要求不要比较各自的经验。作为正常课堂活动的一部分，一名教师指导了这个2小时的练习。在实验结束的几天后，学生们在理论课上学习相关知识，并在课后进行一次有关力矩和角动量的测验。该测验是典型的课程测验，包括选择题、简答题和计算题。

尽管在同一学期的其他测验中，体验组和观察组的成绩无显著差别，但在针对力矩和角动量的测验中，体验组的成绩（76%）比观察组（69%）高7个百分点。具体来说，体验组的学生在17个测验问题中的14个问题上比观察组的学生表现得更好。另外，仔细对比后会发现一些有意思的结果。有两道题目要求学生计算一个旋转物体的物理系统的角动量。其中一道题的系统只包含一个轮子（只涉及量级大小而不涉及矢量运算），而另一道题的系统包含两个朝相反方向旋转的轮子（涉及矢量运算）。两道题除了在是否涉及矢量运算上有差异，其他方面都较为匹配。结果发现，在不涉及矢量运算的题目上，两组学生的正确率相当，但在涉及矢量运算的题目上，体验组正确率更高。因此，研究结果再次表明亲身体验比单纯观察的学习效果好，尤其是当涉及一些更复杂的内容，如矢量运算问题时。

研究 3

尽管研究1和研究2表明亲身体验能够提高学生对角动量的理解，但我们仍不清楚这种提高背后的机制是什么。研究者在第三项研究中使用功能性磁共振成像（fMRI，见专栏2–3）来研究亲身体验提高学习效果的神经机制。该研究的参与者为35名大学生。他们与前面研究的参与者一样首先进行了前测，然后被随机分配到体验组和观察组接受不同的实验操作，最后在接受功能性磁共振的脑部扫描时完成后测。训练过程和测试题目与研究1类似。功能性磁共振扫描的结果使我们能够探索相对于观察组，体验组在脑激活尤其是感觉和运动脑区激活上的差异。

接下来，让我们首先看看两组参与者在测验成绩方面的差异。体验组正确回答了74.5%的问题，而观察组只正确回答了52.2%的问题，体验组的表现再次明显优于观察组。那么在脑激活方面，两组又有什么差异呢？

通过分析两组参与者的大脑皮层激活模式，研究者发现，与观察组相比，体验组在背侧运动前皮层、初级运动/躯体感觉区、上顶叶等几个区域有更强的激活（见图7–3A）。已有研究表明这些脑区与行动的计划和生成有关，并对个体先前的行动经验敏感（Beilock et al.，2008；Calvo-Merino et al.，2005；Cross，Hamilton，Grafton，2006）。研究者进一步检验了感觉运动皮层的激活程度与对角动量的理解程度之间的相关性，发现相关脑区的激活水平越高，测验的正确率就越高（见图7–3B）。

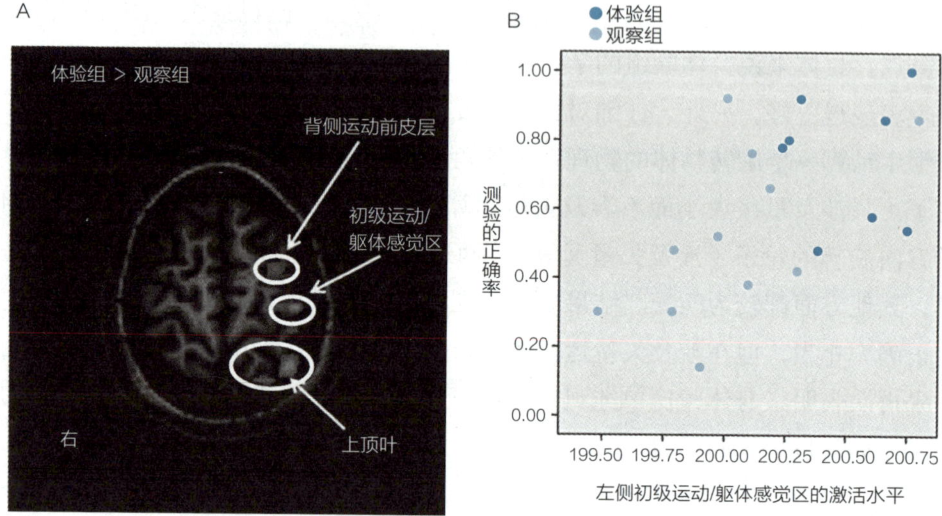

图7-3 （A）研究3的脑成像结果（箭头指示的脑区为体验组比观察组激活程度更强烈的脑区）；（B）左侧初级运动/躯体感觉区的激活水平与测验的正确率之间的关系

教育启示

最近的科技进步促使教育有机会以在线的方式开展。而近年来由Meta（元）公司［原Fackbook（脸谱）］提出的元宇宙概念，更是把在线教育推向了下一个阶段（如元宇宙教育），让人们感觉之前一直在幻想的未来科技可能在不久的将来就会到来。这当然有很多益处，但是这就意味着教育可以完全抛开对真实世界的身体体验吗？相信读者们通过上面的研究已经有了答案。当然，这并不是在批判在线教育，而是希望在我们的思维快速地向虚拟世界进发的时候，承载我们思维的身体也要得到适当考虑。

当前研究已经证明对科学内容的亲身体验有益于提升学习效果，尤其是涉及运动的相关科学知识时，这也为课堂实践指明了方向。首先，实验教学是促进科学学习的有效方法。学生通过参与实验，自己动手发现科学规律，这比仅仅阅读和听讲更能产生有深度和持久的体验。其次，多种感官参与的体验有助于学生更深入地理解科学概念。例如，在帮助学生理解地球四季变化的原因和特点时，季节性食物的引入（嗅觉和味觉）可以帮助学生对不同季节的变化产生联想。通过展示地球轨道模型或动画（视觉和听觉），或者让学生动手操作模型以模拟地球不同季节的位置（触觉），将有助于讲解地球绕太阳公转时轨道的倾斜如何导致四季的变化。

亲身体验不仅可以帮助学生加深理解和记忆，还可以激发学生的好奇心和兴趣。学生更有可能对那些亲身经历过的现象和问题产生浓厚的兴趣。因此，教育者在课堂，尤其是科学课堂中，应多为学生提供能够亲身体验的机会，助力学生学习成就的提升。

参考文献

Allen I E, Seaman J, 2010. Class differences: online education in the united states, 2010 [R]. BABSON Survey Research Group, The Sloan Consortium.

Barsalou L W, Simmons W K , Barbey A K, et al., 2003. Grounding conceptual knowledge in modality-specific systems [J]. Trends in Cognitive Sciences, 7(2): 84–91.

Beilock S L, Lyons I M, Mattarella-Micke A, et al., 2008. Sports experience changes the neural processing of action language [J]. Proceedings of the National Academy of Sciences of the United States of America, 105(36): 13269–13273.

Calvo-Merino B, Glaser D E, Grèzes J, et al., 2005. Action observation and acquired motor skills: an FMRI study with expert dancers [J]. Cerebral Cortex, 15(8): 1243–1249.

Cross E S, Hamilton A F D C, Grafton S T, 2006. Building a motor simulation de novo: observation of dance by dancers [J]. NeuroImage, 31(3): 1257–1267.

Lindgren R, Johnson-Glenberg M, 2013. Emboldened by embodiment: six precepts for research on embodied learning and mixed reality [J]. Educational Researcher, 42(8): 445–452.

Niedenthal P M, 2007. Embodying emotion [J]. Science, 316(5827): 1002–1005.

7.2

儿童算术不好？先看看语言能力如何

研究18 Dehaene S, Spelke E, Pinel P, et al., 1999. Sources of mathematical thinking: behavioral and brain-imaging evidence [J]. Science, 284(5416): 970–974.

研究19 Wei W, Lu H, Zhao H, et al., 2012. Gender differences in children's arithmetic performance are accounted for by gender differences in language abilities [J]. Psychological Science, 23(3): 320–330.

> 中文的数词简洁明了，大多数可以在不到1/4秒的时间内读出来。例如，4是“sì”（四）、7是“qī”（七）。而对应的英语单词“four”“seven”读起来更耗时，大约需要2/3秒。……在诸如威尔士语、阿拉伯语、汉语、英语和希伯来语这些差异很大的语言中，读出数字所需要的时间，与使用这种语言的人的数字广度之间存在着稳定的相关性。
>
> ——迪昂《脑与数学》

背景介绍

社会中似乎存在着这样一种刻板印象，即男生更适合学习理工类学科，而女生更适合学习文史类学科，即女性学习数学及与数学相关学科（如计算机）的能力不如男性。但是，两性在学业成绩方面的表现说明事实可能并非如此。有研究者对美国1990—2007年发表的242项关于两性的数学表现的研究进行分析，结果显示，男生在数学方面的优势并不明显（Lindberg et al.，2010）。另外一项对30多个国家1914—2011年的308项研究进行的分析发现，女生在语言、数学和科学等学科上的成绩一直都高于男生（D. Voyer，S. D. Voyer，2014）。甚至有研究表明，女生在算术方面比男生更有优势（Linn，Hyde，1989；Willingham，Cole，1997）。当然，这并不是说男生在数学方面就完全没有优势，例如男生在几何问题方面较有优势，这可能是由于他们具有更强的空间认知能力（Casey，Nuttall，Pezaris，1999；Geary，1996）。然而，女生在算术方面存在优势的原因还不清楚。

一种假设是，因为女生在语言方面较男生更有优势，因此她们的算术能力更强。而这正是部分研究者想要验证的假设。但是读者可能会产生疑惑：数学能力和语言能力有什么本质关联呢？让我们先通过著名的认知神经科学家迪昂（S. Dehaene）发表在《科学》杂志上的一项研究来了解一下。

数学的内涵非常广泛，因此，研究者仍在不断探索人脑如何表征数学知识。在初级算术领域，目前的认知模型认为至少存在两种数字的表征模式：一种是基于语言的模式，用于存储精确的算术知识表（如我们从小就熟记的九九乘法表）；另一种是独立于语言的数字大小表征，类似于心理"数轴"，用于数量操作和近似估算。研究者为了验证和分离这两种表征系统，设计了非常巧妙的实验。

实验参与者是掌握俄语和英语的双语者。首先，他们用两种语言中的一种来学习两位数的精确计算或近似估算。在精确计算的条件下，参与者需要对一个简单的算式进行计算并从两个接近的备选数字中选择正确（精确）的答案。在近似估算的条件下，他们需要对这个算式的结果进行估算，并从备选答案中选择最接近答案（非精确）的一个数字。经过一段时间的训练后，研究者对参与者用两种语言测试了新的算术问题和训练时练习过的算术问题。结果显示，参与者在两种计算任务上的表现有所不同。就精确计算而言，当对训练过的问题进行再测时，如果再测的语言与训练的语言一致，参与者的反应更快。例如，对于15+8的精确计算，参与者用俄语进行训练后，再次用俄语进行测试会比用英语测试反应快。这就说明，在精确计算的训练中获得的算术知识是以特定的语言格式存储的，并且由于算术问题需要内部翻译，所以语言转换的成本也增加了。相反，对于近似估算，两种语言的表现是相当的，并没有增加语言转换成本。例如，对于15+8的近似估算，参与者用俄语进行训练后，再次用俄语进行测试和用英语测试的表现没有差异。这就说明近似计算获得的知识是以一种与语言无关的形式储存的。当用训练时的语言对新的计算问题进行测试时，参与者在两种任务中也表现出了类似的结果。在近似估算任务中，他们在新问题和训练过的问题上的表现没有差异，说明估算的知识可以在没有成本的情况下迁移到新的问题上。而在精确计算任务中，他们在训练过的问题上比新的问题上表现得更快，说明精确计算使用的是一种与近似估算不同的表征形式。

研究者还应用了功能性磁共振和脑电记录两种手段探究大脑层面是否也存在如行为证据显示的两种不同的表征系统。在实验过程中，研究者在实验参与者完成两种加法任务的时候同时采集他们的脑信号。

功能性磁共振的结果显示，精确计算任务激活了语言网络的相关脑区（如左下额叶），而近似估算则激活了视觉空间操作和类比心理转换的相关脑区（如双侧顶叶）（见图7–4）。但是，由于功能性磁共振的时间分辨率较低，不能及时地反映脑的活动状况，上述结果也可以解释为：无论是在精确计算还是近似估算的任务中，实验参与者都使用了相同的数字基础表征来计算精确结果；上述脑区激活的差异可能是针对不同任务做出了不同选择导致的（在精确计算任务中，选择与计算结果完美符合的那个答案；在估算任务中，选择与计算结果最接近的那个答案）。因此，研究者还另外使用了高时间分辨率的脑电记录仪来检验上述可能性。结果显示，当实验参与者看到同一道加法问题而选

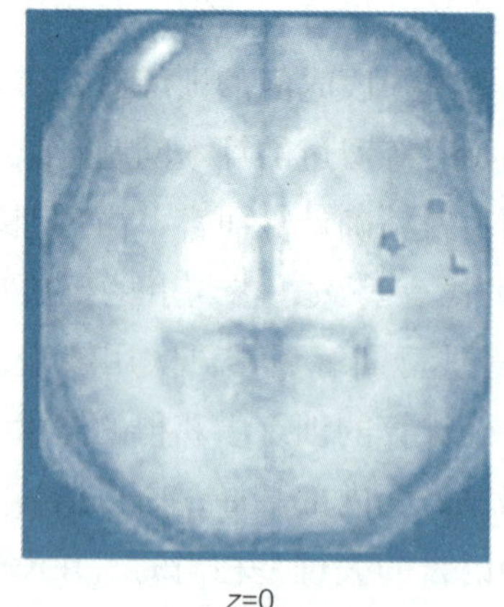

z=0

精确计算

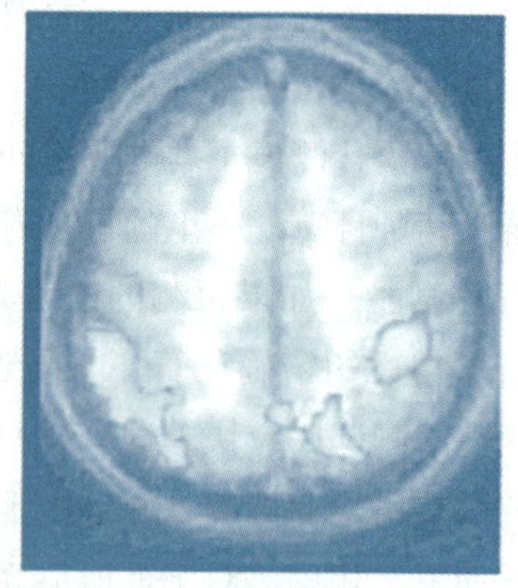

z=52

近似估算

图7–4　精确计算与近似估算激活的不同脑区

项还没有呈现时（两种任务的问题是一样的，只是答案的选项和要执行的任务不同），根据任务的不同，参与者的大脑活动已经有了明显的差异。因此，是计算本身而不是后续的决策导致了上述的激活差异，这也进一步验证了精确计算强调语言特有的表征，而近似估算不依赖于语言，主要依赖于双侧顶叶的视觉空间网络中的数量表征。

研究假设与方法

通过上述研究，我们已经知道了数学中的精确计算与语言息息相关。而女生在语言技能方面似乎存在优势。例如，女生的言语能力发展得更早，掌握词汇的速度更快，有更好的阅读技能（Bornstein et al.，2000；Roulstone et al.，2002），并且女生在阅读技能上的优势似乎存在于整个高中阶段（Mann et al.，1990）。由于语言处理在算术中的重要性，女生在语言处理方面的优势或许可以解释她们在算术中的优势。

为了验证上述假说，本节介绍的第二项研究设计了如下实验。实验参与者是来自北京地区12所小学的3—6年级共1556名学生，分别来自6所城市学校、6所农村学校。他们的年龄分布在8至11岁之间。

为了全面测量学生们的计算能力、语言能力、空间认知能力，首先，研究者让学生在当地学校的教室内完成了多项任务，包括计算相关的任务（如简单减法计算和复杂乘法计算）、数字处理任务（如数量比较、数量估计、数字比较和数字序列推理）、语言任务（词语押韵），以及其他的一般认知任务（如选择反应时任务、心理旋转任务和瑞文推理测试）（详见表7-1）。研究者预期，女生在简单计算和复杂计算任务上的表现都会优于男生。其次，研究者使用词语押韵任务来评估实验参与者的语言处理水平，因为它测量了语言能力的一个重要组成部分——语音意识。研究者预期，在控制了这项任务的表现后，算术成绩将没有明显的性别差异。最后，为了研究除词语押韵任务外的其他任务（即一般认知任务和数字处理任务）的表现是否也能解释算术中的性别差异，研究者预期，在控制了除词语押韵任务外的其他任务的表现后，性别差异将仍然存在。

表7-1　实验任务介绍

任务	任务描述	性别差异结果
简单减法计算	两分钟内完成 92 道两位数以内（最大值为 18）的减法计算题，如 17-8，在两个备选答案中选出正确的答案。	女生分数显著更高。
复杂乘法计算	两分钟内完成 76 道两位数乘以一位数的计算题，如 67×9，从四个备选答案中选出正确的答案。	女生分数显著更高。
数量比较	36 道数量大小比较题。需要判断出现在屏幕左右两边的由圆点组成的点阵哪边的圆点更多。每组点阵中的点的数量从 5 到 12 不等。两组圆点的总面积被控制为相同。	女生反应时显著更短，正确率无显著性别差异。
数量估计	27 道圆点数量估算题。需要估算短暂（1 秒）呈现在屏幕上的圆点阵有多少个圆点（11—99 个）。提供正确与否的反馈，需要根据反馈来调整之后的答案。	无显著性别差异。
数字比较	数字版的斯特鲁普（Stroop）比较任务。84 对大小不一的阿拉伯数字以随机顺序呈现。对于每一对数字，参与者需要决定哪个数字在数值上更大，同时忽略数字的呈现形状的大小（例如，如果一对数字是 3 和 8，3 比 8 在数值上小，但是 3 可能在呈现形状上比 8 大）。	女生正确率显著更高，反应时无显著性别差异。
数字序列推理	需要检测一串数字序列的模式并推断出该序列的下一个数字。例如，“2、4、6、8 ”这一序列的下一个数字是 10。从两个候选答案中选出正确答案。	女生分数显著更高。
选择反应时任务	判断出现在屏幕上的一个白点是在屏幕左边还是右边，并按下相应的键。	女生正确率显著更高，反应时无显著性别差异。
词语押韵	判断出现在屏幕上的两个字是否押韵，并按下相应的键。	女生正确率显著更高，反应时无显著性别差异。
心理旋转任务	一个考察空间认知能力的任务。三维物体旋转不同的角度后，从某一个特定的面去观察，会呈现出不同形状。需要判断两个备选的物体中哪一个是由题目中三维物体旋转后得到的，匹配的图像只能通过心理旋转来识别。	男生分数显著更高。
瑞文推理测试	评估一般智力的测试。需要从两个备选答案中找出缺失的部分，以补充一个图形中固有的规则图案。	无显著性别差异。

结果

首先让我们看看研究者最关心的性别差异的结果。不出所料，女生在算术（简单减法计算和复杂乘法计算）以及数量比较、数字比较、数字序列推理、选择反应时任务上的表现皆优于男生。重要的是，女生确实在词语押韵，即语言方面也优于男生。而男生在心理旋转任务（考察空间认知能力）上的表现优于女生，说明男生的空间认知能力优于女生。此外，大龄儿童（10—11岁）在所有任务中的表现都明显优于低龄儿童（8—9岁）。城市儿童在大部分任务上的表现优于农村儿童。

进一步的研究显示，在所有任务中，词语押韵是预测算术成绩的最有力因素，即词语押韵成绩越好，算术成绩越优秀。而控制了词语押韵任务的表现后，简单减法计算和复杂乘法计算任务的表现没有性别差异（见图7–5右侧）。在控制了除词语押韵任务之外的其他任务后，性别差异依旧存在（见图7–5中间）。即没有其他任务的表现能更好地解释算术成绩的性别差异。

研究者进一步研究了词语押韵任务的性别差异能否解释其他任务中的差异。结果显示，在控制了词语押韵表现后，男生和女生在与数字有关的符号任务上的表现接近，包括数字比较、数字序列推理。然而，对于不涉及符号数字

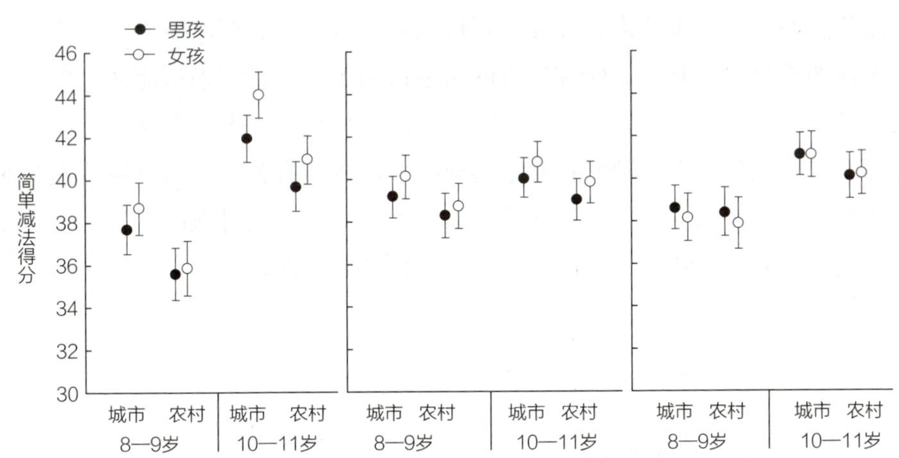

图7–5　简单减法计算的平均正确次数

注：左侧是原始数据，中间是控制了除词语押韵任务外的所有其他任务的表现后的结果，右侧是控制了词语押韵任务的表现后的结果。

的任务，性别差异仍然存在，包括选择反应时任务、数字比较和心理旋转任务。这进一步说明了语言能力与数学能力的相关性。

讨论

这些结果表明，女生在算术方面的优势可能是由她们在语言能力方面的优势，而不是在基本数字处理或特殊认知能力方面的优势导致的。研究者发现，在所有任务中，语言能力（词语押韵）任务的表现与算术成绩关系最为密切。其他证据也表明，与其他认知技能（如空间技能）相比，语言能力对算术（尤其是心算）成绩的影响更大（Solan，1987）。该研究结果还表明，语言能力方面的性别差异是造成算术成绩性别差异的重要原因。

研究者还有一个有趣的发现，在控制了数字序列推理的分数后，简单减法计算的性别差异变小了，但复杂乘法计算的性别差异仍然显著。对这一发现的一个可能的解释是，简单减法计算所需的语言能力与数字序列推理所需的语言能力相似，但复杂乘法计算比简单减法计算或数字序列推理涉及更多的语言处理。以前的研究表明，简单乘法计算比加减法计算涉及更多的语言能力（Zhou et al.，2006，2007）。

但是，研究者也指出了该研究的局限性。首先，该研究只测试了一项语言加工任务。如果有更多的语言任务，就可以对语言能力和算术能力之间的联系进行更精细的分析。其次，研究选取的对象仅为小学生，结果可能无法推广到其他年龄段的学生群体。目前还不清楚高学段（如高中和大学）女生在语言能力方面的持续优势是否与她们在算术之外的数学成绩有关。最后，应该强调的是，尽管研究发现的性别差异在不同年龄组以及城市和农村地区的学生之间都存在，但差异并不是特别大。因此，结果应该被谨慎地解读。

教育启示

本节介绍的研究带给我们很多关于教育的思考。首先是关于男生学理科更有优势、女生学理科更困难这一刻板印象的。对于男生和女生究竟谁的数学成绩（不仅是心算或几何）更好这一问题不能一概而论。发展心理学研究者甘利

（Ganley，2018）于2018年在《科学美国人》（*Scientific American*）杂志撰文系统回答了这个问题。从目前众多的研究结果来看，数学成绩的性别差异受到年龄和数学类型的影响。具体来说，在幼儿园和小学，男女生的数学成绩并没有太大差异。到了中学，数学成绩的性别差异逐渐显现。不过这样的差异多存在于学习成绩优异的男女生当中。但是整体来看，中学阶段数学成绩的性别差异程度并不大，而且这种差异还取决于具体的数学内容。

有趣的是，比起数学成绩，与数学相关的态度和能力往往存在更大的性别差异。女生通常对数学的态度比较消极：她们对数学的焦虑水平较高，对自己的数学能力不自信。当女生考试得分跟男生差不多的时候，女生对自己的水平更不确定，而不像男生那样认为“我就是数学好才考得高”。

在空间能力、解决数学问题的方法、与数学相关的职业选择中，男女生的性别差异则更大。在高中和大学，男生看到了自己的数学成绩优势，于是更可能向数学相关的职业领域发展。这或许能解释为什么数学领域的女性总是“少数派”。因此，打破这种片面的刻板印象有助于提升女生在数学学习方面的自信，并在一定程度上缓解她们的数学学习焦虑，也有助于拓展女生未来的职业选择。

此外，本节介绍的研究还让我们认识到了语言与数学能力的关系。我们时常会听到数学老师说：“你们不是数学没学好，而是语文没学好。”虽然他可能只是提醒学生要注意审题、理解题意，却也道出了数学和语言之间的奇妙关系。迪昂在《脑与数学》一书中提到，存在着这么一种假说，即亚洲学生（尤其是中国学生）的数学能力比一些欧美国家的学生更好的原因是中文里关于数字的表述比欧美语言更简洁、更有逻辑。

参考文献

Bornstein M H, Haynes O M, Painter K M, et al., 2000. Child language with mother and with stranger at home and in the laboratory: a methodological study [J]. Journal of Child Language, 27(2): 407–420.

Casey M B, Nuttall R L, Pezaris E, 1999. Evidence in support of a model that predicts how biological and environmental factors interact to influence spatial skills

[J]. Developmental Psychology, 35(5): 1237–1247.

Ganley C, 2018. Are boys better than girls at math? [EB/OL]. Scientific American. (2018-08-14)[2023-07-20]. https://www.scientificamerican.com/article/are-boys-better-than-girls-at-math/.

Geary D C, 1996. Sexual selection and sex differences in mathematical abilities [J]. Behavioral and Brain Sciences, 19(2): 229–247.

Lindberg S M, Hyde J S, Petersen J L, et al., 2010. New trends in gender and mathematics performance: a meta-analysis [J]. Psychological Bulletin,136(6): 1123–1135.

Linn M C, Hyde J S, 1989. Gender, mathematics, and science [J]. Educational Researcher, 18(8): 17–27.

Mann V A, Sasanuma S, Sakuma N, et al., 1990. Sex differences in cognitive abilities: a cross-cultural perspective [J]. Neuropsychologia, 28(10): 1063–1077.

Roulstone S, Loader S, Northstone K, et al., 2002. The speech and language of children aged 25 months: descriptive data from the Avon longitudinal study of parents and children [J]. Early Child Development and Care, 172(3): 259–268.

Solan H A, 1987. The effects of visual-spatial and verbal skills on written and mental arithmetic [J]. Journal of the American Optometric Association, 58(2): 88–94.

Voyer D, Voyer S D, 2014. Gender differences in scholastic achievement: a meta-analysis [J]. Psychological Bulletin, 140(4): 1174–1204.

Willingham W W, Cole N S, 1997. Gender and fair assessment [M]. Mahwah, N.J: Lawrence Erlbaum Associates Publishers.

Zhou X L, Chen C S, Dong Q, et al., 2006. Event-related potentials of single-digit addition, subtraction, and multiplication [J]. Neuropsychologia, 44(12): 2500–2507.

Zhou X L, Chen Y, Chen C S, et al., 2007. Chinese kindergartners' automatic processing of numerical magnitude in Stroop-like tasks [J]. Memory & Cognition, 35(3): 464–470.

7.3 数学学习障碍与脑

研究20 Price G R, Holloway I, Räsänen P, et al., 2007. Impaired parietal magnitude processing in developmental dyscalculia [J]. Current Biology, 17(24): R1042–R1043.

当你辅导一个低年级学生写数学作业时，你发现他连简单的“7+6”都算错了。这时你又联想起他平时经常出现类似的错误，但是这肯定不是由于他的智商不够，因为他其他科目的作业都完成得很好。于是你便责怪他粗心，认为他对待数学的学习态度不端正。但是事实真的是这样吗?

背景介绍

《自然》杂志报道过这样一个案例（Callaway，2013），20世纪80年代中期，时任战地记者的保罗·莫克拉夫特（Paul Moorcraft）与一个摄制组进入阿富汗，制作一部关于苏联入侵阿富汗五周年的纪录片。日常的工作非常艰辛，但是对于莫克拉夫特来说，真正的困难还在于统计摄制组开支。每当他试图统计摄制组的开支时（例如为摄制组购买马匹和当地衣服所花的钱），即使有计算器辅助，简单的计算也要花费他十倍于普通人所花的时间。“这绝对是一场噩梦。我花了好几天的时间和精力在这件事情上。”然而当他最终把账单寄给会计师时，他没有意识到，他竟然在总额的最后多加了一个零，他为一次花费仅几十万英镑的旅程提出了数百万英镑的报销申请。他打趣道：“会计师知道我是个本分的人，因此他认为这只是打字疏忽闹出的笑话而已。”

这样的错误只是莫克拉夫特一生当中的一个例子。他后来成为伦敦外交政策分析中心的主任，并且是十几本畅销书的作者。多年来他没有改变过自己的电话号码或密码，因为担心自己永远记不住新的号码。在为英国国防部工作时，他让下属负责记住安全密码。2003年，因为弄错一个电话号码，他让女朋友误会他有了外遇而导致分手。这也最终促使莫克拉夫特去弄清楚为什么自己和简单的数字过不去。

在一位研究学习障碍的朋友的建议下，莫克拉夫特联系了伦敦大学学院研究数字认知的著名认知神经科学家布赖恩·巴特沃斯（Brian Butterworth）。在进行了一些测试后，巴特沃斯诊断莫克拉夫特患有计算障碍，这是一种鲜为人知的学习障碍，有时也被称为数字盲。

在我们进一步了解计算障碍之前，你可能会觉得莫克拉夫特的这种数字方面的障碍离自己很远，身边似乎没有类似的案例。但是试想一下本节开头的那个例子，例子中的描述是不是让你觉得这种障碍并不如想象当中离自己遥远呢?

例子中的儿童并非不专心或者学习态度不端正，而是他对于数字和计算存在着特定的学习障碍。根据《精神障碍诊断与统计手册（第五版）》的定义，计算障碍是一种特定的学习障碍，主要表现为数字加工和理解困难、计算的准确性和流畅性差。计算障碍者在生成与理解数量、数字符号或数学运算中存在困难，其相关能力与个体的实际年龄、教育机会和智力不符。然而，值得注意的是，这种计算障碍可以具有非常高的选择性，即只影响数字计算这一单独的能力而不影响其他方面的智力发展，因此患者很可能有着正常的智力水平和阅读能力。当然，计算障碍也可能与其他学习障碍同时存在，例如阅读障碍或语言障碍、注意缺陷多动障碍。

科斯克（L. Kosc）在1974年首次提出了“developmental dyscalculia”（即发展性计算障碍）这一术语，指代先天原因导致的计算障碍，以区别于获得性计算障碍（因后天脑损伤或器质性病变引起的计算能力和数字操作技能的缺陷）。本节主要聚焦于发展性计算障碍。2013年发表在《科学》杂志上的综述指出，有3.5%—6.5%的儿童存在计算障碍（Butterworth，Kovas，2013）。在我国，这一比例约为5.8%（程大志，2020）。基于我国庞大的人口基数，这意味着我国有上千万名儿童患有发展性计算障碍。因此，建立起完善的诊断和干预机制具有十分重要的意义，但是这一切的前提是要弄清发展性计算障碍的相关机制。近100年来，人们通过临床研究，大致了解了大脑顶叶是负责算术能力的重要脑区。那么发展性计算障碍患者的问题根源是否在于大脑顶叶的功能受损呢？

研究假设

许多有关发展性计算障碍行为表现的研究结果表明，患者在简单的、初级的数字运算中存在计算困难。而基于成人的神经影像学研究表明，大脑的顶叶（尤其是顶内沟，见图7-6）在表征和处理数字大小的任务中起关键作用。因此研究者假设，发展性计算障碍很可能与大脑顶叶的功能障碍有关。

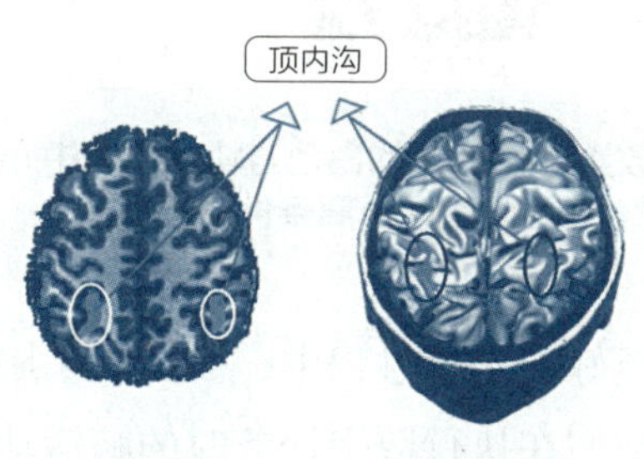

图7-6　顶内沟示意图

方法

研究者从55名候选儿童志愿者中进行研究对象的筛选，通过一个标准化的算数测验评估他们的数学能力。如果某个儿童的数学分数低于设定的标准，他就会被归入发展性计算障碍组。最终，研究者筛选出8名发展性计算障碍儿童（平均年龄11.43岁），并选取了8名年龄、智力和阅读能力水平相匹配的儿童作为对照组。

本研究采用的实验任务是数字距离判断。采用的实验材料是不同数量的方块（见图7-7）。实验参与者的任务是比较左右两边哪一边的白色方块更多。实验设置了两个条件，即近距离条件和远距离条件。例如，2和5是远距离条件，2和3是近距离条件。一般来说，要比较的两个数字之间的距离差距越大，

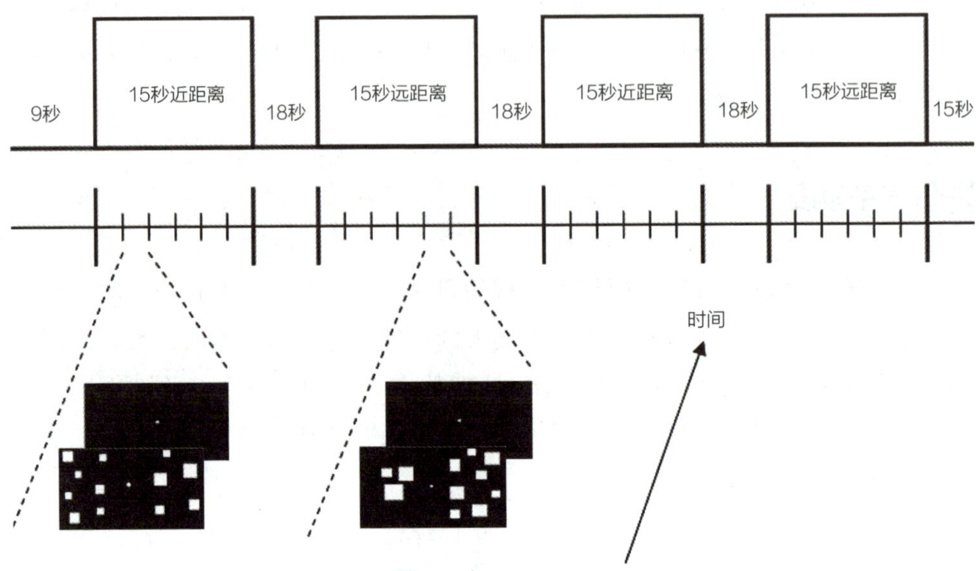

图7-7　随机数量（1至9）的白色方块呈现在中心注视点的两侧（近距离和远距离条件交替出现）

实验参与者的任务表现越好。实验过程中，研究者采用磁共振扫描仪对参与者的脑进行扫描，以研究他们在执行数字任务时的脑活动情况。

结果与讨论

行为数据表明，发展性计算障碍组的儿童无论是在反应时还是正确率上都显著不如对照组。尤其是在远距离的条件下，发展性障碍组的儿童比对照组更容易犯错误。

让我们来看看研究者更关注的脑激活结果，毕竟该研究想要了解的是导致计算障碍的脑机制。从图7-8中可以看出，对照组儿童右侧的顶内沟在数字近距离条件下的激活要比远距离条件下的大。结合行为数据可知，对于正常儿童来说，当任务难度较大（近距离任务判断）时，顶内沟这一负责数字表征和数字大小处理的脑区会更活跃，以应对不断增加的数字任务需求。发展性计算障碍儿童的顶内沟总体激活水平比正常儿童低，而且远距离和近距离两种条件下的激活水平没有差异。这表明发展性计算障碍儿童的顶叶缺乏对数字处理机制

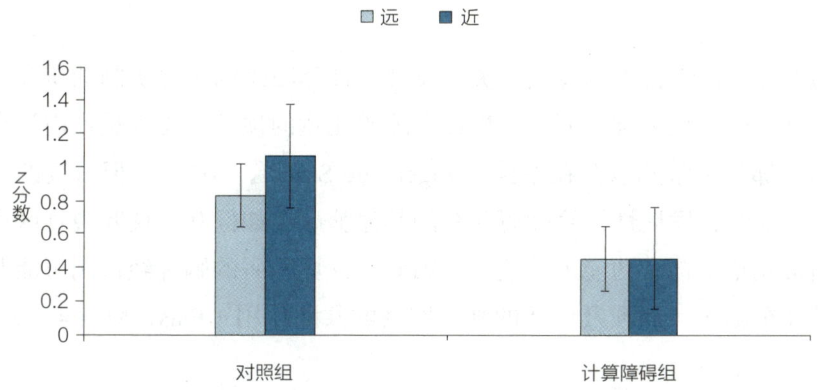

图7-8 对照组与计算障碍组在不同任务条件下右侧顶内沟的激活水平

的调节功能，无法应对不断增加的数字任务需求。这很有可能是他们无法胜任基本的数字大小处理任务的原因。这种基本的数字能力是发展更高层次的算术技能的必要基础。因此，实验结果支持了发展性计算障碍是由数字大小基本表征的神经回路发育障碍导致的假设。

在此研究之前，尚未有研究发现计算障碍患者与普通人在脑机制上的差异，本节介绍的研究首次揭示了在非象征性数字（象征性数字如阿拉伯数字）的大小处理任务中，发展性计算障碍儿童的右侧顶内沟的非典型激活。顶内沟在正常发育的儿童和成人的数字大小处理任务中扮演着重要角色（Shalev，Gross-Tsur，2001），同时，激活的区域邻近被称为顶内沟水平段（horizontal segment of the intraparietal sulcus）的区域。一项关于数字处理的神经影像学研究表明，顶内沟水平段参与了数字量的表示和处理。另外一项经颅磁刺激的研究（Kadosh ct al.，2007）表明，对右顶叶实施一个临时的磁刺激以抑制它的功能确实会让正常人产生与成年计算障碍患者相似的行为模式，进一步证明了顶内沟在基本数字大小处理中的关键作用。因此，种种证据表明，顶叶能力发育不良或受损可能是发展性计算障碍患者的数字大小表征及处理数字的能力下降的原因。

后续研究和近期应用

随着神经科学技术的发展，关于发展性计算障碍的神经机制的研究结果越来越丰富。这些结果都表明发展性计算障碍儿童的顶叶，尤其是顶内沟在功能和结构上都与正常儿童存在差异（Vogel，de Smedt，2021）。但后续的研究发现，除了顶叶，发展性计算障碍儿童的其他脑区，如额叶、枕叶视觉区也表现出与正常儿童结构和功能上的差异。因此，计算障碍的脑神经机制可能并不局限于某几个脑区，而涉及广泛的神经网络的共同作用（Fias，Menon，Szucs，2013）。

近年来，随着计算障碍认知与神经机制研究的不断深入，研究者们致力于将理论研究成果应用于计算障碍的治疗。例如，认知神经科学研究者基于最新的认知理论和研究成果提出了相应的干预方案，并以更适合儿童的计算机化游戏的方式来呈现。这些干预方案的侧重点各不相同。有的侧重于非符号的数量感知能力的提高，如数字赛跑游戏。该游戏要求玩家选择两个点阵中数量较大的一个，游戏软件会根据学习者的表现来调节任务的难度，随着他们表现的提高，两个点阵之间的差异变小，任务难度增加。同时，游戏软件会提供反馈，告知玩家相应的正确答案。有的干预方案更为强调非符号数量与数字符号（阿拉伯数字）的联结训练，如数字匹配游戏。该游戏同样需要玩家比较不同点阵之间的物体数量，但是点阵的数量较少，可以被估算。游戏的主要目的是让学习者确立物体的数量与数字符号之间的联系。也有干预方案让学习者从最初的非符号数量感知和操作入手过渡到抽象的数字符号的运算，试图帮助其建立从非符号到符号数字的逐步理解和掌握过程，如数字方块游戏。该游戏与俄罗斯方块相似：各种长短不等的条块或者数字从屏幕上方往下落，要求玩家在数秒之内（会根据表现来调节）选定合适的数字或方块来与屏幕中出现的数字或方块组成10。如果选择错误，即数字没有组成10或者方块之间有间隙和重叠，这些数字或方块就会消失，并开始下一次测试。数字或方块下落的速度会随着反应时间有所调整，当反应时间变短时，数字或方块下落的速度就会加快，游戏难度增加。该游戏通过一种循序渐进的程序设计（从具象简单的任务过渡到抽象较难的任务）来帮助发展性计算障碍儿童理解符号和非符号数量之间的联系。

教育启示

相对智力障碍、身体残疾等大众熟知的障碍，发展性计算障碍较为隐蔽，容易被忽视。教育工作者或者家长在面对这类儿童的特殊表现时，由于缺乏相应的知识，容易简单地认为他们不够努力、粗心大意或不够聪明。事实上，这种障碍是由特定的脑功能决定的，跟他们的主观意愿或一般智力没有关系。另外，不少人认为数学是一种特殊才能，普通人在数学方面有困难没什么奇怪的。这样的认知也造成发展性计算障碍被严重低估，使患者错过了最佳干预时机。实际上，发展性计算障碍不仅会影响儿童的数学成绩，引起数学焦虑，还会对儿童的情绪情感、社会认知、人际交往的正常发展产生消极影响，最终影响儿童未来的就业和发展，需要引起家长和教育工作者的重视。

早发现、早干预对发展性计算障碍非常重要。教育工作者在日常的教学活动中，应该特别留意那些在数学尤其是算术方面的表现与其他方面的能力不相称的孩子。及早地确认问题并及早干预可以为这些学生之后的数学能力培养乃至人生发展提供更多的机会。

参考文献

程大志，2020. 计算障碍及其干预：从脑科学研究到教育实践[J]. 教育家（4）：63–65.

Butterworth B, Kovas Y, 2013. Understanding neurocognitive developmental disorders can improve education for all [J]. Science, 340(6130): 300–305.

Callaway E, 2013. Dyscalculia: number games [J]. Nature, 493: 150–153.

Fias W, Menon V, Szucs D, 2013. Multiple components of developmental dyscalculia [J]. Trends in Neuroscience & Education, 2(2): 43–47.

Kadosh R C, Kadosh K C, Schuhmann T, et al., 2007. Virtual dyscalculia induced by parietal-lobe TMS impairs automatic magnitude processing [J]. Current Biology, 17(8): 689–693.

Shalev R S, Gross-Tsur V, 2001. Developmental dyscalculia [J]. Pediatric

Neurology, 24(5): 337–342.

Vogel S E, de Smedt B, 2021. Developmental brain dynamics of numerical and arithmetic abilities [J/OL]. NPJ Science of Learning, 6 [2023-07-20]. https://doi.org/10.1038/s41539-021-00099-3.

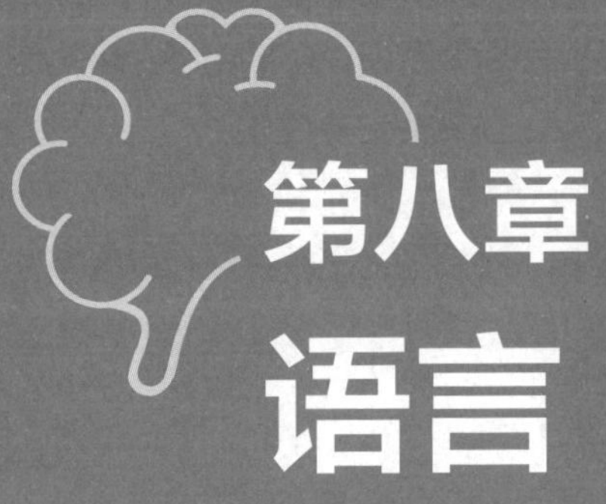

第八章
语言

人类具有学习和使用语言的能力，这一能力使我们区别于其他动物。通过语言，我们得以交流；通过语言，我们传播、学习知识；通过语言，我们抒发情感……。语言，使我们的文明不断进步。关于语言的研究，受到了心理学家、教育学家和神经科学家的广泛关注。在认知神经科学领域，科学家们关心的问题是：人类是如何理解语言的？脑中负责语言理解的关键脑区有哪些？第二语言与第一语言（即母语）在脑中的表征是否一样？……

本章我们将首先探讨汉语母语者和英语母语者在理解各自的母语时，脑的神经活动是否一样，这是关于言语理解过程中我们的脑如何表征的问题。其次，我们将就大家在英语学习中比较关心的问题，从神经科学角度来解释为什么我们学习英语会比较困难，这对“我们应该如何学英语”这类问题有一定的启发。接着，我们将介绍第二语言学习过程中，第二语言的习得年龄和熟练程度如何影响不同双语者在进行语义和语法处理过程中的脑部神经活动。最后，我们还将关注第二语言（英语）学习困难的研究，对比这类阅读障碍的儿童和具有正常英语阅读能力的儿童，在进行英语语音判断和识别字母过程中脑神经活动的差异，并提出一些提升英语阅读能力的方法。

语言的研究涉及许多方面，在本章中我们仅仅介绍一些与神经科学相关的研究，希望能引起大家对语言研究的兴趣，启发大家思考这些研究结果对我们的语言学习的意义。

8.1

人脑如何解码不同语言？

“汉语”和“英语”理解的神经机制的异同

研究21 Ge J Q, Peng G, Lyu B J, et al., 2015. Cross-language differences in the brain network subserving intelligible speech [J]. Proceedings of the National Academy of Sciences of the United States of America, 112(10): 2972-2977.

1984年，美国总统里根访华，在欢迎晚宴上，他举杯脱口而出：

“Although we reside in far corners of the world, having a good friend is akin to having a good neighbor.”

你能理解总统先生这句话的意思吗？其实这句话就是唐代著名诗人王勃的“海内存知己，天涯若比邻”。

背景介绍

“你好！”

“Hello!”

这是汉语和英语里最简单的问候语。当一位汉语母语者和一位英语母语者听到上述意思相同的母语时，他们的脑神经活动是相似的还是不同的呢？

汉语和英语作为目前全世界使用人口最多的语言，两者在许多方面有着显而易见的差别。其中之一就是，汉语属于声调语言，英语属于非声调语言。简单地说，汉语的声调是有意义的，但对于英语而言，声调的高低只表示说话者不同的态度。那么，使用这两种语言的母语者，他们的脑是如何处理各自的语言的呢？脑是使用同一个系统来处理汉语和英语，还是用不同的系统来处理不同的语言呢？前者强调共性，而后者强调特异性。为此，本研究以听觉言语理解为例，比较汉语和英语的母语者在言语理解过程中脑的神经活动情况。

人类在新生儿阶段，通过调用不同脑区，就能区分不同语言的各种音位[1]（Streeter，1976；Grossmann et al.，2010），可以说早期的婴儿具有辨别世界各种语言的语音单位的能力，所以这个阶段他们也被称为“世界公民”。在经过6—10个月的母语接触之后，他们逐渐适应母语的音位。随着对语言的学习，大脑中负责语言处理的脑区不断发育，在成年人中，言语理解的关键神经节点位于颞上回和额下回（Binder et al.，2000；Mesgarani et al.，2014；Hickok，Poeppel，2007）。对于有意义的语言，人在理解的过程中大脑皮层会进行多层级处理，即以逐层的方式对信息进行处理和解析。例如，大脑首先会对听到的外界声音进行初步的处理，将其解析为最简单的语音单位。然后，如果是有意义的声音，大脑会将听到的声音与已知（已学）的词汇进行匹配，同时提取出词汇的意义。这一层次涉及词汇的语义和词汇间的关联。后续，大脑再进行语法和句法等层面的处理。前颞叶和额叶（布罗卡区[2]）的分层水平高于以颞上沟或颞上回为中心的后颞区（威尔尼克区[3]的核心区域），即先由威尔尼克区处理语音的感知，再由布罗卡区进行更高级的语言信息加工。那么，这些区域是否会根据不同的语言类型以不同的方式进行相互作用呢？通过对这些区域之间神经活动的考察，也许能解答我们一开始提出的问题，即不同语言的母语者在理解各自语言时，大脑的神经活动是相似的还是不同的。本节介绍的研究将使用功能性磁共振成像和动态因果模型（dynamic causal modelling，DCM；见专栏8-1）（Friston，Harrison，Penny，2003），在呈现听觉刺激的实验条件下，探究汉语和英语母语者的大脑颞上回前部、颞上回后部和额下回之间的神经活动情况，为语言理解过程中大脑存在“共性”语言系统还是“特异性”语言系统提供神经影像学方面的证据。

1 语音学中的一个概念，用于描述语言中不同的音值。在一种特定的语言中，音位可以承担区分不同的词义或语法的功能。

2 位于左侧额叶前部，是人类语言加工的关键区域之一，与语言产生和语言表达紧密相关。

3 位于左侧颞叶的后部，即颞叶的上后部，是与语言理解及其障碍相关的关键区域之一，具体与语义理解和词汇处理有关。

专栏8-1 动态因果模型

动态因果模型是一种用于分析神经活动和脑网络之间因果关系的计算模型。它被广泛应用于认知神经科学研究领域，旨在理解脑区之间的相互作用和信息传递过程。动态因果模型基于贝叶斯推理和动态系统理论，将脑区之间的因果关系建模为神经活动的动态过程，结合功能性磁共振成像或脑电图等数据，来推测脑区之间的因果连接和调节。它可以用来解释和预测脑网络中的激活模式，并推断不同条件下脑区之间的因果连接强度。动态因果模型的基本假设是，神经活动的变化是由内在神经元之间的相互作用和调节引起的。通过构建神经元的数学模型和观测数据之间的关系，该模型可以揭示神经网络中的信息传递方向、强度和调节机制，帮助研究人员理解不同脑区之间的相互作用和功能整合。

通过动态因果模型，研究人员可以研究和解释脑在不同认知任务、疾病状态或刺激条件下的神经活动变化，并推断不同脑区之间的因果关系。这有助于深入理解脑网络的功能和动态调节机制，为神经系统疾病的研究和治疗提供指导。

研究假设

本节介绍的研究假设，不同母语者在理解各自母语的过程中，如果关键脑区的连接模式是一致的，则表明他们的脑神经活动是相似的；反之，则说明不同母语者理解其母语时的脑神经活动是不同的。

方法

30名母语为汉语（平均年龄24.2岁）和26名母语为英语（平均年龄27.3岁）的成人参加了该研究。汉语组和英语组在性别、年龄和惯用手方面进行了匹配。

实验过程中实验者向参与者呈现可理解的和不可理解的言语听觉刺激。在英语刺激中，可理解的言语听觉刺激一半是两个英文单词组成的有意义习语（例如“cloud nine”，九霄云外），另一半是两个英文单词组成的无意义习语（例如“mint nine”，薄荷九）。中文刺激材料一半由三个、四个或五个音节长度的有意义汉语词汇组成，例如“和事佬”“画龙点睛”，另一半则由两个不相关成语的一部分组成，例如“鸿门户”“恶贯好龙”。中文刺激持续时间与英文词对匹配。不可理解刺激由可理解刺激倒序排列而成，这样既去掉了刺激的可理解性，也保留了相同的听觉信息。刺激材料的录制由一名男性和一名女性（都是母语者）完成。实验时，参与者被要求对每一个言语刺激的说话人做出性别判断，以保证被试在认真听刺激材料的前提下不干扰言语处理的认知过程。所有刺激只出现一次。

基于任务中脑的激活情况，研究者选取脑左侧颞上回后部、左侧颞上回前部、左侧额下回和右侧前颞极进行动态因果模型分析，分析并计算比较了超过4000个不同的脑皮层动态模型，最终建立了不受理论假设限制的脑网络信息流模型：

（1）左侧颞上回后部（P）– 左侧颞上回前部（A）– 左侧额下回（F），即P-A-F模型；

（2）左侧颞上回后部（P）– 左侧颞上回前部（A）– 左侧额下回（F）– 右侧前颞极/颞上回（R），即P-A-F-R模型。

结果

在汉语母语组和英语母语组中，与处理不可理解的言语相比，参与者在处理可理解的言语时，脑的左侧前颞叶、左侧后颞回、辅助运动区、中央后回和左侧额下回三角部有显著的神经激活。此外，汉语组在处理可理解的言语时，激活了右侧前颞极/颞上回，而在英语组中则没有发现该区域的显著激活。右侧前颞极/颞上回的激活程度在两组中存在显著差异（见图8–1）。

动态因果模型分析显示，在P-A-F模型中，汉语组和英语组的听觉信号都由左侧颞上回后部输入。在区域间连接方面，处理可理解言语时，左侧颞上回后部到前部的连接强度在汉语组和英语组均显示增强，但在其他区域间连接上则表现出明显的语言类型差异。具体而言，英语母语者从左侧颞上回后部到左侧额下回的连接明显更强，而汉语母语者从左侧颞上回前部到后部，以及左侧颞上回前部到左侧额下回的连接更强（见图8–2A）。

除了P-A-F模型外，汉语母语者的右侧前颞极/颞上回在处理可理解的言语时存在显著的神经活动，因此研究者也将这个脑区纳入动态因果模型分析，构建了P-A-F-R模型。在这个模型中，左脑内的连接模式与P-A-F模型中的连接模式相同。另外，P-A-F-R模型还揭示了在处理可理解的言语时，人脑存在三种左右半球间的连接模式：（1）双向的左侧颞上回后部与右侧前颞极的连接；（2）从右侧前颞极到左侧颞上回前部的连接；（3）从右侧前颞极到左侧额下回的连接（见图8–2B）。

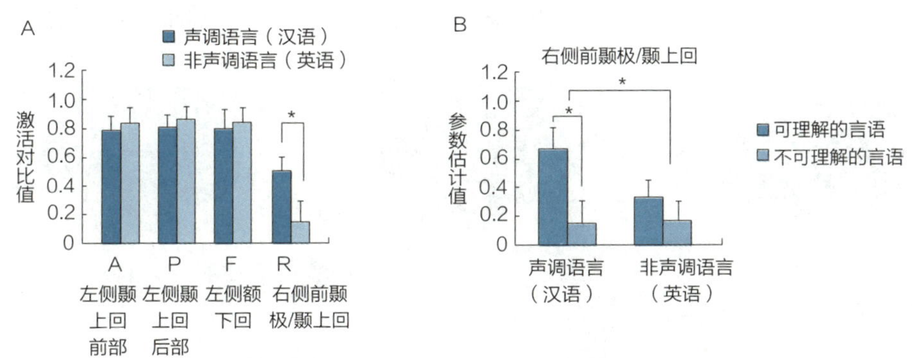

图8–1　汉语母语组和英语母语组在处理可理解的言语时大脑的活动情况：（A）汉语母语组和英语母语组中四个感兴趣脑区在神经活动强弱方面的差异对比；（B）汉语母语者和英语母语者在处理可理解和不可理解言语时右侧前颞极/颞上回区域的信号强度

注：*代表$p<0.05$。

讨论

本节介绍的研究比较了汉语母语者和英语母语者在处理可理解的语音时的脑神经活动的情况，比较了汉语与英语听觉加工的语言网络连接模式。在处理可理解的言语时，左侧额下回（布罗卡区）、左侧颞上回后部（威尔尼克区）、左侧颞上回前部这三个脑区的神经活动具有“共性”，即在汉语和英语母语者中这三个脑区都存在显著的神经活动，而这些区域之间的相互作用模式则表现出“特异性”，即脑区间的连接模式因语言类型的不同而不同。

在处理可理解的言语时，汉语母语者会表现出双侧前颞叶的神经活动，其这两个区域与经典语言区的连接要比英语母语者更强。左侧经典语言区之间的

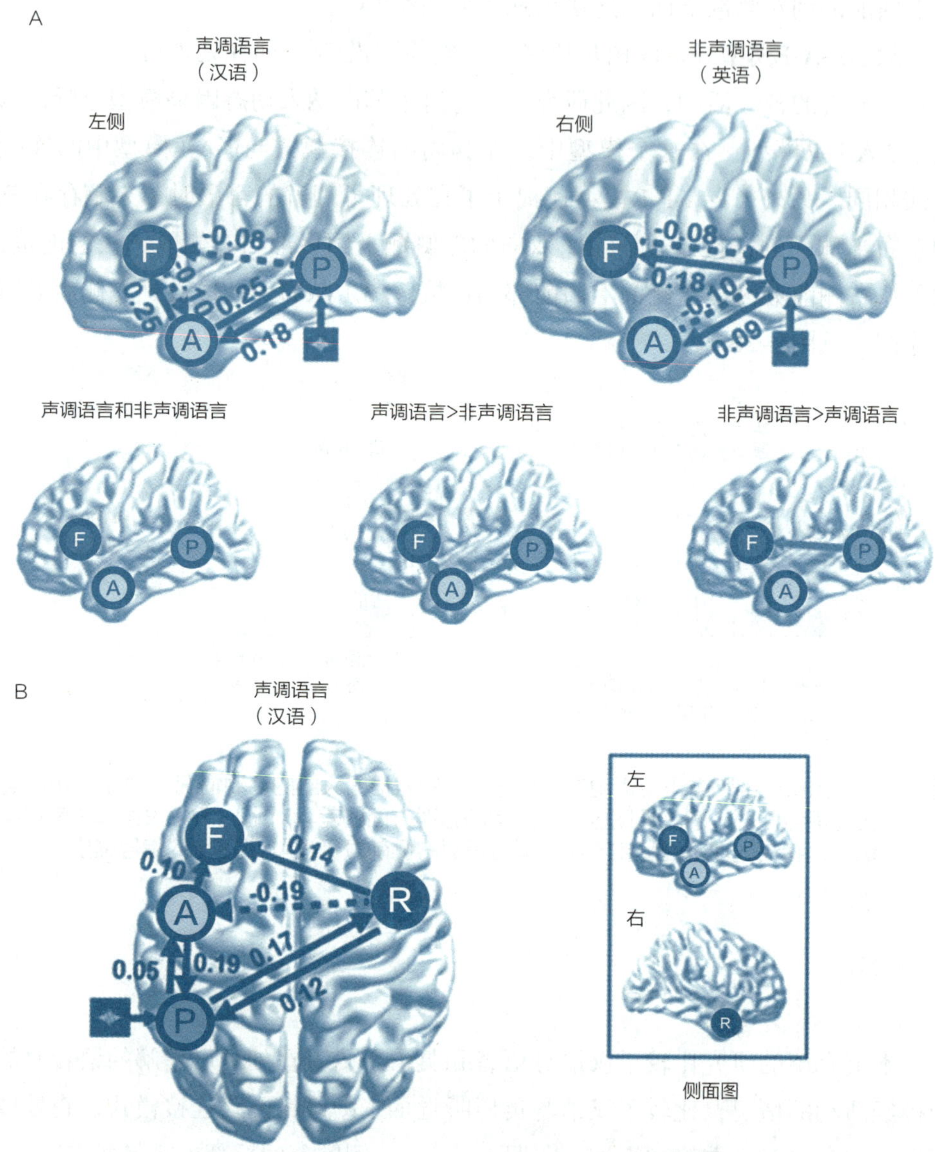

图8-2　动态因果模型分析结果：（A）P-A-F模型中汉语母语组和英语母语组三个脑区间连接模式的对比；（B）P-A-F-R模型中汉语母语组四个脑区间的连接模式

连接模式也存在差异：汉语母语者左侧颞上回前部到左侧颞上回后部的连接，以及左侧颞上回前部到左侧额下回的连接显著增强；而英语母语者则表现出左侧颞上回后部到左侧额下回的连接显著增强。

该研究不仅揭示了大脑在加工不同语言时的神经活动情况，还提示了我们汉语听觉加工存在特殊的脑区以及脑区间特殊的连接模式。这种差异可能是声调语言和非声调语言之间的不同导致的，正如我们一开始所说的，汉语的声调是有意义的，而对于非声调语言的英语来说，声调的高低仅仅反映说话者的不同态度。对汉语这样一种声调语言的长期接触和学习，使得我们在理解母语时，右侧前颞极/颞上回的神经活动更强烈，同时也产生了更加复杂的脑区间的连接模式。

教育启示

本节介绍的研究比较了汉语母语者与英语母语者在言语理解过程中脑神经活动的异同，提示我们应根据语言类型的特点有针对性地进行学习。一方面，声调是汉语的一个重要特征，也一直是汉语作为第二语言习得的主要难点之一。有些留学生直到中高级阶段仍然难以克服声调问题，无法正确发音，形成了人们常说的“洋腔洋调”。有研究表明，学习者的母语声调与汉语声调在语音上的相似性对汉语声调的感知和习得起决定性作用（So，Best，2010）。因此，在对外汉语声调的教学中应关注学习者的母语语言类型，针对不同的语言在教学上采取不同的侧重点。例如，对母语为英语这类非声调语言的学习者，可以分别进行调值和调形的训练，培养学习者对这两种声调加工线索的敏感性（胡伟杰，王建勤，2016），并针对不同汉语水平的学习者采取循序渐进的教学策略。对初学者应加强单音节的声调调型教学，增强学习者汉语声调的调型意识，摆脱英语语调的影响；对中级学习者，应采取声调和语调“对举训练”的教学方法进行对比练习。例如通过汉语单字调“诗、时、始、事”与汉语疑问语调单字句“诗？时？始？事？”进行对比练习，使学习者认识到汉语疑问与陈述语调是通过整体提高语调调阶的方式来实现的，而不是通过改变表疑问和陈述语气的单字调的调形来实现的（王建勤，胡伟杰，张葛杨，2016）。另外，做手势并视听跟读的多模态训练方式也有助于提高汉语二语者的声调感知和产出质量（洪炜，何文华，黄亿雯，2019）。

除此之外，在国内方言地区的汉语普通话教学中，也需要注意对声调的训练。一些地方方言在声调方面与普通话存在差别，例如博白话（广西博白及周边一带的方言）有十种声调，潮汕话（广东潮州、揭阳、汕头等地区的方言）有八种声调，客家话（广东梅州、河源等地区的方言）、福州话有七种声调，这些地区的学生在学习普通话的过程中，可能会受到方言声调的影响，进而影响其普通话发音的准确性。

参考文献

洪炜，何文华，黄亿雯，2019．手势对初级汉语二语者声调感知与产出的影响［J］．汉语学习（6）：86–93.

王建勤，胡伟杰，张葛杨，2016．英语背景汉语学习者汉语语调产出策略研究［J］．华文教学与研究（4）：15–23.

胡伟杰，王建勤，2016．第二语言学习者汉语声调习得的语言类型效应［J］．浙江师范大学学报（社会科学版），41（1）：102–111.

Binder J R, Frost J A, Hammeke T A, et al., 2000. Human temporal lobe activation by speech and nonspeech sounds [J]. Cerebral Cortex, 10(5): 512–528.

Friston K J, Harrison L, Penny W, 2003. Dynamic causal modelling [J]. NeuroImage, 19(4): 1273–1302.

Grossmann T, Oberecker R, Koch S P, et al., 2010. The developmental origins of voice processing in the human brain [J]. Neuron, 65(6): 852–858.

Hickok G, Poeppel D, 2007. The cortical organization of speech processing [J]. Nature Reviews: Neuroscience, 8: 393–402.

Mesgarani N, Cheung C, Johnson K, et al., 2014. Phonetic feature encoding in human superior temporal gyrus [J]. Science, 343(6174): 1006–1010.

Streeter L A, 1976. Language perception of 2-month-old infants shows effects of both innate mechanisms and experience [J]. Nature, 259: 39–41.

So C K, Best C T, 2010. Cross-language perception of non-native tonal contrasts: effects of native phonological and phonetic influences [J]. Language and Speech, 53(Pt 2): 273–293.

8.2

汉语母语者的语言大冒险

为什么我们学英语这么难？

研究22 Yang Z, Wang C C, Feng L P, et al., 2016. Unsuccessful letter-sound integration in English reading by native Chinese speakers: evidence from an event related potentials study [J]. Science Bulletin, 61(24): 1855-1864.

学习另一种语言不仅意味着学会用另一种文字去表达一个意思，更意味着学会用另一种思维方式去思考事情。

——弗洛拉·刘易斯（Flora Lewis）

背景介绍

在我国，学习英语的人群大约有3亿，其中大中小学生占三分之一。改革开放以来，随着国际交流需求的日益增长，学习英语的人数有增无减。不少家长从婴幼儿时期就开始让孩子学习英语。在中小学阶段，英语被纳入九年义务教育必修课程，成为中考和高考的必考科目。在大学阶段，英语几乎是所有大学生的必修课程，全国大学英语四、六级考试成为检验大学生英语水平的标准化考试。到了研究生阶段，英语仍是大多数学校入学的必考科目，入学之后达到相应标准才能申请免修英语。尽管英语学习几乎覆盖全学段，但英语学习过程费时低效的情况仍普遍存在。

英语作为我们的第二语言，学习过程中需要遵循第二语言学习规律。与此同时，汉语和英语之间存在鲜明对比，从字形方面来看，英语属于字母语言，而汉语属于象形文字。字母语言系统中，有效整合字母和语音是成功阅读的关键（Ehri，2005）。弗罗恩等人（Froyen et al.，2008）开发了一种跨通道失匹配负波（mismatch negativity，MMN）范式（见专栏8–2），用来探索字母语言母语者在早期阅读阶段字母与语音之间的有效整合。失匹配负波是一种通常在刺激呈现后100至250毫秒之间出现的脑电成分，是人脑自动对重复声音的可辨别变化做出的反应，主要产生在前中央头皮电极处。有研究发现，个体在处理简单的听觉音调时，视觉线索可以调节失匹配负波（Widmann et al.，2004；Besle，Fort，Giard，2005）。在跨通道范式中，视听条件下引发的失匹配负波比由纯听觉条件下引发的失匹配负波波幅更大，这种现象被解释为字母–语音的完全自动化整合。由于这种完全自动化整合，当我们的视觉和听觉接收到的信息不一致时，产生的突兀感或失匹配感就更强。此外，字母和语音之间呈现时间的差异会影响字母–语音的整合。实验发现，当字母的视觉刺激比声音的听觉刺激早出现200毫秒时，在具有典型阅读能力的11岁儿童身上，失匹配负波波幅增大，而在成年人中则减弱，这表明在字母语言母语者中，跨通道失匹配负波可能对具有不同阅读能力的个体敏感。

而对于非字母语言来说，该语言的母语者在阅读时不需要采用字母语言系

专栏8–2　单通道和跨通道失匹配负波

如何观测参与者是否对字母和语音进行了自动化整合呢？这要从脑电研究中的单通道和跨通道失匹配负波范式说起。我们先看以听觉为例的单通道的情况。我们的大脑具有自动侦测外界变化的能力。在参与者观看无声电影的脑电实验中，当环境中的声音发生变化时，可以观测到参与者的脑电波中出现了一个增强的失匹配负波。这个脑电成分表明大脑对听觉信息进行了自动化加工，我们称之为单通道失匹配负波。

那么跨通道（视觉和听觉）失匹配负波范式又是怎样的呢？在这个范式中，参与者的任务不再是观看无声电影，而是观看字母，并且在观看字母时，也听这个字母的发音。当参与者看到的字母与听到的发音不一致时，可以观测到参与者的脑电波中出现增强的失匹配负波，这个脑电成分被称为跨通道失匹配负波。

统的字母–语音自动整合规则（DeFrancis，1984）。由于人脑使用两种语言系统进行阅读时有不同的认知加工过程，汉语母语者在进行英语阅读时可能受到影响。有研究表明，汉语母语者会使用母语系统来阅读英语单词，表现为英语单词和汉语单词阅读任务激活的脑区相同（Tan et al.，2003；Nelson et al.，2009；Cao et al.，2013）。但他们能否在英语单词阅读过程中自动地整合字母和语音呢？本节介绍的研究采用脑电研究中的跨通道（视觉和听觉）失匹配负波范式（Froyen et al.，2008），研究汉语母语者在进行英语阅读时字母和语音方面的整合情况，并将其与韩语母语者在进行英语阅读时的情况进行了比较。

研究假设

英语属于表音文字，自动整合字母和语音是阅读的关键；而汉语属于表意文字，在阅读中不需要运用这个规则。本节介绍的研究假设，汉语母语者受非字母语言使用习惯的影响，在进行英语阅读时没有自动整合字母和语音，而由于韩语也属于表音文字，因此，韩语母语者在进行英语阅读时会自动整合字母和语音。

方法

26名母语为汉语的大学生（平均年龄23.58岁）和12名母语为韩语的大学生（平均年龄22.5岁）参与了实验。先前的研究表明，中国的英语学习者和韩国的英语学习者在阅读英语单词时依赖的语言信息可能不同。相对于中国的英语学习者，韩国的英语学习者更依赖语音信息。通过比较这两组学习者，可以更深入地理解母语对于第二语言学习中字母–语音整合的影响。汉语母语组和韩语母语组开始学习英语的平均年龄分别是10.23岁和10.33岁，在校学习英语的平均持续时间分别是13.26年和12.17年。接触英语的年龄在两组中没有显著差异。

为防止参与者可能对某些字母或名称不熟悉，实验员要求参与者完成三项任务。（1）英语字母快速自动命名任务：参与者被要求尽可能快速和准确地念出每个字母，记录反应时和正确率。（2）英语单词阅读任务：参与者被要求尽可能准确快速地朗读出现的单词，记录了阅读准确数（正确发音的单词数）和语音反应时。（3）伪词阅读任务[1]：参与者被要求尽可能准确快速地朗读出现的伪词，记录基于正确发音的音素数目以及反应时。参与者在完成以上英语水平测试任务后，开始采用跨通道失匹配范式的正式实验。

听觉刺激材料为英语元音/iː/和/æ/。重复标准刺激为/iː/，随机穿插一个偶尔出现的/æ/；视觉上呈现的字母总是一个“e”（对应于标准元音/iː/）或无声电影。实验过程有两个条件。（1）只听声音的条件。参与者一边听一系列元音，一边观看无声电影（不呈现字幕），参与者被要求忽略听觉刺激，专注于电影，目的是引起参与者脑对听觉变化的无意识反应。（2）视听条件。参与者听一系列元音，同时屏幕呈现字母“e”。当听觉刺激为/æ/时，视觉和听觉刺激失匹配。此外，还有一种视听条件是字母与听觉刺激同时呈现（AV0条件）。已有研究表明，跨通道失匹配负波效应的电生理模式受字母和语音刺激起始时间一致性的影响，因此，另一种视听条件设定为字母在听觉刺激出现前200毫秒出现（AV200条件）。参与者被要求忽略听觉刺激，被动地观看字母。

结果

两组参与者在英语单词阅读和英语字母快速自动命名任务的反应时和准确性，以及伪词阅读的准确性方面没有显著差异。但在伪词阅读的任务中，韩语母语者的反应要比汉语母语者更快。由于伪词阅读的反应时反映了对视觉呈现字母刺激的解码速度，为了研究解码速度是否影响失匹配负波，研究者按照伪词阅读反应的快慢，以反应时的中位数为界，将汉语母语组分成了快速解码组和慢速解码组。结果显示，汉语母语的快速解码组在行为测试各方面与韩语母语组不存在显著差异，而汉语母语的慢速解码组仅在伪词阅读的反应时上显著低于韩语母语组。

所有三组（韩语母语组、汉语母语-快速解码组和汉语母语-慢速解码组）参与者在视听刺激不匹配的条件下都出现了失匹配负波这一脑电成分。汉语母语-快速解码组和汉语母语-慢速解码组在视听条件下表现出相似的失匹配负波衰减，说明他们没有自动化整合字母和语音信息，并且解码速度并不影响字

1 该任务包括61个元音-辅音、辅音-元音-辅音和辅音-元音-辅音-辅音结构的伪词，例如af、pem、pesh、hafe和vist等。

母和语音信息的自动化整合。具体来说，汉语母语-快速解码组在纯听觉条件下的失匹配负波平均波幅明显大于AV0条件（见图8-3）。韩语母语组则表现出相反的模式，AV200条件下的失匹配负波平均波幅明显大于纯听觉条件，说明与汉语母语者不同，韩语母语者自动化地整合了字母和语音信息。

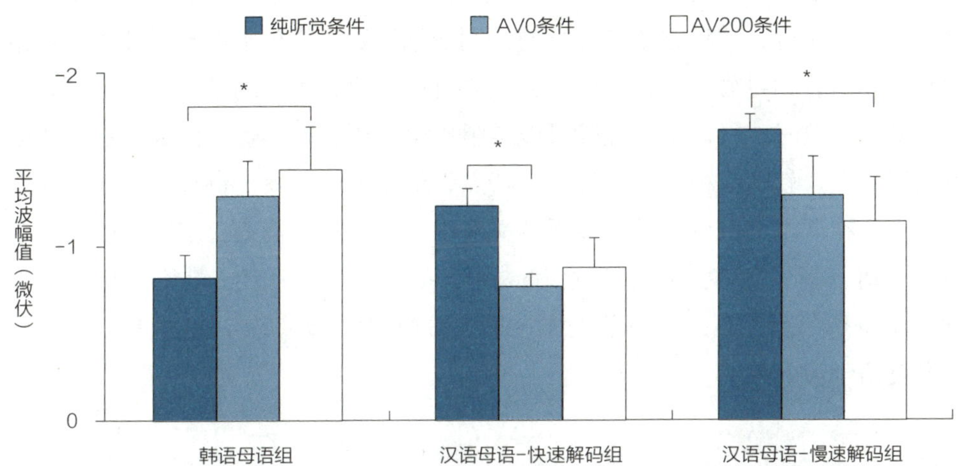

图8-3 韩语母语组、汉语母语-快速解码组、汉语母语-慢速解码组在不同条件（纯听觉条件、AV0条件和AV200条件）下的失匹配负波平均波幅值及差异比较

注：*代表p<0.05。

以上结果可能与参与者的母语类型不同有关。韩语与汉语在形态结构上有相似之处，例如，都有框型结构以及相对复杂的视觉形态。但同时，韩语与英语都属于表音文字，即根据字形能直接发音。对于汉语来说，根据其偏旁部首是无法准确读出这个汉字的，即汉语的偏旁部首没有相对应的发音。这些结果表明，母语为字母语言的人能够自动整合字母和语音，而母语为非字母语言的人可能无法在早期使用视觉信息来促进语音加工。母语的使用习惯可能会在第二语言学习的早期阶段影响脑的反应。

教育启示

第二语言的学习受到母语语言类型的影响。以汉语母语者学习英语为例，英语属于字母语言系统，属于表音文字，而汉语属于非字母语言系统。表音文字中读音和文字之间存在一定的对应关系，构成英语单词的每个字母基本上都有发音规律可循，这被称为GPC规则（grapheme-phoneme correspondence rules），也可称为声旁规则性效应。而汉语的偏旁部首则没有一一对应的发音。

在第二语言学习初始阶段，人们经常会使用母语语言系统的习惯。如果两种语言类型相近，这种方法是可行的，例如德语和法语母语者学习英语，或意大利语母语者学习德语时，母语学习经验有助于第二语言的学习。但当两种语言类型不一致时，母语学习经验可能会阻碍第二语言的学习。因此，在中小学英语课堂上，教师应根据英语的语言特点，优化教学方案。例如，对于低年级的学生，在课堂上可以让学生多听英文对话、多用英文沟通、多听多唱英文歌曲等，培养学生的多通道整合能力；在学习字母和单词时，鼓励学生出声朗读，而不是默读、心读，使学生能在早期阶段建立起字母–语音的自动整合，提升英语学习效果。

参考文献

Besle J, Fort A, Giard M-H, 2005. Is the auditory sensory memory sensitive to visual information? [J]. Experimental Brain Research, 166(3/4): 337–344.

Cao F, Tao R, Liu L, et al., 2013. High proficiency in a second language is characterized by greater involvement of the first language network: evidence from Chinese learners of English [J]. Journal of Cognitive Neuroscience, 25(10): 1649–1663.

DeFrancis J, 1984. The Chinese language: fact and fantasy [M]. Honolulu: University of Hawaii Press.

Ehri L C, 2005. Development of sight word reading: phases and findings [M]// Snowling M J, Hulme C. The science of reading: a handbook. Oxford: Blackwell: 135–154.

Froyen D, van Atteveldt N, Bonte M, et al., 2008. Cross-modal enhancement of the MMN to speech-sounds indicates early and automatic integration of letters and speech-sounds [J]. Neuroscience Letters, 430(1): 23–28.

Nelson J R, Liu Y, Fiez J, et al., 2009. Assimilation and accommodation patterns in ventral occipitotemporal cortex in learning a second writing system [J]. Human Brain Mapping, 30(3): 810–820.

Tan L H, Spinks J A, Feng C-M, et al., 2003. Neural systems of second language reading are shaped by native language [J]. Human Brain Mapping, 18(3): 158–166.

Widmann A, Kujala T, Tervaniemi M, et al., 2004. From symbols to sounds: visual symbolic information activates sound representations [J]. Psychophysiology, 41(5): 709–715.

8.3 习得年龄和熟练程度如何影响第二语言学习的大脑皮层表征？

研究23 Wartenburger I, Heekeren H R, Abutalebi J, et al., 2003. Early setting of grammatical processing in the bilingual brain [J]. Neuron, 37(1): 159–170.

语言学习有最佳年龄和临界年龄的说法。在最佳年龄，个体具有最高的语言敏感度，只要有一个合适的语言环境，就可以自然地学好语言。在临界年龄之后，个体学习新的语言的难度就会加大。有研究认为英语学习的最佳年龄是8岁以前，临界年龄是12—14岁。在合适的年龄内学习英语会有更理想的效果。

背景介绍

我们可能都听说过语言学习存在敏感期的说法，即在一定的年龄阶段内学习语言是最有效的，过了这个年龄，学习语言就会变难。语言习得的敏感期假说是1967年伦内伯格（E. H. Lenneberg）在《语言的生物学基础》（*Biological Foundations of Language*）一书中提出的（Lenneberg，1967）。他认为，在2—10岁，人脑在神经发育等生物学方面做好了学习语言的准备，因此在这个阶段，儿童能轻松自然地习得语言。这个阶段的儿童脑的可塑性强，能够习得母语和第二语言，甚至多种语言。而在这个阶段过后，随着生理和心理逐渐成熟，脑可塑性程度下降，习得语言的神经机制慢慢发生变化，语言学习也变得困难起来。因此，儿童学习第二语言要比成年人更快更有效。

受到敏感期假说的影响，第二语言习得研究经常涉及两个变量（影响因素），一个是学习年龄，另一个是熟练程度。这两个因素似乎存在一定的关系：学习年龄越小，熟练程度越高；学习年龄越大，熟练程度越低。事实真的如此吗？先前的神经影像研究发现，不同学习年龄的双语者在处理语言相关任务时，会表现出不同的脑激活模式（Kim et al.，1997；Perani et al.，1998；Chee，Tan，Thiel，1999）。另外一些研究表明，熟练程度在影响双语者神经活动的组织方面也起着关键作用（Perani et al.，1998；Kotz，2009）。但在比较这些影像学研究的结果时，需要考虑一个关键因素：语言处理的任务内容，是语义判断，还是句法加工，或者语音判断？这是因为，对语法和语义的表征和处理可能基于大脑中不同的系统。脑损伤和功能神经影像研究表明，负责语法和语义加工的脑区存在差异。对语言障碍患者的研究表明，存在语法加工出现缺陷而语义判断不受影响的患者，也存在相反缺陷模式的患者（Caplan，1992）。有研究者提出，内隐记忆和内隐知识系统在语法的学习过程中发挥了重要作用，而外显记忆和外显知识系统在语义的学习中发挥了重要作用（Ellis，1994）。

既然语法和语义的学习存在上述差异，那么不同学习年龄和熟练程度的双语者在处理语法和语义相关的任务时的脑神经活动是怎样的？关于学习年龄的研究涉及语言学习敏感期问题，语法和语义的学习是否也存在敏感期？如果存在，那么不同学习年龄的双语者，在进行语法和语义任务时，脑应当表现出不同的神经活动。为了回答这些问题，本节介绍的研究使用功能性磁共振成像技术，研究了不同学习年龄和熟练程度的意大利语–德语双语者在语法和语义判断过程中的脑神经活动。

研究假设

本节介绍的研究假设，在第二语言的语法和语义加工过程中，大脑神经活动受到学习年龄和熟练程度的不同影响。具体来说：（1）如果第二语言语法和语义的学习有不同的敏感期，那么学习年龄将对双语者进行第二语言语法和语义加工时的脑神经活动产生不同的影响；（2）不同熟练程度的双语者中，脑对于第二语言的语法和语义判断的神经机制可能不同。

方法

32名意大利语-德语双语者参与实验，双语者的母语为意大利语，第二语言为德语。参与者母语的熟练程度没有差异，母语和第二语言的语言暴露（即日常生活中的接触）情况也没有差异。根据参与者第二语言学习年龄（0岁和6岁）和熟练程度的不同，研究者将参与者分为三组：早期高熟练组（11名一出生，即0岁便学习第二语言且熟练程度高的双语者）、晚期高熟练组（12名6岁学习第二语言且熟练程度高的双语者）和晚期低熟练组（9名6岁学习第二语言且熟练程度低的双语者）。

刺激材料为180个短句（90个德语句子和90个意大利语句子）。在两种语言的句子中，均有44个句子在语法和语义上都是正确的，剩下的46个句子一半有语法错误，一半有语义错误。有语法错误的句子本身是有意义的，但包含不同类型的语法违规：数字、词性或大小写不一致。而有语义错误的句子在语法上是正确的。这些材料组合成四种任务类型：德语语法判断、德语语义判断、意大利语语法判断和意大利语语义判断。功能性磁共振实验过程中，研究者通过屏幕向参与实验的双语者呈现短句，在呈现之前通过屏幕提示本次进行的任务类型。

结果

在第二语言语法判断任务中，同样是熟练程度高的双语者，第二语言学得晚的人比学得早的在双侧额下回区域的神经活动活跃度更高。而同样是第二语言学得晚的双语者，熟练程度高的人在左侧颞叶和顶叶交界处、右侧舌回和右侧顶叶下叶表现出更多的激活。这表明学习年龄不同的高熟练双语者，以及熟练程度不同且较晚学习第二语言的双语者，在进行第二语言语法判断时的脑神经活动有所不同。

在第二语言语义判断任务中，同样是较晚学习第二语言的人，熟练程度高的双语者在左侧中额叶区域和右梭状回的激活程度显著强于熟练程度低的双语者，而熟练程度低的双语者在左下额叶区域和右中额叶区域的激活程度强于熟练程度高的双语者。这表明熟练程度影响双语者在进行第二语言语义判断时的脑神经活动。

早期高熟练组在母语和第二语言的语法判断任务中，没有表现出脑激活状态的语言特异性差异。相较母语语法判断任务，晚期高熟练组在第二语言语法判断任务中显著激活了双侧的额下回、前岛叶、壳核、丘脑、左侧顶下叶、左侧尾状核和右侧额中回。也就是说，高熟练双语者因为学习年龄不同，在进行母语和第二语言语法信息处理时脑的神经活动不同。

早期高熟练组在母语和第二语言的语义判断任务中，脑神经活动情况没有差异。相较母语语义判断任务，晚期高熟练组在使用第二语言时双侧额下回和脑岛表现出更多的激活，而晚期低熟练组则在左侧额下回、额中回以及右侧额下回和岛叶有显著的激活。这表明熟练程度不同，双语者在进行母语和第二语言语义判断时的脑神经活动也不同。

讨论

该研究发现，在第二语言熟练程度高的情况下，晚期双语者在第二语言语法判断任务中比早期双语者表现出更多脑区的激活，而在第二语言语义判断任务中两者却没有差异。这说明学习年龄主要影响双语者进行第二语言语法判断时的脑神经活动模式，因此，学习年龄可能影响双语者在第二语言语法学习方面的神经可塑性。观察到的激活差异，或者说对比之下发现的额外激活的脑区，可能反映双语者需要其他脑区的“协助”来共同完成某一特定的语言任务。学习年龄小的双语者在语言学习的关键期内同时接受两种语言的输入，这种双语环境可以促进脑对两种语言的同时处理和区分，从而面对两种语言形成相似的大脑表征。而学习年龄大的双语者则在母语发展成熟后才开始接触第二语言，这时脑已经形成了对母语的语言处理模式，需要花费更多的认知资源来学习第二语言，因此面对两种语言会表现出不同的大脑表征。

晚期学习第二语言但熟练程度不同的双语者在执行在第二语言语义判断任务时，脑表现出不同的神经活动模式，这表明第二语言熟练程度会影响第二语言语义处理过程中的脑神经活动。而熟练程度高的双语者，无论学习第二语言的时间是早还是晚，脑在进行语义判断时的神经活动都没有显著差异，这说明双语者的语义处理不受第二语言学习时间的影响。虽然学习时间晚，但如果达到高的熟练程度，在进行第二语言语义处理时，脑也可以表现出与进行母语语义处理时相似的神经模式。

总的来说，本节介绍的研究发现，学习年龄主要影响双语者进行语法处理时的脑神经活动，而熟练程度则主要影响双语者进行语义处理时的脑神经活动。

教育启示

语言学习存在敏感期，我们比较熟悉的是语音学习的敏感期。初生婴儿具有普适性的语音辨别能力，他们能够区分不同语言的语音，甚至能够辨别不熟悉语言中的语音，是所谓的“世界公民”。到6个至10个月大时，婴儿对母语的语音辨别能力大幅提高，但对外语语音的辨别能力下降；到1岁半时，婴儿开始发出他们所接触的语言的语音，发出其他语言语音的能力随年龄增加而降低；到了成年阶段，人对母语的语音知觉具有了特异性，很难辨别出母语中没有的语音（周佳仙，2009）。因此，第二语言的学习越早越好。教育部早在2000年就规定小学不得晚于三年级进行英语教学，目前全国大多数学校已经在一年级就开设英语课。如果有条件，可以在学前阶段就开始让幼儿多接触英语等第二语言，可以播放一些英文儿歌、读一些中英文图画书给幼儿听，也可以鼓励他们多读多说第二语言，家长或教师在有条件的情况下可以开展第二语言的启蒙教育。

值得注意的是，本节介绍的研究发现，第二语言的学习年龄主要影响语法处理，而对语义处理的影响较小。这与我们的一般认知存在差异，通常我们认为第二语言的早期学习应更多关注词汇（语义），而语法的学习可以等到更晚再进行。脑科学研究告诉我们，这种看法是错误的。学习语言的早晚对脑中的语义加工没有大的影响，因为语义和词汇的学习可以持续终身，人在一生中可以不断学习新的词语。而语法加工系统不同于语义加工系统，它更多地依赖于早期经验。有研究表明，英语语法学习的敏感期为从出生到7岁以前，7岁之后儿童对语法的敏感性开始下降，一直延续到青春期，青春期后的语法学习效果显著低于青春期之前（Johnson，Newport，1989）。另有研究表明，如果孩子在1—3岁时生活在外语环境中，其脑会形成与母语者对该语言一样的加工模式；4—6岁接触外语的儿童则形成了双脑活动模式，他们的脑需要运用不同的模式来加工语法信息（Weber-Fox，Neville，1996）。换句话说，较晚接触语法会导致脑使用效率较低的加工策略来加工语法信息。

因此，在早期英语教育中，也应该重视语法教学，包括教授基本的语法规则、句型结构等。同时，由于语法比较枯燥乏味，在教学过程中，可以通过游戏、故事和互动活动等有趣的方式逐步引入语法概念，使学习过程更加生动、有吸引力。此外，语法的学习同样离不开语境，为儿童提供真实语境，让他们在真实语境中进行语法练习，帮助儿童理解语法在实际交流中的应用也是非常重要的。

但同时我们也要知道，错过语言学习的敏感期并不意味着就无法学好一门语言。脑在成年之后仍然具有可塑性，无论年龄如何，我们都具有学习新语言的能力。尽管年龄越大，学好语言的难度越大，但只要有坚定的信念、明确的学习目标、适宜的学习方法，学习随时都可以发生。

参考文献

周加仙，2009. 语言学习敏感期的脑与认知机制研究：兼谈我国外语教育政策和实践[J]. 全球教育展望（9）：20–25.

Caplan D, 1992. Language: Structure, processing, and disorders [M]. Cambridge: The MIT Press.

Chee M W, Tan E W, Thiel T, 1999. Mandarin and English single word processing studied with functional magnetic resonance imaging [J]. Journal of Neuroscience, 19(8): 3050–3056.

Ellis N C, 1994. Implicit and explicit learning of languages [M]. London: Academic Press.

Johnson J S, Newport E L, 1989. Critical period effects in second language learning: the influence of maturational state on the acquisition of English as a second language [J]. Cognitive Psychology, 21(1): 60–99.

Kim K H S, Relkin N R, Lee K-M, et al., 1997. Distinct cortical areas associated with native and second languages [J]. Nature, 388: 171–174.

Kotz S A, 2009. A critical review of ERP and fMRI evidence on L2 syntactic processing [J]. Brain and Language, 109(2/3): 68–74.

Lenneberg E H, 1967. The biological foundations of language [M]. New Jersey: Wiley.

Perani D, Paulesu E, Galles N, et al., 1998. The bilingual brain: proficiency and age of acquisition of the second language [J]. Brain, 121(10): 1841–1852.

Weber-Fox C M, Neville H J, 1996. Maturational constraints on functional specializations for language processing: ERP and behavioral evidence in bilingual speakers [J]. Journal of Cognitive Neuroscience, 8(3): 231–256.

8.4

大脑失灵之谜

英语阅读障碍的神经缺陷

研究24 You H L, Gaab N, Wei N, et al., 2011. Neural deficits in second language reading: fMRI evidence from Chinese children with English reading impairment [J]. NeuroImage, 57(3): 760–770.

医生，我看见的字扭来扭去就像在跳舞，但是妈妈和老师都不相信我。

——一名阅读障碍患者

背景介绍

在学习和生活中，我们可能会碰到这样一类人群，他们在智力方面表现正常，在沟通能力和人际关系方面也没有问题。但是，他们会表现出一些与书写或阅读有关的缺陷，比如提笔忘字、写作困难，经常出现错别字，又或者在阅读过程中经常忘记前面的内容，甚至无法完整地读完一段简短的文字。我们把这种书写或阅读能力与其他方面的能力不匹配的情况称为阅读障碍。

大约在130多年前，“阅读障碍”一词由德国眼科医生、斯图加特大学教授柏林（Rudolf Berlin）提出（Kirby，2018）。柏林在实践过程中，发现一些成年病人尽管视力正常，在阅读印刷文字时却表现出困难。他推测这些症状是由脑中的某些变化引起的。1877年，斯特拉斯堡医学院的一位教授库斯莫尔（Adolph Kussmaul）首次确认了柏林描述的这种困难，并将其命名为字盲症（word-blindness）。同一时期，英国的几位医生把研究对象扩展到儿童群体，提出了后天与先天字盲症之间的区别——前者发生在成年期，后者出现在出生时。此后，阅读障碍逐渐得到关注，研究者从行为、脑神经损伤、神经发育、生理心理等方面进行了研究。阅读障碍可分为获得性阅读障碍和发展性阅读障碍两种类型。其中，获得性阅读障碍是指，由于先天或后天的脑损伤、视听觉障碍等原因，个体在阅读方面存在困难。发展性阅读障碍是指智力正常的儿童，在发展过程中没有明显的神经或器质性的损伤，但其阅读水平明显落后于其智力水平或生理年龄。本文后续介绍的阅读障碍均指发展性阅读障碍。已有研究发现，语音技能在阅读过程中起到重要作用。纵向研究和干预研究表明，语音技能可以预测识字能力的发展，并可能在识字过程中发挥作用。因此，语音能力被认为是成功学习阅读的关键。语音技能缺陷也是阅读障碍最突出的特征（Ramus et al.，2003；Shaywitz et al.，2002；Shaywitz et al.，1998）。

阅读障碍的研究主要集中在使用母语进行书写或阅读等方面，而对于第二语言的阅读障碍研究则较少。母语为汉语的中国儿童在学习英语的过程中，经常出现记不住单词的拼写、听写成绩较差、阅读英文文章不能理解其含义等问题。以汉语为母语的儿童在英语学习过程中出现的阅读问题，是否与他们的语音技能和拼写技能的发展有关呢？导致这些阅读问题的神经机制又是什么？为了确定中国英语阅读障碍儿童在英语正字法[1]和语音处理方面的神经基础和缺陷，研究者使用功能性磁共振成像技术，比较了英语阅读水平落后和高阅读水平的中国儿童，在字母匹配任务和语音押韵判断任务中的脑神经活动差异。

研究假设

如果英语阅读障碍在认知神经方面的缺陷具有普遍性，那么无论母语是哪种语言（英语或汉语），患有英语阅读障碍的儿童在进行书写或阅读及相关任务时，脑的神经活动模式应该是相似的。与此同时，如果以汉语为母语的英语阅读障碍儿童在正字法和语音处理过程中，表现出与以英语为母语的英语阅读障碍儿童在脑神经活动模式方面的不同，则表明中国儿童在第二语言（英语）中的阅读障碍具有特定的神经缺陷。

1 也称为标准字法或规范字法，旨在规范和统一文字的书写形式。它确定了每个字词的正确字形、结构和书写顺序。英文正字法包括字形、字母形状、拼写规则、标点符号等方面的规定。

方法

36名4—6年级的小学生参与该研究，他们是从857名来自北京几所小学的学生中筛选而来的。所有参与者均无注意缺陷多动障碍等神经系统疾病。所有参与者均以汉语为母语，并从入学年龄（6—7岁）开始正式学习第二语言英语。根据一系列标准化的英语测试结果，他们被分为两组：英语阅读水平落后组（19人）和英语高阅读水平组（17人）。

英语阅读水平落后组的筛选标准如下：（1）智商高于平均水平；（2）单词拼写测试分数不超过88分（常模平均分数为90分）；（3）单词语音测试的原始分数低于年级平均水平。此外，所有儿童还参加汉语阅读能力测试，包括阅读流畅性测试和汉语书面词汇测试，以检验参加实验的儿童是否存在汉语阅读障碍。

参与者在磁共振实验中需要完成两个任务（见图8–4）。（1）语音押韵判断（语音处理）任务：通过按键反应判断屏幕上同时出现的两个字母押韵（如D和T）或不押韵（如D和A）。（2）字母匹配（正字法处理）任务：指出两个视觉呈现的字母相同（如D和D）或不相同（如D和A）。

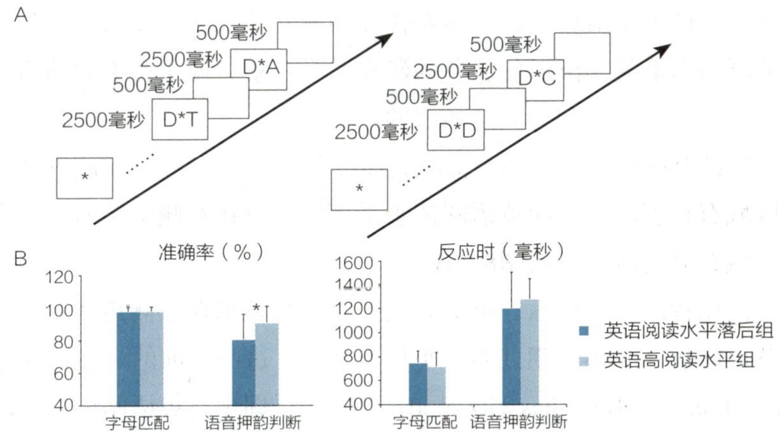

图8–4　（A）磁共振实验设计流程；（B）英语阅读水平落后组和英语高阅读水平组儿童在字母匹配和语音押韵判断任务中的表现

注：*代表$p<0.05$。

结果

英语语音押韵判断结果显示，英语高阅读水平组儿童在准确率方面显著高于英语阅读水平落后儿童。汉语阅读能力测试结果显示，英语阅读水平落后组中，有3名儿童在阅读流畅性测试中得分低于100，5名儿童在词汇测试中得分低于100。然而，在英语高阅读水平组中，只有2名儿童在阅读流畅性测试中得分低于100，没有一个孩子在书面词汇测试中得分低于100。这些结果表明，与英语高阅读水平组儿童相比，英语阅读水平落后组的儿童在一定程度上也表现出汉语阅读水平落后。

在字母匹配任务中，英语高阅读水平组儿童在双侧舌回、双侧枕下回、左侧距状沟、一些额叶区域、左侧丘脑有显著激活；而英语阅读水平落后儿童则在双侧枕下回、右侧下顶叶和左侧感觉运动区有显著激活（见图8-5A）。英语高阅读水平组儿童在双侧颞叶、右侧中央前叶和双侧枕叶的神经活动要显著强于英语阅读水平落后儿童，最显著的区别位于左侧舌回。先前研究发现，英语为母语的阅读障碍者的舌回和距状沟的激活减弱，灰质体积减小（Hoeft et al.，2007；Brunswick et al.，1999；Eckert et al.，2005）。此外，舌回内的神经病变可能导致失读症。也有研究发现，与正常阅读者相比，阅读障碍读者的左侧舌回存在神经过度活跃的现象（Kronbichler et al.，2006）。本节介绍的研究还观察到英语阅读水平落后组的儿童在枕叶和颞叶脑区的神经活动显著减弱，这与对以英语为母语的阅读障碍患者的研究结果一致，说明在不同的语言系统中脑处理正字法的神经机制可能是相似的。

在语音押韵判断任务中，英语高阅读水平组儿童在额叶、左侧下顶叶和小脑的几个区域有显著激活；而英语阅读水平落后儿童在左侧中央前回、中央后回和小脑区域有显著激活（见图8-5B）。

两组直接比较的结果显示，英语高阅读水平组儿童在左侧角回的神经活动显著强于英语阅读水平落后组儿童（见图8-6B）。这与先前的一些研究结果一致（Temple et al.，2001；Shaywitz et al.，2002），即患有英语阅读障碍的儿童和成年人在处理英语语音时，左侧顶叶颞叶的激活减少。该区域的功能性神经活动异常可能是阅读障碍中语音处理异常的神经基础。

总的来说，本节介绍的研究结果表明，无论是将英语作为母语还是作为第

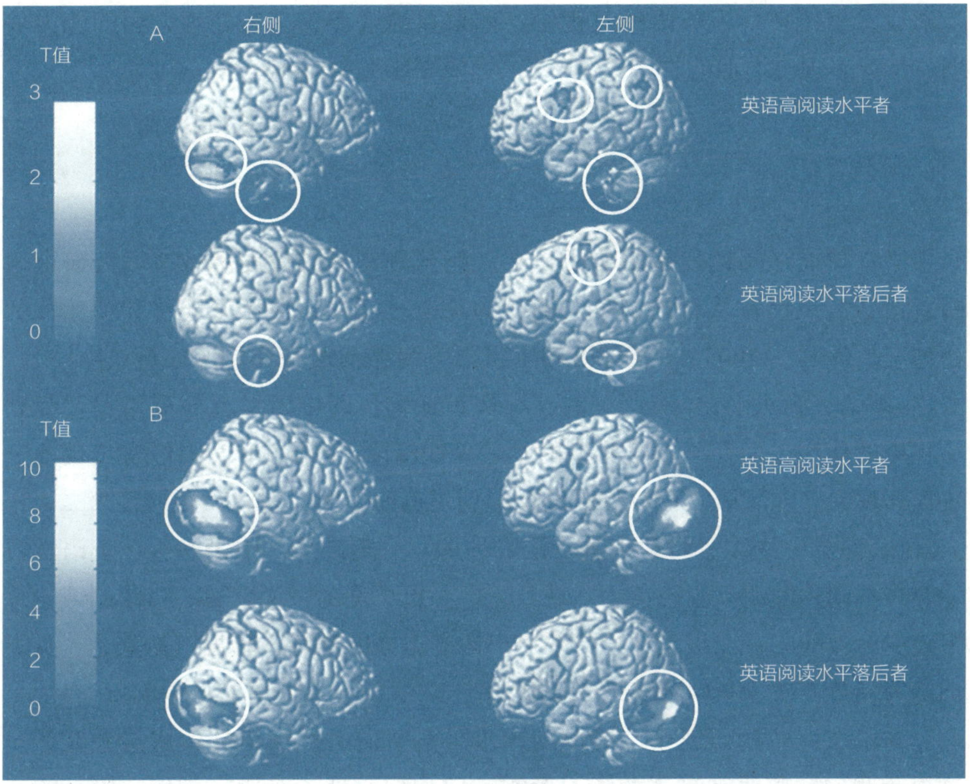

图8-5　（A）在字母匹配任务和（B）语音押韵判断任务中英语高阅读水平组和英语阅读水平落后组儿童的大脑激活情况

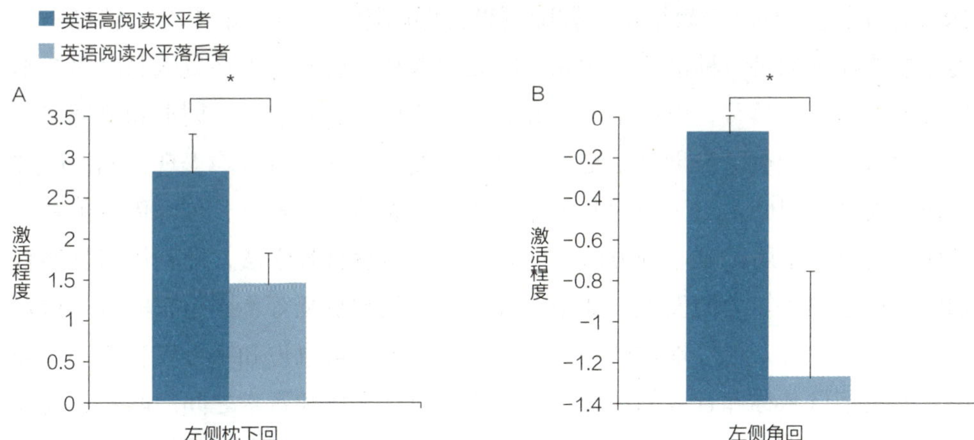

图8-6　英语高阅读水平组和英语阅读水平落后组儿童在（A）字母匹配任务中左侧枕下回神经活动和（B）语音押韵判断任务中左侧角回神经活的比较

注：*代表$p<0.05$。

二语言，个体在学习英语的过程中，如果在语音和正字法处理方面的能力较弱，都会表现出类似的神经缺陷。

教育启示

语音技能在阅读发展中非常重要，能预测阅读的速度和效率。有研究表明，语音意识存在从母语向第二语言的跨语言迁移，包括正迁移和负迁移两种情况（Odlin，2003）。当母语和第二语言为相似语言类型（如德语–英语，法语–英语，意大利语–英语）时，存在正迁移，即母语发音对英语发音起到了积极的作用。而在跨语言类型的学习（如汉语–英语）中，则经常出现语音负迁移现象，即汉语发音对英语发音起到了负面作用。因此，教师在第二语言（英语）课堂中应注意对学生进行语音训练。一直以来，中国学生在英语学习中存在不同程度的“哑巴英语”现象，即注重单词的背诵默写，口语的表达练习较少。教师应在课程设计中应多突出语音方面的训练，增加口语表达、听力训练等环节，鼓励学生将英语学以致用。

在本节介绍的研究中，英语阅读水平落后的个体汉语阅读成绩也较低。这提示我们，英语和汉语的学习存在一定相似之处。有研究指出，提高阅读障碍儿童的第二语言水平，其母语阅读能力也可能因此获益（Vender et al.，2019）。因此，在语言教学中，教师可以帮助阅读水平落后的学生，将母语的阅读技能迁移到另一种语言，例如帮助阅读水平落后的学生将英语和汉语文本进行比较和对照学习，以便学生更好地理解两种语言的语法、词汇和语境。

此外，无论英语是母语还是第二语言，英语阅读障碍者均表现出相似的神经缺损模式。因此，对于中国儿童学习英语出现的一些困难，可以借鉴国外已经成熟的英语学习困难干预方法。例如：（1）多感官教学法，即利用多种感官刺激来促进阅读能力的发展，如结合视觉、听觉和触觉等不同感官的教学材料和活动，帮助儿童更好地理解和记忆字词；（2）音素意识和字母发音训练，即通过教授字母名称和音素的声音，帮助儿童建立字母和音素之间的联系，提高他们对语音和文字之间的对应关系的认识；（3）音节分解和合成训练，即通过教授儿童如何将单词分解为音节，并将音节组合成单词，提升他们对单词结构的理解和发音的准确性。

参考文献

Brunswick N, McCrory E, Price J C, et al., 1999. Explicit and implicit processing of words and pseudowords by adult developmental dyslexics: a search for Wernicke's Wortschatz? [J]. Brain, 122(Pt 10): 1901–1917.

Eckert M A, Leonard C M, Wilke M, et al., 2005. Anatomical signatures of dyslexia in children: unique information from manual and voxel based morphometry brain measures [J]. Cortex, 41(3): 304–315.

Hoeft F, Meyler A, Hernandez A, et al., 2007. Functional and morphometric brain dissociation between dyslexia and reading ability [J]. Proceedings of the National Academy of Sciences of the United States of America, 104(10): 4234–4239.

Kirby P, 2018. A brief history of dyslexia [J]. Psychologist, 31(3): 56–59.

Kronbichler M, Hutzler F, Staffen W, et al., 2006. Evidence for a dysfunction of left posterior reading areas in German dyslexic readers [J]. Neuropsychologia, 44(10): 1822–1832.

Odlin T, 2003. Cross-linguistic influence [M]// Doughty C J, Long M H. The Handbook of Second Language Acquisition. New Jersey: Wiley: 436–486.

Ramus F, Rosen S, Dakin S C, et al., 2003. Theories of developmental dyslexia: insights from a multiple case study of dyslexic adults [J]. Brain, 126(Pt 4): 841–865.

Shaywitz B A, Shaywitz S E, Pugh K R, et al., 2002. Disruption of posterior brain systems for reading in children with developmental dyslexia [J]. Biological Psychiatry, 52(2): 101–110.

Shaywitz S E, Shaywitz B A, Pugh K B, et al., 1998. Functional disruption in the organization of the brain for reading in dyslexia [J]. Proceedings of the National Academy of Sciences of the United States of America, 95(5): 2636–2641.

Temple E, Poldrack R A, Salidis J, et al., 2001. Disrupted neural responses to phonological and orthographic processing in dyslexic children: an fMRI study [J]. NeuroReport, 12(2): 299–307.

Vender M, Krivochen D G, Phillips B, et al., 2019. Implicit learning, bilingualism, and dyslexia: insights from a study assessing AGL with a modified Simon Task [J/OL]. Frontiers in Psychology, 10 (2019-07-26) [2023-12-22]. https://doi.org/10.3389/fpsyg.2019.01647.

第九章 艺术

英国作家王尔德（Oscar Wilde）说过："生活的奥秘存在于艺术之中。"我们的生活离不开艺术，艺术给我们带来心灵上的熏陶，充实我们的精神世界。在这个生活工作早已步入快节奏的时代，我们仍然需要艺术来陶冶情操，让艺术洗涤心灵。

美术和音乐是我们生活中最触手可及的艺术。我们常说："生活中并不缺少美，缺少的是发现美的眼睛。"孩子们的世界每天都充满着惊喜和好奇。

在艺术与脑的研究中，有的关注享受艺术的过程，例如在聆听音乐或者参观画作时我们脑的神经活动；有的关注艺术实践，例如，经过一段时间的钢琴训练或者绘画练习，我们的脑结构和功能发生了怎样的改变。这些研究帮助我们了解艺术如何影响脑活动，并揭示了艺术创作与脑可塑性之间的关系。随着研究的深入，艺术训练方面的研究成果还可能迁移到其他方面，为教育教学提供参考。

本章将介绍绘画和音乐两方面的研究。第一项研究探讨了自然绘画和速写绘画，以及描摹轮廓和被动观察涉及的不同脑区。后两项研究将介绍音乐训练如何促进听觉和语音方面的发展。

9.1

画画时你的脑是怎么活动的？

研究25 Schaer K, Jahn G, Lotze M, 2012. fMRI-activation during drawing a naturalistic or sketchy portrait [J]. Behavioural Brain Research, 233(1): 209–216.

> 你可能没有意识到，绘画是人类特有的能力。

背景介绍

虽然绘画看起来是一个简单的任务，连小孩也可以胜任，但是其中涉及的认知过程却非常丰富。绘画涉及复杂的感觉–运动交互过程。例如，我们的手臂和手指需要在运动系统的指导下不断地移动，在紧密联系的感觉–运动互动中再现视觉系统看到的空间排列。这种感觉–运动的交互主要以视觉反馈为中心，但也涉及一些躯体感觉的反馈。而视觉的反馈包括我们正在进行的绘画过程，以及我们的手和笔的位置与移动。

不同的绘画方式需要不同的绘画技巧，涉及的认知过程也不同。例如，描摹（或临摹，即在图片上覆一层纸去勾线）只涉及以目标为中心的运动，不需要复制空间关系。而模仿绘画需要在正确的空间关系中画出视觉元素，涉及外在客体中心参考系。其中，一般的自然式绘画是更注重细节、更写实的绘画方法，草图式绘画（如速写）则是粗略地描绘特征、注重特点的写意的绘画方法。

举个具体的例子，在模仿绘制肖像画的过程中，视觉会起到两方面的作用。首先，视觉对视觉元素如图形和空间关系进行编码，即绘画者通过视觉观察肖像图片中的五官等图形位置是如何分布的。其次，视觉指导和监控绘画动作，而参与控制眼球运动的脑区和控制视觉注意力转移的脑区是重叠的。在本节介绍的实验中，研究者通过眼动记录仪（见专栏4-1）记录和测量了这个过程。

此外，绘画还需要通过应用运动印迹熟练地处理绘图工具（如画笔）。运动印迹是复杂运动模式的表征，它可以通过执行、想象和观察运动被激活。这种运动模式的应用同时与视觉和感觉-运动反馈相关，在绘画中发挥着重要作用。

本节介绍的研究采用功能性磁共振成像技术，探究了绘画过程中脑的哪些区域被激活，以及自然式和草图式绘画在神经活动方面有何不同。为此，研究者设计了4个实验任务，其中自然式绘画和草图式绘画是实验条件，观察和描摹是控制条件。

研究假设

本节介绍的研究有3个假设。（1）相比更注重细节的、写实的自然式绘画，粗略的、描绘特征的草图式绘画更多涉及整体的视觉分析和更快的视觉转移速度。（2）对比肖像绘画（包含自然式绘画和草图式绘画）和观察两个条件，前者会激活运动控制、视觉控制和感觉-运动控制区域，同时，这两种条件下个体在视觉区域和视觉注意力转移区域也存在激活差异。这是因为不断完成的绘画进程会带来额外的视觉刺激，并且只有在绘画的过程中才会出现视觉的交替注视。（3）对比肖像绘画和描摹两个条件，与前者相关的特征性的激活会出现在视觉运动控制区。用笔描摹轮廓需要视觉引导的动作和感觉-运动，但只有肖像绘画（自主绘画）才需要外在客体中心参考系的辅助，并且通过交替注视绘画作品和参考图片产生额外的视觉刺激。

方法

参与者

研究者在格赖夫斯瓦尔德大学（University of Greifswald）通过公告招募了20名不同院系的女生（平均年龄22.45岁）作为实验参与者。通过一份关于绘画经验的问卷调查可知，实验参与者都只在学校上过美术课，没有接受过任何美术专业训练。

任务和材料

实验参与者在扫描前接受了有关任务的指导，包括：（1）被动地观看脸部照片（观察）；（2）将白纸蒙在照片上用铅笔勾画脸部轮廓以及脸部元素（描摹）；（3）绘制一幅描绘脸部特征的速写肖像画（草图式绘画）；（4）绘制一幅呈现细节的、与呈现照片尽可能相似的自然肖像画（自然式绘画）。对该范例的说明见图9–1。实验材料是六张经过选择的、不具有强烈情感色彩的女性或男性的照片。

被动观察脸部、描摹和草图式绘画各持续1.5分钟，自然式绘画进行3分

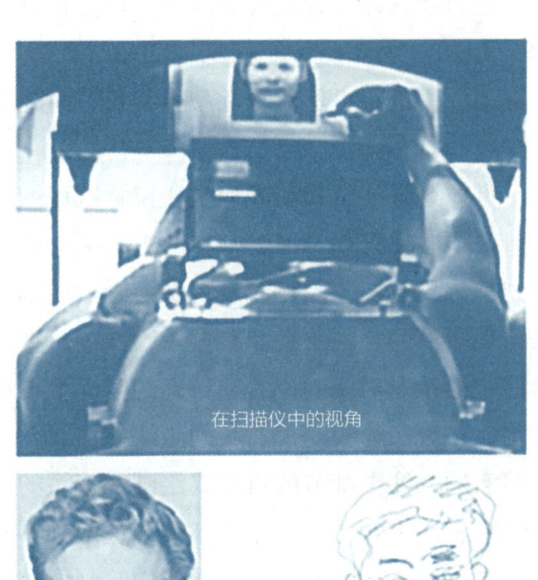

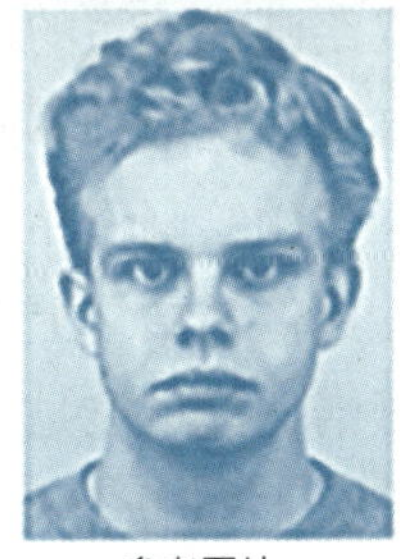

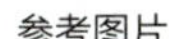
参考图片

绘图示例

图9–1　实验材料范例

注：顶部为功能性磁共振扫描仪中实验参与者在绘图时的视角。底部左边是呈现的参考照片的示例，右边是参与者在扫描仪中1.5分钟内完成的速写绘图的例子。

钟。这些任务以随机顺序出现，各任务内部的脸部照片也是按随机顺序呈现的。实验要求参与者在指示灯从蓝色转到绿色时开始下一项任务，并一直持续到灯变回蓝色为止，不同任务间有30秒的休息时间。

结果

功能性磁共振成像的结果基本和预期的一致。相比于观察肖像图片条件，肖像绘画条件下大脑的运动区、躯体感觉区和右侧的小脑半球的激活增加。值得注意的是，在绘画的过程中右侧枕叶的激活也越来越多。而相比描摹条件，肖像绘画激活了更多脑功能区。

总体来说，与被动观察脸部相比，肖像绘画激活了参与者双侧的体感和运动功能区，以及与注意力和选择过程有关的区域。视觉在肖像绘画中的参与和视觉注意力的转移，包括对手部动作的视觉运动指导，激活了相关的功能脑区。研究还发现，移动的手也有可能对视觉产生刺激，由此造成更活跃的脑区激活。

而与描摹相比，肖像绘画涉及楔前叶和主要视觉区域的激活，两种绘图任务都涉及双侧楔前叶和右侧颞下叶，而楔前叶与感觉-运动处理、视觉处理、工作记忆和行动规划都有关系。原因可能是肖像绘画（而非描摹）需要由视觉引导的手部运动来再现图形的空间关系。在肖像绘画中，视觉引导的手部动作并不指向可见的目标，而是在对应的位置和正确的空间上再现参考图片的视觉特征。因此与描摹相比，肖像绘画时楔前叶的激活更强。

对比自然的、写实的、注重细节的自然式绘画和速写的、写意的、注重特征的草图式绘画，研究者认为对业余爱好者来说，这两种不同的肖像画法并没有显示出实质性的差异。从行为上看，质量一般的绘画作品表明绘画者不能有区别地应用这两种绘画技术；从功能性磁共振成像的结果上看，相对草图式绘画，自然式绘画只在内侧扣带区有更强烈的激活，这可能是因为自然绘画需要在细节的绘制上付出更多监测上的努力（Miall，Gowen，Tchalenko，2009）。而在肖像绘画和观察的对比中，草图式绘画时小脑活性更强，这可能是因为草图式绘画对绘画速度的要求更高，手部运动得更快（Gowen，Miall，2007）。

教育启示

以往研究已经证明，与观看艺术作品相比，创作艺术作品能够提高几个脑区之间的功能连通性，而不同的创作任务中脑的激活情况也有所不同（韩雪，2021）。本节介绍的研究进一步揭示了模仿绘画中自然式绘画和草图式绘画两种不同方法，以及用笔描画轮廓和被动观察图片时人脑不同的活动模式，发现相比描摹和观察，自主绘画（与描摹对应）对脑部有更多的锻炼。

需要注意的是，模仿绘画（本节介绍研究中所涉及的所有绘画类型）虽然锻炼了注意机制、眼手互动以及空间关系等，但在创造力、想象力、表现力的培育上存在一定的局限，这种绘画方法不适于锻炼学生的自我表现与思维技能。有研究表明，与限定型生成任务相比，即兴创作任务显著激活了更多的脑区，而创造性思维是多个脑区同时参与的高度分布式加工的结果（范亮艳 等，2014）。本节介绍的研究还发现，对未经过系统绘画训练的人来说，自然式绘画和草图式绘画并没有在绘画过程和脑区激活方面显示出实质性的、较大的差异。

以上研究结果带给我们三点教育启示。

首先，我们应认识到绘画能够锻炼学生与体感和运动功能、注意力和选择过程、工作记忆以及行动规划等相关的脑部区域，而不同的艺术活动内容，相异的艺术任务（如描摹勾线、模仿绘画、自主创作等），会对不同的脑区起到不一样的激活效果。因此，要使不同的艺术活动相互配合锻炼学生的脑功能以及思维能力，重视培养学生的艺术素养，使其掌握多种艺术技能的基本方法。

其次，在实际的艺术教育中，教育者可以根据学生的年龄特征选择合适的艺术活动。例如，对小学生可以提供多种材料鼓励其进行手工创作以充分激发想象力和提升动手能力；对中学生可以更系统地讲授不同的绘画技法，有计划地提高其艺术素养。不同的艺术活动相结合有助于培养学生的感觉运动协调能力、创造能力、思维能力。

最后，在美术课堂上，需要重视对不同绘画技法的讲解和练习。掌握不同绘画方法和创作技法是在后续的绘画过程中激活不同脑部功能的前提。另外，在课堂中可以使用不同的教学方法和内容，例如：艺术鉴赏和实际创作结合，对绘画中不同画种和技法（如山水画、油画、速写等）的教学，不同绘画工具

（如彩铅、毛笔、油画棒等）的使用练习，以及不局限于绘画的多样化内容（如木刻版画、手工等）的涉猎。

参考文献

范亮艳，范晓芳，罗位超，等，2014. 艺术设计中创造性思维的fMRI研究：一项基于智能CAD的探索[J]. 心理学报，46（4）：427–436.

韩雪，2021. 融合与应用：绘画艺术治疗中的神经科学研究探析[J]. 现代交际（21）：185–187.

Gowen E, Miall R C, 2007. Differentiation between external and internal cuing: an fMRI study comparing tracing with drawing [J]. NeuroImage, 36(2): 396–410.

Miall R C, Gowen E, Tchalenko J, 2009. Drawing cartoon faces: a functional imaging study of the cognitive neuroscience of drawing [J]. Cortex, 45(3): 394–406.

9.2

不只是一门艺术技能

弹钢琴促进儿童对语音的辨别

研究26 Nan Y, Liu L, Geiser E, et al., 2018. Piano training enhances the neural processing of pitch and improves speech perception in Mandarin-speaking children [J]. Proceedings of the National Academy of Sciences of the United States of America, 115(28): E6630–E6639.

钢琴之于我，有如快舰之于水手，骆驼之于阿拉伯人。在我青春最激情的日子里，它是我脑海中疯狂激荡的一切的私密宝库。我所有的愿望，我所有的梦想，我所有的快乐和我所有的悲伤都在那里。

——弗朗茨·李斯特

背景介绍

胎教音乐、摇篮曲、流行歌曲……，形形色色的音乐从我们出生起就一直伴随着我们，成为我们生活中不可或缺的一部分。音乐能让婴儿进入甜甜的梦乡，能在我们心情低落的时候给予我们安慰，更重要的是，音乐对儿童的认知发展也具有重要作用，尤其是在语言方面。经过音乐训练，儿童某些方面的语言能力会得到显著的提高（Moreno et al.，2009；Moreno，Besson，2006）。经过专业训练的音乐家，往往比普通人具有更好的语音技巧，这可能与长期接受音乐训练有关（Besson et al.，2007）。有研究表明，即使没有音乐家高强度的音乐训练，让学龄前儿童接受每天10分钟、连续20个星期的音乐课程训练，或接受相同程度的语言技能课程训练之后，他们在语音意识方面的表现都显著强于训练之前；而接受运动训练则不能让儿童在语音意识上表现出显著提升

（Degé，Schwarzer，2011）。

为什么音乐训练与语音能力发展有关？这可能是因为音乐和语音在运用声音的方面有许多共同之处。音乐和说话时的语音具有共同的声学特征，这可能是音乐训练导致语音技巧提升的基础（Besson et al.，2011；Strait，Kraus，2011；Patel，2014）。另外一种可能性是，音乐训练提升了个体智力等其他一般认知能力的发展，从而促进了其语音相关能力的发展（Schellenberg，2004；Moreno et al.，2011）。一种是直接的，一种是间接的，这是关于音乐训练提升语音相关能力，或者音乐训练向语言领域迁移的两种理论假设。为了验证这两种假设，本节介绍的研究采用纵向实验设计，考察音乐训练前后儿童在词汇语音和音乐音调辨别方面的表现，同时记录儿童的脑活动（脑电）和认知方面的改变，探讨这种技能迁移背后的脑机制。

研究假设

该研究通过检测智力等认知能力在音乐训练前后的变化，验证音乐训练对语音相关能力的提升是直接的还是间接的。如果是直接的，则音乐训练只能提升语音技能。如果是间接的，则经过音乐训练之后，智力等其他认知能力也会得到一定的提升。

方法

120名来自北京公立幼儿园的4—5岁、非音乐家家庭的儿童参加了实验。所有儿童都讲普通话，具有相似的社会经济背景，父母平均学历为大学本科，这些儿童在参加研究之前都没有接受过正规的音乐训练。

根据年龄、性别和社会经济背景，参与实验的儿童被随机分配到钢琴训练组、阅读训练组和对照组（没有任何训练）。研究人员还将三组儿童在一般认知测试上也进行了匹配，包括智商、工作记忆和注意力。

钢琴训练组和阅读训练组的儿童参加为期6个月的训练。训练教材经过严格筛选，并由经验丰富的教师实施训练。钢琴训练每周3次，每次45分钟，训练内容包括关于音符、节奏和记谱的基本知识。同时，儿童在训练过程中倾听、辨别音符，在不听录音的情况下弹奏钢琴，课堂外不需要练习。阅读训练则以共享书籍阅读计划为基础，儿童阅读带有放大印刷字体和插图的书籍。阅读训练的频次与钢琴训练一致。

语音测试分别在训练前后1个月进行，测试内容包括单音节字的语音和音乐音高的辨别。单音节字的语音辨别测试材料由一半相同的单音节字对和一半不同的单音节字对组成，后者中的一个元素（音调、辅音或元音）不同。例如，zhua 1和zhua 1为相同的单音节字对（1=平调，本节下同），shen 1和zhen 1为不同的单音节字对。音乐音高辨别测试所用的所有音符都是由计算机合成的，音色类似钢琴，采样自相邻的两个八度音阶C3—B3和C4—B4。儿童在听这些拼音或音乐时，需要辨别哪些发音或音高是相同的，哪些是不同的。

脑电实验有两种条件，一种条件为播放两个单音节音调，分别为/da1/和/da2/（2=升调，本节下同），从行为测试材料中选择。另一种条件为播放两个音乐音高，分别为音符C4和G3，由计算机合成，音色类似钢琴。在两种条件下，/da1/和/da2/或C4和G3以标准刺激和偏差刺激的方式交替呈现。每种条件下呈现480个刺激，其中偏差刺激80个。偏差刺激随机出现在标准刺激中，两个相邻的偏差刺激至少间隔两个标准刺激。参与者被要求忽略所播放的声音，观看自己选择的一个无声的卡通片，实验过程中记录参与者的脑电活动。

结果

三组儿童在辨别音乐音高方面的表现很类似。在单音节字的语音分辨方面，三组儿童在训练后的表现均优于训练前，并且钢琴组在训练后的表现显著好于对照组。阅读组在训练后的表现也有相似趋势，但与对照组的差异没有达到显著水平。此外，钢琴组和阅读组在训练后的单音节字的语音分辨上没有显著差异。研究者进一步细化了单音节字的语音分辨的测试内容，进一步比较了三组儿童在训练前后分辨声调、辅音和元音的表现差异。结果显示，与对照组相比，钢琴和阅读训练都显著提高了儿童的单音节字和元音辨别能力，钢琴训练还显著提高了儿童的辅音辨别能力（见图9–2）。

在脑电方面，与训练前相比，训练后钢琴组儿童对单音节字的音调和音乐

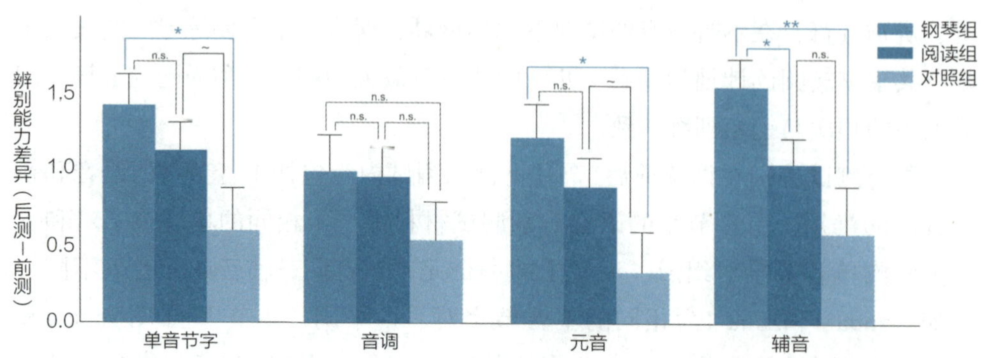

图9-2　各组儿童的单词、音调、元音和辅音的辨别在前后测之间的差异

注：*表示p<0.05，**表示p<0.01，~表示p=0.1，n.s.表示p>0.1。

音高的正向失匹配反应[1]显著增强，而阅读组和对照组则没有这种效果（见图9-3）。这些结果说明，与阅读训练相比，钢琴训练对儿童单音节字的音调和音乐音高辨别的促进作用更强。

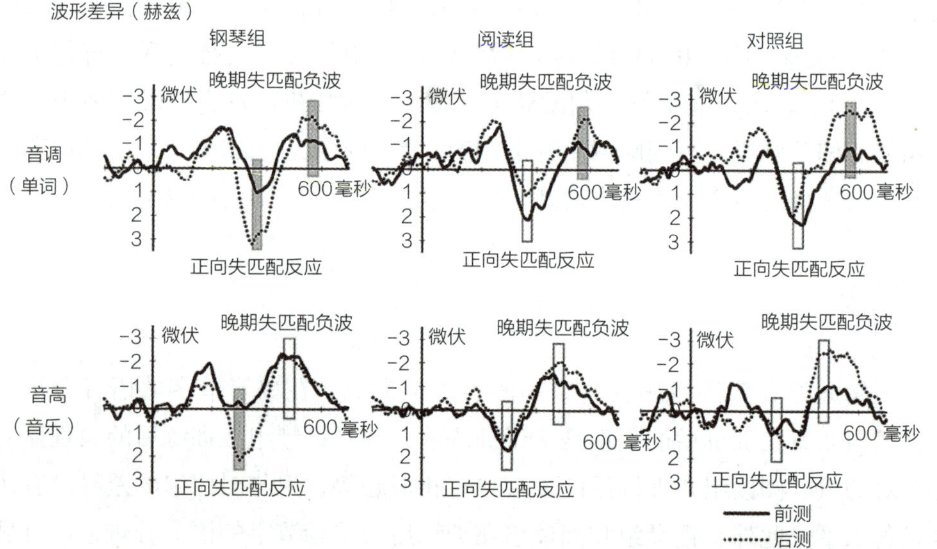

图9-3　各组在训练前后对单音节字音调和音乐音高的正向失匹配反应

注：白色和灰色方框代表检验前测和后测两种条件下脑电波差异的40毫秒时间窗，其中灰色方框代表差异显著。

1　正向失匹配反应是一种脑电生理反应，是在听觉或视觉刺激中出现偏差刺激时产生的正电荷波形。与传统的失匹配负波相反，正向失匹配反应代表了对偏差刺激的积极加工和注意，反映了大脑对新奇和意外事件的注意和编码反应。

此外，在钢琴训练组中，左侧电极上的音乐音高正向不匹配反应波幅的增加，与基于辅音的词汇辨别能力的提高有显著的正相关。而在阅读组和对照组中则没有这种显著的相关。这说明钢琴训练引起的儿童对音乐音高的神经反应增强与儿童在辅音辨别能力上的提高具有一致性。

一般认知能力测试显示，钢琴训练组和阅读训练组儿童在训练后，以及对照组儿童接受6个月的正常教学后，在智商、工作记忆和注意力方面都有进步，但在组间比较上没有显著差异。

讨论

经过半年的钢琴训练，4—5岁儿童对语音的分辨能力有显著提高，即儿童的脑对音乐音高变化的敏感性迁移到了语音领域，提升了其语音辨别的能力。钢琴训练使脑对音高的神经反应增强，可以说音乐训练增强了音调（音乐和语音领域中共有的声音元素）的神经反应，这种变化与辅音辨别能力的提高呈正相关。然而，相对阅读训练和对照组，钢琴训练对认知加工能力并没有更好的促进作用。这些结果说明音乐训练的结果向语音迁移是通过共同的声音加工通道实现的，而不是通过提升一般认知能力实现的。

教育启示

钢琴被誉为乐器之王，具有很强的音乐演奏艺术表现力和感染力。随着人们物质生活水平的提高，钢琴技艺逐渐成为少儿艺术培训领域的一大热门。学钢琴需要较大的经费投入，有人做过这样的计算：一台普通的钢琴在2万元人民币左右；学费按市面一般价格150—1500元/课时计，每年40—50节课，每年为6000元—7.5万元，学习周期一般为4—6年；乐谱资料、考级费、演出比赛费数千元；总计费用在几万元至几十万元不等。对于普通家庭而言，这显然是一笔不小的开支。家长支付这笔教育费用背后的动力是什么呢？换句话说，我们为什么要让孩子学钢琴呢？一部分家长并没有明确的目标，只是为了培养孩子的兴趣，提升其艺术素养，丰富孩子的精神世界。另一部分家长则抱有更加“功利”的近期或远期目的，近期目的包括考级、比赛获奖等，最终为升学加分、为家庭“增光”，远期目的包括掌握一门技能，为孩子未来的职业生涯增加一个选项。

本节介绍的研究为我们为什么让孩子学钢琴的问题提供了一种新的视角。从脑科学的角度看，弹钢琴不仅仅是一项艺术技能，钢琴训练包含了超越“艺术特长加分”或“未来生存技能”的工具性价值。作为一种涉及听觉、视觉、体感运动等多系统的艺术形式，弹钢琴对儿童脑的结构和功能具有更深层次的塑造作用。例如，有研究表明，与业余钢琴演奏者相比，专业钢琴家的手眼距离[1]显著更大，平均多出2个音符左右（Furneaux，Land，1999）。这说明钢琴训练提升了个体的视觉、体感运动加工和工作记忆能力（南云 等，2012）。本节介绍的研究也表明，基于音乐和语音共同的声学特征，钢琴训练通过增强脑对音高和语音的神经反应，提升了儿童的语音技能，有助于其语言能力的发展。

实际上，钢琴以外的其他乐器的训练也可以提升儿童的听觉系统功能，促进脑的整体发育，我们将在下一节详细介绍这一内容。家长可以根据经济情况，为孩子选择合适的乐器，进行适当的音乐训练。教师也可以采用多样化的训练方式，让儿童根据自身的喜好选择自己喜欢的乐器，开展相关的音乐教育。

参考文献

南云，陈雪梅，刘文利，等，2012. 音乐教育的脑认知机制与国民素质的提升[J]. 全球教育展望，41（9）：53–59.

Besson M, Chobert J, Marie C, et al., 2011. Transfer of training between music and speech: common processing, attention, and memory [J/OL]. Frontiers in Psychology, 2 [2023-07-20]. https://doi.org/10.3389/fpsyg.2011.00094.

Besson M, Schön D, Moreno S, et al., 2007. Influence of musical expertise

1　专业的钢琴演奏需要在很短的时间内以精确的时间和空间规则演奏大量音符，其中一个重要技能是读谱的能力，这种能力通常用手眼距离来衡量，该距离标志着演奏者读谱演奏时手的位置与眼睛的位置之间的差距（眼睛所注视的音符应超出手正在演奏的音符），可以用音符指数（手眼之间的音符数目差）来表示。

and musical training on pitch processing in music and language [J]. Restorative Neurology and Neuroscience, 25(3/4): 399–410.

Degé F, Schwarzer G, 2011. The effect of a music program on phonological awareness in preschoolers [J/OL]. Frontiers in Psychology, 2 [2023-07-20]. https://doi.org/10.3389/fpsyg.2011.00124.

Furneaux S, Land M F, 1999. The effects of skill on the eye-hand span during musical sight-reading [J]. Proceedings of the Royal Society of London. Series B: Biological Sciences, 266(1436): 2435–2440.

Moreno S, Besson M, 2006. Musical training and language-related brain electrical activity in children [J]. Psychophysiology, 43(3): 287–291.

Moreno S, Bialystok E, Barac R, et al., 2011. Short-term music training enhances verbal intelligence and executive function [J]. Psychological Science, 22(11): 1425–1433.

Moreno S, Marques C, Santos A, et al., 2009. Musical training influences linguistic abilities in 8-year-old children: more evidence for brain plasticity [J]. Cerebral Cortex, 19(3): 712–723.

Patel A D, 2014. Can nonlinguistic musical training change the way the brain processes speech?: the expanded OPERA hypothesis [J]. Hearing Research, 308: 98–108.

Schellenberg E G, 2004. Music lessons enhance IQ [J]. Psychological Science, 15(8): 511–514.

Strait D L, Kraus N, 2011. Can you hear me now?: musical training shapes functional brain networks for selective auditory attention and hearing speech in noise [J/OL]. Frontiers in Psychology, 2 [2023-07-20]. https://doi.org/10.3389/fpsyg.2011.00113.

9.3 音乐训练如何塑造我们的听觉系统？

研究27 Kraus N, Chandrasekaran B, 2010. Music training for the development of auditory skills [J]. Nature Reviews: Neuroscience, 11: 599–605.

音乐是无法形成文字而又不愿沉默的表达。

——雨果

背景介绍

家长们经常会有这样的疑惑："需不需要给孩子报个乐器班？""哪种乐器适合我的孩子？""学乐器到底有没有用？"要想回答这些问题，我们首先需要搞清楚音乐训练对儿童发展的作用是什么。前面的章节已经提到，我们的脑具有可塑性。神经科学研究表明，音乐训练会引起脑功能和结构的改变，主要表现为听觉系统的改变。这一节我们将通过《自然综述：神经科学》（*Nature Reviews: Neuroscience*）杂志上关于音乐训练如何影响听力技能发展的一篇综述，谈一谈这些变化是怎么发生的。

主要内容

音乐家的脑

我们先从音乐家说起，无论是钢琴家、小提琴演奏家还是歌唱家，他们都经过了长时间的音乐训练和感觉运动训练，逐渐掌握了控制嗓音、演奏乐器等音乐方面的技能（Zatorre et al.，2007）。在训练过程中，他们对声音的响度、音高、音色以及声音的时间特征越来越敏感。因为在音乐训练中，他们要特别注意对这些因素的变化的掌握，例如，小提琴手在训练中要特别注意音高以有效地调整演奏，在管弦乐队中演奏的乐器手则必须对计时线索有敏锐的感觉，而指挥家需要依赖音色线索来区分各种乐器的演奏。

现有的证据表明，音乐训练会引起脑结构和功能的变化（Zatorre et al.，2007）。事实上，音乐家的脑已被用作神经可塑性的模型来进行研究。也就是说，研究者试图通过对比音乐家的脑与普通人的脑，看看他们哪些脑区的功能和结构不一样，来探讨音乐训练如何作用于脑、引起了哪些变化。例如，早期的研究主要探讨音乐训练如何刺激脑从而对有关音乐的声音进行处理，并研究这种刺激产生的脑反应在多大程度上是专门针对音乐的声音的（Zatorre et al.，2007；Zatorre，2005）。这些研究表明，音乐训练会引起听觉系统的结构和功能变化（Hannon，Trainor，2007）。

天赋的差异还是训练的结果？

如果只是简单比较音乐家和普通人的差异，只能说明这些变化与音乐训练有关，而不能说明音乐训练与脑的结构和功能变化之间存在因果关系。因为这些差异可能反映了两组人预先存在的遗传差异。要解决这个问题，就需要引入纵向研究（即长期的跟踪研究）。有纵向研究将普通儿童随机分配到音乐训练组和其他艺术训练组（例如绘画训练），然后定期进行评估（Hyde et al.，2009；Moreno et al.，2009）。与接受其他艺术训练的儿童相比，音乐训练组儿童的脑对音乐刺激中细微的音调变化反应增强（Hyde et al.，2009）。有研究发现，15个月的高强度音乐训练会引起脑初级听觉和初级运动区域的结构变化（Moreno et al.，2009）。这些纵向研究表明，即使是普通人接受音乐训练，也会使脑的结构和功能发生变化，提升其对声音等方面的感知能力。

音乐训练对声音感知的影响

音乐训练除了会对处理与音乐有关的声音信息产生影响，是否还会对其他非音乐声音的听觉处理产生作用呢？答案是肯定的。

音乐训练是一项要求人们高度专注的任务，它涉及与声音的互动以及将声音与意义联系起来的过程。在这一过程中，通过音乐和语言有效地进行情感交流至关重要。形成有效的“音”和“意”的关联需要关注声音的细微特性（音高、节奏和音色）、与工作记忆相关的认知能力、与其他音乐家的互动和执行功能。音乐训练从认知方面促进了脑神经的可塑性，从而提升了人们对音乐以及其他声音（如语音）的听觉处理水平。如图9-4所示，声音通过脑干核团（具有提取和处理声音信息等功能）从耳蜗传播到听觉皮层（由浅蓝色的向上箭头所示）；此外，反馈通路（称为皮层神经网络）以自上而下的方式将皮层中的信息连接到脑干和耳蜗（由深蓝色的向下箭头所示）。在音乐家身上观察到了听觉皮层以及脑干等低级感觉区域的神经可塑性变化。与普通人相比，音乐家脑中皮层下核团区域对声音的感知增强可能是自上而下反馈通路增强的结果。经常进行音乐训练可以提高个体快速检测、排序和感知声音模式的能力。这种能力使大脑皮层能够在听觉的脑干水平上选择性地增强听觉信号的可预测特征，从而自动、稳定地再现声音的传入刺激。

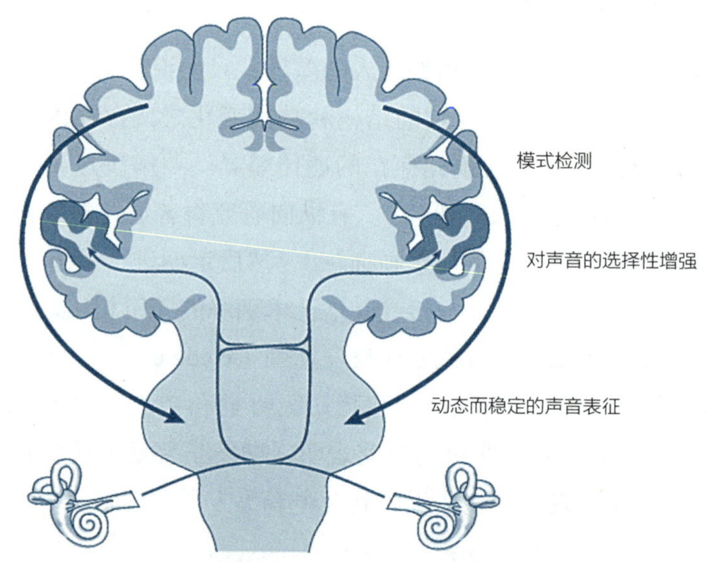

图9-4　音乐表演/训练过程中认知-感知的相互作用

我们的脑在处理与音乐相关的声音和说话的语音时，需要类似的记忆和注意技巧。毋庸置疑的是，音乐家在处理音乐的音高、对音乐声音的时间特征和音色的感知方面具有明显的优势（Tzounopoulos，Kraus，2009）。同时，音乐训练还包括高强度的工作记忆训练、选择性注意技能训练，以及将各种音乐相关的声音联系在一起的声学和句法规则的内隐学习，这些认知技能对说话时的语音处理也至关重要。因此，有多年音乐训练经验的音乐家在语音和语言领域的处理能力可能会更强。

有研究表明，在语音处理过程中，音调变化能引起音乐家大脑皮层和脑干的脑电激活的增强（Besson et al.，2007；Musacchia et al.，2007）。音调在语音处理过程中具有额外的语言功能，例如，它可以帮助听者判断说话者的情绪或意图。长期的音乐音调方面的训练有助于音乐家对语音的音调处理。此外，有研究表明，音乐训练影响了音乐家处理语音中的基频[1]、和声成分[2]和时变成分[3]的能力，对声音的编码能力与音乐训练年限呈正相关。应当注意的是，音乐训练并非对听觉信号的每个特征都有相同程度的改善。与普通人相比，音乐家能更有效地识别声音中有意义的信息，例如婴儿哭声中表示情感意义的部分，和弦的上音符，或与全音阶上的音符相对应的普通话音高轮廓的部分（Bidelman，Gandour，Krishnan，2011；Strait et al.，2009；Fujioka et al.，2005）。此外，音乐家在听觉语言记忆和听觉注意方面的能力有所提升，但在视觉记忆或视觉注意方面没有改善（Chan et al.，1998；Strait et al.，2010）。因此，音乐训练会增强听觉信号的处理，其特征取决于训练的类型、练习策略和行为相关性。

对声音的选择性增强

通过音乐训练，音乐家学会了从复杂的音乐背景中挑选声音对象，这提高了他们捕捉环境中声音变化规律的能力（Winkler，Denham，Nelken，2009）。音乐训练可以强化一个高效的自上而下的反馈系统，该系统可以持续自动地提取声音并反映声音变化的规律性。此外，在日常交流中，听觉系统还需要根据情境需求，不断调节听力活动，我们称之为听觉系统的自适应性。积极参与音乐活动可以提升听觉系统的自适应性水平，这对听力技能的发展至关重要。

对声音的选择能力增强和提取声音规律的能力提升是否让音乐家在日常听

1　声音中的最低频率，由声带振动的速率决定，它通常对应于声音的音调。
2　语音的某些方面取决于声带振动的速率。声音由基音和一系列被称为谐波的较高频率的声波组成。
3　在语音产生过程中动态变化的声学事件（例如共振峰过渡），对应于发音器官的变化。

力条件下处于优势呢？有研究表明，音乐家在学习一种新语言时，其在发音模式方面比非音乐家更容易成功（Wong，Perrachione，2007）。此外，与未接受音乐训练的儿童相比，接受音乐训练的儿童对母语的音调模式也表现出更强的神经激活，拥有更好的词汇记忆能力和更强的阅读能力（Besson et al.，2007；Tallal，Gaab，2006）。这些研究结果表明，音乐训练带来的脑结构和功能的改变也能惠及与日常语言相关的任务。

教育启示

本节介绍的研究揭示了音乐训练对听觉技能发展的重要作用。接受音乐教育和参与音乐活动可以陶冶情操，促进学生社会情感能力的发展，调节学业情绪，缓解学习压力，促进学生的心理健康。与此同时，音乐训练还可以促进听觉技能的发展，对学生的言语交流能力及第二语言的学习具有潜在的促进作用。

对于那些有条件为孩子提供专业音乐训练的家长来说，可能更需要关注哪些因素会影响训练的效果。影响因素主要有四个：开始训练的年龄、持续训练的时间、练习量和音乐能力（或音乐天赋）。例如：一项控制了过往音乐经验年限、正式训练年限和当前练习时长的研究发现，音乐训练开始的年龄对训练效果有重要的影响。在这项研究中，7岁之前开始训练的音乐家相对于较晚才开始音乐训练的音乐家，表现出更出色的感觉运动整合能力（Watanabe，Savion-Lemieux，Penhune，2007）。但不可忽视的是，音乐训练的好处也体现在晚年才开始训练的人群中。除了训练开始的年龄，脑结构和功能变化的程度还取决于练习量的多少。在这一过程中，音乐能力也起到一定作用，但不是决定因素。换句话说，音乐训练的好处是对每个普通人而言的，而不仅仅是那些有音乐天赋的人的专属福利。

由此可见，在学校教育中，音乐课程对个体发展的重要性并不亚于其他主科课程，如果大众能充分了解背后的脑机制，或许音乐课程的重要性也会有所提升。此外，在实践中大家往往更关注儿童的音乐表现，强调儿童对音乐知识与技能的掌握，强调单调的反复练习；在传统的音乐学习与教育中，教师始终处于权威地位，控制着音乐学习的内容与形式（方涛，2022）。这样的后果是学生无法在轻松、自由的氛围中体验音乐之美，激发自主学习的兴趣。因此，音乐教育必须寓教于乐，既具有一定的挑战性，同时又难度适宜，能为学生提供充足的空间助其发展创造力，激活其脑中的奖赏系统以自动强化其学习行为，并保持其内在的学习兴趣。由此，学科融合、五育并举的教育方针也将得到更充分的贯彻落实。

参考文献

方涛，2022. 幼儿音乐学习的脑发育基础及其教育启示[J]. 学前教育研究（9）：79–82.

Besson M, Schön D, Moreno S, et al., 2007. Influence of musical expertise and musical training on pitch processing in music and language [J]. Restorative Neurology and Neuroscience, 25(3/4): 399–410.

Bidelman G M, Gandour J T, Krishnan A, 2011. Cross-domain effects of music and language experience on the representation of pitch in the human auditory brainstem [J]. Journal of Cognitive Neuroscience, 23(2): 425–434.

Chan A S, Ho Y-C, Cheung M C, et al., 1998. Music training improves verbal memory [J]. Nature, 396: 128.

Fujioka T, Trainor L J, Ross B, et al., 2005. Automatic encoding of polyphonic melodies in musicians and nonmusicians [J]. Journal of Cognitive Neuroscience, 17(10): 1578–1592.

Hannon E E, Trainor L J, 2007. Music acquisition: effects of enculturation and formal training on development [J]. Trends in Cognitive Sciences, 11(11): 466–472.

Hyde K L, Lerch J, Norton A, et al., 2009. Musical training shapes structural brain development [J]. Journal of Neuroscience, 29(10): 3019–3025.

Moreno S, Marques C, Santos A, et al., 2009. Musical training influences linguistic abilities in 8-year-old children: more evidence for brain plasticity [J]. Cerebral Cortex, 19(3): 712–723.

Musacchia G, Sams M, Skoe E, et al., 2007. Musicians have enhanced subcortical auditory and audiovisual processing of speech and music [J]. Proceedings of the National Academy of Sciences of the United States of America, 104(40): 15894–15898.

Strait D L, Kraus N, Parbery-Clark A, et al., 2010. Musical experience shapes top-down auditory mechanisms: evidence from masking and auditory attention performance [J]. Hearing Research, 261(1/2): 22–29.

Strait D L, Kraus N, Skoe E, et al., 2009. Musical experience promotes subcortical efficiency in processing emotional vocal sounds [J]. Annals of the New York Academy of Sciences, 1169: 209–213.

Tallal P, Gaab N, 2006. Dynamic auditory processing, musical experience and language development [J]. Trends in Neurosciences, 29(7): 382–390.

Tzounopoulos T, Kraus N, 2009. Learning to encode timing: mechanisms of plasticity in the auditory brainstem [J]. Neuron, 62(4): 463–469.

Watanabe D, Savion-Lemieux T, Penhune V B, 2007. The effect of early musical training on adult motor performance: evidence for a sensitive period in motor learning [J]. Experimental Brain Research, 176: 332–440.

Winkler I, Denham S L, Nelken I, 2009. Modeling the auditory scene: predictive regularity representations and perceptual objects [J]. Trends in Cognitive Sciences, 13(12): 532–540.

Wong P C M, Perrachione T K, 2007. Learning pitch patterns in lexical identification by native English-speaking adults [J]. Applied Psycholinguistics, 28(4): 565–585.

Zatorre R J, Chen J L, Penhune V B, et al., 2007. When the brain plays music: auditory-motor interactions in music perception and production [J]. Nature Reviews: Neuroscience, 8: 547–558.

Zatorre R J, 2005. Music, the food of neuroscience? [J]. Nature, 434: 312–515.

第十章

“知情行”合一的课堂

好的师生关系是促使教学活动顺利开展的重要基础。有研究表明，师生互动的质量会影响学生的课堂参与度和学业成绩。心理学和教育学研究认为，人类信息加工过程包括认知和情感两个子系统，是认知和情感的统一。所以，理想的课堂互动氛围需要学生和教师的认知、情感与行为协调一致，这其中包含一个非常重要的因素——教师与学生之间交往的心理背景，也就是心理氛围。教学效果和学习效率在不同的心理氛围中存在明显的差异。教师能否提供足够的情感关注会影响学生的认知和学习效率。此外，教学场景下的社会线索，例如手势引导和目光关注，也会影响知识传递和学生的学习表现。那么，不同的师生互动模式下，教师和学生的脑是如何工作的呢？良好的师生互动模式是否能够促使师生的脑活动也趋于和谐一致，帮助师生进入“心有灵犀”的状态呢？

多人同步脑成像技术的出现使得对这些问题的探索成为可能。师生在进行同一个活动或任务时的脑活动状态，可以作为评估课堂教学效果的重要指标，帮助我们更好地理解知识传递的脑基础。本章将主要介绍三项研究。第一项围绕“预测–传递”理论，在师生脑活动同步的层面上验证教学过程中教师对学生的学习状况的预测是否有利于促进教学效果的提升。第二项研究介绍了师生关系对于师生脑同步和学生学业成绩的影响。第三项研究介绍了教师的手势和目光引导对于学生注意力、学业成绩的影响。

10.1

教师预测准，知识传递顺

研究28 Zheng L F, Chen C S, Liu W D, et al., 2018. Enhancement of teaching outcome through neural prediction of the students' knowledge state [J]. Human Brain Mapping, 39: 3046–3057.

> 宋人有闵，其苗之不长而揠之者，芒芒然归，谓其人曰："今日病矣！予助苗长矣！"其子趋而往视之，苗则槁矣。
>
> ——《孟子·公孙丑上》

背景介绍

教育要尊重孩子的实际水平，不能违背孩子的发展规律。维果茨基提出"最近发展区"（zone of proximal development），认为学生的发展有两种水平：一种是学生现有的发展水平，指学生独立活动时所能达到的解决问题的水平；另一种是学生可能的发展水平，也就是借助成人帮助所能达到的解决问题的水平。两者之间的差异就是最近发展区（见图10–1）。据此，维果茨基认为教学

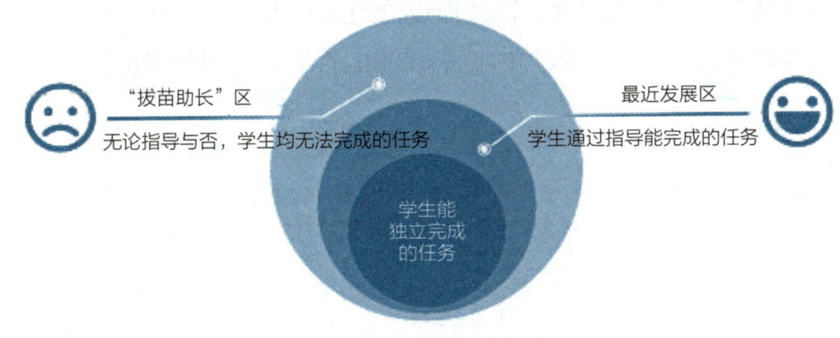

图10–1　最近发展区

应着眼于学生的最近发展区，把潜在的发展水平变成现实。这也意味着，教师在制定教学目标时，要对学生的现有知识水平做出恰当的估计，并提前预测学生在教学帮助下所能达到的发展上限，在学生的最近发展区内搭建教学的“脚手架”，提供恰当的引导，以实现知识的顺利传递。

本节介绍的研究的主要目的是探索与教师预测学生的知识表征状态这一过程有关的师生脑活动同步[1]，以及师生的脑活动同步在不同教学法间是否存在差异。以往研究虽然也发现师生间存在脑活动同步，但是并未探讨脑活动同步的预测机制。根据社会互动的认知层级假设，信息交流过程不仅包含信息传递、互动双方对信息概念的理解，还包含信息的预测，即信息传递者对接受者的概念理解情况进行实时、动态的预测，并随之调整信息传递方式，从而达成双方的有效交流。以往研究发现，在互动过程中，当信息传递者能够对接受者的意图和行为进行有效预测时，双方在左侧颞上回有显著的脑活动同步；当信息传递者的脑活动比接受者的脑活动提前1—3秒时，二者在左侧颞顶联合区的脑活动同步会显著增加（郑丽芬 等，2023）。本节介绍的研究认为这一结果也适用于教学过程中的师生互动。

研究假设

通常情况下教师知道应该教什么、教多少以及如何教等，但学生并不会预先知道教师要教什么以及如何教。在这种情况下，假设有效的知识传递以教师的预测为基础似乎是合理的。基于“最近发展区”的理论假设，本节介绍的研究提出了教学过程的“预测–传递”模型：教师在教学过程中提前对学生的知识水平进行动态、实时的预测，以此形成恰当的知识表征[2]，由此师生间才能进行有效的知识传递。不过，教师的正确预测能否促进学习效果的提升，以及预

1 研究者们采用脑活动同步刻画师生互动的言语交流过程，脑活动同步是指互动双方大脑活动模式在时间和频率上的相似性。已有研究表明在言语交流过程中，信息传递者与接受者在语言网络会出现相似的脑活动模式，并且相似度越高意味着接受者理解得越好。这就表明信息传递者和接受者的脑活动和谐一致时，他们更有可能进入“心有灵犀”的状态（郑丽芬 等，2023）。

2 又称再现，是信息在头脑中的呈现方式。根据信息加工的观点，当有机体对外界信息进行加工（输入、编码、转换、存储和提取等）时，这些信息是以表征的形式在头脑中出现的。表征是客观事物的反映，也是被加工的客体。同一事物，其表征的方式不同，对它的加工也不相同。

测过程能否使师生间的脑活动同步增强，尚未可知。为了解答这些问题，本节介绍的研究采用功能性近红外光学成像技术（fNIRS），在较为真实的教学情境下，探讨了在教师分别采用讲授式、讨论式和视频教学法讲授数字推理知识的过程中，教师和学生的脑活动随着教学时间共同变化的关系，即脑活动同步情况。

方法

研究者招募了4名有教学经验的研究生（平均年龄25岁）作为研究中的教师。教学之前，教师分组接受培训，学习讲授式、讨论式、视频教学法三种不同的教学方法。所有教师都提前2天熟悉教学内容、练习使用不同的教学方法，直到他们的教学表现获得自己和研究者的认可。

研究者招募了60名本科生作为该研究中的学生（平均年龄23岁）。在正式教学之前，研究者测试学生的数字推理知识，记录基线成绩。接下来，学生被随机分配到三种教学方法组，每组20人。然后，研究者将每组学生随机分成5人一组，每组由1名教师采取一对一教学的形式，讲授数字推理知识。数字推理问题来自国家公务员考试题库，要求学生在一系列数字序列中找到数字之间的内在联系，例如，数列“$\frac{1}{2}$，1，$\frac{7}{6}$，$\frac{5}{4}$，$\frac{13}{10}$，_”中隐含的关系是分子之间相差3、分母之间相差2，因此正确答案是$\frac{16}{12}=\frac{4}{3}$。教学时间为10—20分钟。

教学时，教师和学生面对面坐在安静的房间里（见图10-2）。在讲授式教学条件下，教师教给学生发现数字间规律的方法，过程中没有向学生提问，也不允许学生提问。在讨论式教学条件下，教师在屏幕上呈现一个例子，让学生阅读并思考答案。接下来，教师采取提问回答的方式，引导学生逐步找到问题的答案。无论是在讲授式还是讨论式的教学过程中，教师和学生都佩戴近红外光学成像设备中的光极帽，其用于考察师生的脑活动同步状况与教学效果的关系。对于视频教学法下的教学，教师提前录制视频，研究者在这个过程中记录教师的脑活动数据，而后让学生独自观看教师录制的视频进行学习，研究者记录学生的脑活动数据。

图10-2　实验现场示例

此外，在教学过程前和后，研究者测量了教师和学生的静息态脑数据，将其作为师生脑活动水平的基线。在第二次静息态数据测量之后，研究者要求学生对师生关系（对教师本人和教学过程的喜爱程度）和师生互动质量（学习质量和教学过程的整体质量）进行1—10分的等级评价，并测试学生在教学之后的数字推理知识，将成绩作为教学效果指标。

结果

行为结果显示，虽然三种教学法在教学效果上并没有显著差异，但在师生关系质量上存在显著的差异。讨论式教学条件下的师生关系质量显著高于视频教学法教学条件，而讲授式与视频教学法条件下的师生关系质量没有差异，这一结果也表明讨论式教学更有利于形成良好的师生关系。

脑活动结果显示，与知识的实时传递有关的脑活动同步（即教师和学生在同一时刻的脑活动同步）出现在教师的左侧颞叶前部和学生的右侧颞顶联合区，且同步性程度与教学效果呈正相关（见图10-3左列）。就教学方法而言，视频教学法条件下的师生脑活动同步水平显著低于讲授式和讨论式，不过后两者之间没有显著差异。

为了确定师生的脑活动同步的预测机制，研究者通过时滞分析将每个学生的脑活动时间序列向前或向后移动2—14秒，然后对每个时滞序列进行配对检验，即对比教学前的脑活动同步和教学后的脑活动同步。进一步的脑活动同步分析发现，教师的右侧颞顶联合区与大约10秒后学生的左侧颞叶前部存在显著的活动同步，教学结果正向调节二者的关系（见图10-3右列）。以往研究表明，社会互动过程中颞顶联合区主要负责预测对方的心理状态（Carter et al., 2012），颞叶前部则是概念和知识表征的重要脑区（Correia et al., 2014）。这时滞的10秒对应的正是讨论式教学中师生的问答时间。教师很可能在此期间预测学生的答案并据此确定后续的知识传递形式。在时间滞后的脑活动同步上，无论采用哪种教学方法，教师-学生的脑活动同步越强，教学效果都越好。并且，这种预测机制下的师生的脑活动同步水平对学生学习效果的可预测性显著好于实时传递机制下的师生脑活动同步水平对学生学习效果的预测。

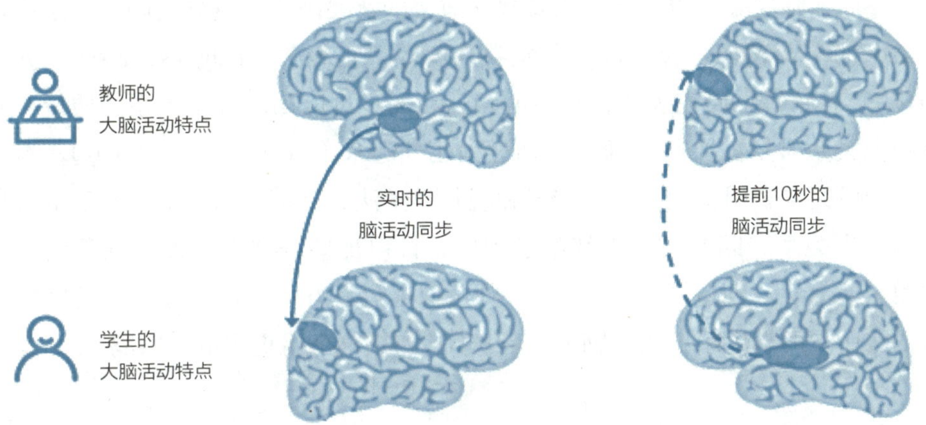

图10-3 分别与教学过程中的传递（左列脑图）和预测（右列脑图）对应的师生间脑活动同步

教育启示

首先，本节介绍的研究为教育学的经典理论——维果茨基的“最近发展区”提供了神经层面上的证据支持，从脑认知机理的角度证实了教师对学生潜在认知过程的预分析更有助于知识的传递，体现了脑科学对教育学的独特贡献。如果教师事先对学生的学习情况没有明确的认识和预判，课堂教学的速度和难度低于学生的知识掌握和学习速度，就可能阻碍学生的学习兴趣和动机，降低教学效率，反之则可能导致“拔苗助长”的结果，损伤学生的信心，给学生带来负面的学习体验。教师想要了解学生的实际知识水平，可以通过课前问卷调查或访谈等手段，也可以在课堂中及时观察学生的反馈（表情、动作、语言等）来确认。对于不同发展水平的学生，有条件的学校可以开展分层分类的教学。

其次，该研究探讨了不同教学法对课堂教学的脑活动同步机制的影响，发现相对于视频教学法，讲授式和讨论式教学法可以引发更高水平的师生脑活动同步，从而更有利于知识的传递和建构。然而讲授式和讨论式教学法在促进师生脑活动同步方面并没有显著差别，说明讲授式和讨论式教学法各有优势，没有任何一种教学法适合于所有的教学情境。因此，应该破除对单一教学法的迷信，根据教学对象、教学内容选择适切的教学法。

最后，师生关系也是影响教育教学效果的重要因素，良好的师生关系质量与学生的学业表现、合作性、课堂卷入度等呈正相关（Hughes，2011；Quin, 2017）。有脑科学研究表明，师生的脑活动同步可以揭示师生关系的质量，并且师生关系质量需要通过师生互动过程建立起来（Zheng et al.，2020）。本节介绍的研究也表明，相对于讲授式和视频教学法，互动式教学更有利于形成良好的师生关系。因此，课堂教学过程中，针对那些需要探究的、抽象的知识类型（如数学、创造性写作等），教师可以通过良好的互动建立积极的师生关系，从而帮助学生跟上教师脑的“频率”，与教师产生更多的“共鸣”。

参考文献

郑丽芬，靳伟，卢春明，等，2023．脑科学视域下课堂教学的本质、机制与实践策略[J]．教育发展研究，43（4）：56–63.

Carter R M, Bowling D L, Reeck C, et al., 2012. A distinct role of the temporal-parietal junction in predicting socially guided decisions [J]. Science, 337(6090): 109–111.

Correia J, Formisano E, Valente G, et al., 2014. Brain-based translation: fMRI decoding of spoken words in bilinguals reveals language-independent semantic representations in anterior temporal lobe [J]. Journal of Neuroscience,

34(1): 332–338.

Hughes J N, 2011. Longitudinal effects of teacher and student perceptions of teacher-student relationship qualities on academic adjustment [J]. The Elementary School Journal, 112(1): 38–60.

Quin D, 2017. Longitudinal and contextual associations between teacher-student relationships and student engagement: a systematic review [J]. Review of Educational Research, 87(2): 345–387.

Zheng L F, Liu W D, Long Y H, et al., 2020. Affiliative bonding between teachers and students through interpersonal synchronisation in brain activity [J]. Social Cognitive and Affective Neuroscience, 15(1): 97–109.

10.2

师生心相系，学生更努力

研究29 Bevilacqua D, Davidesco I, Wan L, et al., 2019. Brain-to-brain synchrony and learning outcomes vary by student-teacher dynamics: evidence from a real-world classroom electroencephalography study [J]. Journal of Cognitive Neuroscience, 31(3): 401–411.

> 玉壶存冰心，朱笔写师魂。谆谆如父语，殷殷似友亲。
>
> ——唐·刘商《酬问师》

背景介绍

“亲其师，信其道。”这句古训很好地诠释了良好的师生关系对于教育教学的积极影响。在课堂活动中，教师与学生之间的交流是持续进行的，教师和学生之间不仅有认知方面的交流，也有情感上的交流，教师传达出来的情感对学生有潜移默化的影响。学生倘若喜欢某位老师，也会愿意投入更多的时间去学习这位老师的课，学习成绩通常也不会太差。通过上一节，我们了解到师生的脑活动同步可以预测学生的学习效果：师生的脑活动同步越强，教学效果就越好。那么，当一个学生和老师在情感上亲近，是否也会增强师生间的脑活动同步呢？

耶格尔等人的一项研究检验了真实情境下观看电影的个体间的脑活动同步状态（Jääskeläinen et al.，2008）。研究者招募了12名参与者，他们的年龄在19岁至44岁之间。实验中，参与者首先观看一部电影的前72分钟，投入到电影情节当中。随后，参与者进入磁共振扫描仪，研究者在参与者观看剩余的36分钟电影的同时扫描其脑活动状态。研究检验了参与者间的脑活动同步性，发现不同参与者的感觉联合区（包括颞叶、顶叶、枕叶以及前扣带回）呈现了高度的同步性反应。研究者认为这种结果可能是参与者对跌宕起伏的电影情节产生了情感共鸣导致的。

研究假设

耶格尔等人的研究结果表明，即使在没有互动的情况下，共同的情感反应也会影响群体的脑活动相似性。那么，在有师生互动的课堂情境下，师生的情感亲密度是否会增强师生脑活动同步性呢？本节介绍的研究中，研究者采用脑电技术对一组师生在6节生物课堂上的表现进行了连续追踪（见图10-4）。研究假设，在动态的课堂中，师生的情感亲密度会显著增强师生脑活动的同步性。

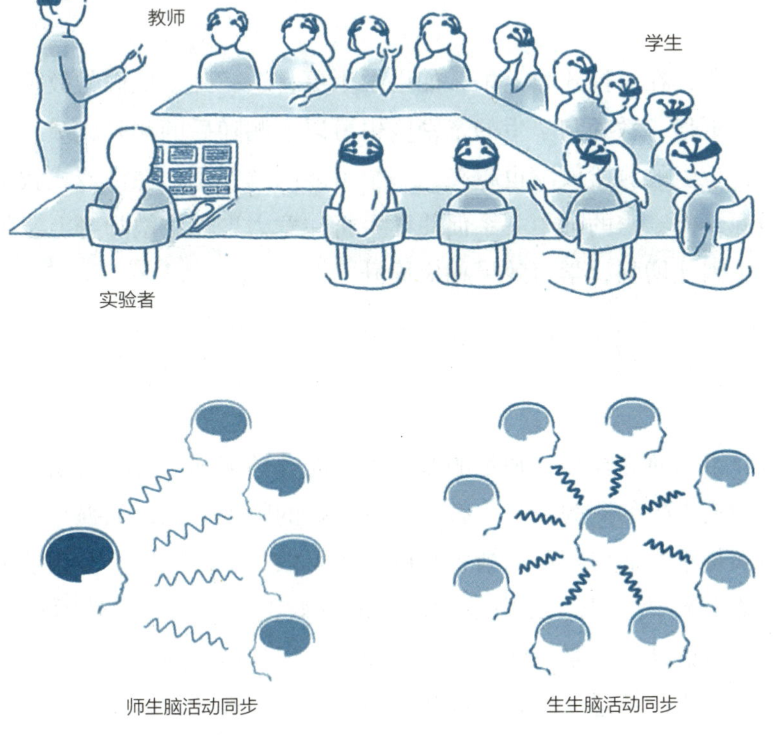

图10-4 课堂中的师生、生生脑活动同步

方法

1名生物教师和12名高中生（16—18岁）参与了该研究。正式实验之前，研究者为学生讲解了神经科学知识、该研究的背景知识以及脑电设备的佩戴方法。实验开始前，所有师生完成前测问卷，目的是调查学生对于课堂和教学内容的喜爱程度、与教师和班级同学的亲密度等。研究者与教师合作设计了每节课的内容，包含教师讲授和视频教学两部分，各五分钟。教学过程中研究者同步记录教师和学生的脑活动。每一天的课堂教学之后，学生需要完成二十道多项选择题的测验，目的是考察他们对于所教授知识的保持程度，此外，学生也要对课堂和教学内容的喜爱程度、与教师和班级同学的亲密度等进行过程性评价。接下来我们将重点介绍师生的情感亲密度与师生脑活动同步性的关系的结果。

结果

结果表明，在讲授式教学中，如果学生更喜欢教师，他们与教师的脑活动同步性就会更强；教师与学生的亲密度也可以预测随后的测验成绩，即师生关系越亲密，学生的测验成绩也越高。一个可能的解释是，在讲授式教学中，教师是刺激源，而亲密的师生关系促使学生将注意力聚焦在教师身上，师生的脑活动同步也因此增强，学习效果相应提升。

教育启示

本节介绍的研究显示，师生的亲密关系能够预测师生的脑活动同步程度，并且能够预测学生的测验成绩。教师营造良好的师生关系，加强与学生的情感交流，不仅是学生愉快学习的情感基础，还可以吸引班级里大多数学生的注意力，这是教师传授知识、提高教学效果的有效助力。因此，教师在教学过程中，在充分考虑认知因素的同时，也要充分认识到情感因素的重要性，用自己的情感带动学生的情感。情感态度和价值观是三维教学目标之一。情感教学有助于培养学生正确的情感态度和价值观，刺激学生的情感学习，挖掘学生内在的学习动力，促使学生更主动地学习。

如何才能建立良好的师生关系？有研究指出，如果教师基于成长型思维对待学生，让学生认识到努力可以提高学业成就，学生就会更愿意敞开心扉，愿意寻求并听取教师的反馈建议（Liew，Chen，Hughes，2010）。在课堂教学中，教师可以挖掘教材当中蕴涵的情感因素，再以有趣、多样的教学方式，比如游戏、竞赛等将其传递给学生，让学生对学习内容产生兴趣和感情，也加深对教师的感情。教师也可以在课后多跟学生交流学生感兴趣的话题，了解他们的所思所想，努力成为学生的良师益友。此外，教师也要善于进行个人的情绪调节，通过阅读心理学书籍、合理运动等方式，找到调节和排解消极情绪的有效途径，同时尽可能避免将自己的消极情绪传递给学生。

总之，教师要学会以情育情、以情感人，运用恰当的教学方法，在不同的教学环境中合理运用情感互动，使学生的情感需要得到满足，进而促进教学目标的达成。学生一旦体会到教师的情感关注，就会“亲其师”，从而“信其道”，也正是在这个过程中，教育实现了其功能。

参考文献

Jääskeläinen I P, Koskentalo K, Balk M H, et al., 2008. Inter-subject synchronization of prefrontal cortex hemodynamic activity during natural viewing [J]. Open Neuroimaging Journal, 2: 14–19.

Liew J, Chen Q, Hughes J N, 2010. Child effortful control, teacher-student relationships, and achievement in academically at-risk children: additive and interactive effects [J]. Early Childhood Research Quarterly, 25(1): 51–64.

10.3

手势引导，成绩更好

研究30 Pi Z L, Zhang Y, Zhu F F, et al., 2019. Instructors' pointing gestures improve learning regardless of their use of directed gaze in video lectures [J]. Computers & Education, 128: 345–352.

夫子循循善诱人。

——《论语·子罕》

背景介绍

在大多数中国学生的印象里，教师上课时总是用手或其他物品指着黑板上的重要内容，引导学生学习。教师讲课时，需要配以适当的教学手势来强化讲课效果，教棍的使用就是教学手势的延伸。以往研究也表明，当教师利用手的动作与姿势组织教育教学时，学习者将会更加关注相关信息，并获得更好的学习成绩（Pi，Hong，Yang，2017；Rueckert et al.，2017）。

这类引导性线索对于视频教学尤为重要，因为在教师不在场的网络或视频学习过程中，学生更容易失去注意力，教学效果也更难保证。而教师形象的呈现，可以增强学生在线学习时的临场感，即增加在线课堂的真实感和与教师的交互性，激发学生的学习动机和认知资源投入，进而影响最终的学习效果（Dunsworth，Atkinson，2007）。同时，增添教师形象，也更易于吸引学生的注意力，让学生跟随教师的引导学习视频内容（Bavelas，Coates，Johnson，2002）。以往研究发现，在线学习者更偏好有教师形象的在线课程，认为有教师形象呈现的课程更加有趣、学习感受更好（Wilson et al.，2018）。皮忠玲等人的一项研究检验了大学生在线视频学习中教师形象的呈现对学习者视觉注意与学习效果的影响，并记录了他们观看和学习过程中的眼动信息（Pi，Hong，Yang，2017）。研究者将大学生随机分组，学习四种不同的教学视频：教师声音+多媒体课件，教师形象+教师声音+多媒体课件，教师形象+教师声音，课堂实录。行为数据显示，相较于没有教师形象呈现的视频组，学习者在有教师形象呈现的视频组中临场感更强、学习效果更好，感知到的认知负荷更低；同时，眼动数据表明，在学习有教师形象呈现的视频课程时，学习者会分配更多的注意力到教师身上。以上结果表明，教学视频中的教师形象呈现能够为在线学习提供社会线索，对学习者的视觉注意和学习效果产生重要影响。

教师的手势和目光引导也属于社会线索。这里的教师手势引导，即教师利用手的动作与姿势传递思想感情，组织教育教学；目光引导即教师在提及相关信息时会转身用目光注视相关教学内容。以往有关手势引导的研究，并没有同时考察目光引导对学习的影响，因此无法区分二者的引导效果。本节介绍的研究探讨的问题包括：在线教学过程中，如果同时进行手势和目光引导，会更有利于保持学生的注意力吗？教学效果会更好吗？

研究假设

该研究假设，在教学视频中教师的手势加目光引导将比单纯的手势或目光引导以及无引导条件更有利于保持学生的注意力，提升学生的知识学习的保持和迁移效果。

方法

研究招募了120名大学生参与者（平均年龄21岁）。研究者将所有参与者随机分成四组，每组30人，学习“有性繁殖”视频。每组观看的教学视频内容相同，但教师讲授方式不同，即教师讲授时：（1）无手势无目光引导（无社会线索），（2）无手势有目光引导，（3）有手势无目光引导，（4）有手势有目光引导。实验共计40分钟，视频学习前，参与者完成前测问卷，目的是调查他们在视频学习前对于有性繁殖知识的掌握程度，测验问题不涉及视频学习内容。问卷结果显示不同组的参与者对于相关知识的掌握程度不存在显著差异。

视频学习阶段，研究者使用眼动记录仪记录参与者学习不同视频时的眼动数据。视频时长约8分40秒，视频中一位女教师站在幻灯片一侧进行讲授。在无手势无目光引导条件下，教师静止不动，双眼直视摄像机；在无手势有目光引导条件下，教师依旧没有任何手势动作，不过对于学习的内容给予了15次目光注视；在有手势无目光引导条件下，教师没有目光注视，不过她对幻灯片上的内容进行了15次手势指引；在有手势有目光引导条件下，教师对于幻灯片上的内容结合目光和手势，进行了15次指引（见图10–5）。视频学习结束后，参与者再一次完成问卷，目的是调查他们对于所学知识的保持和迁移程度。

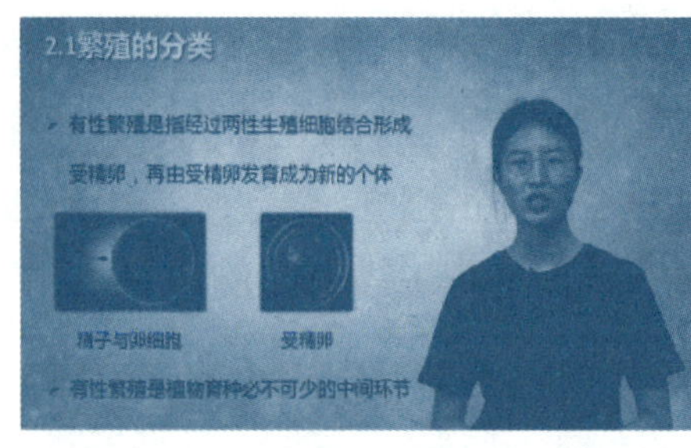

无手势无目光引导

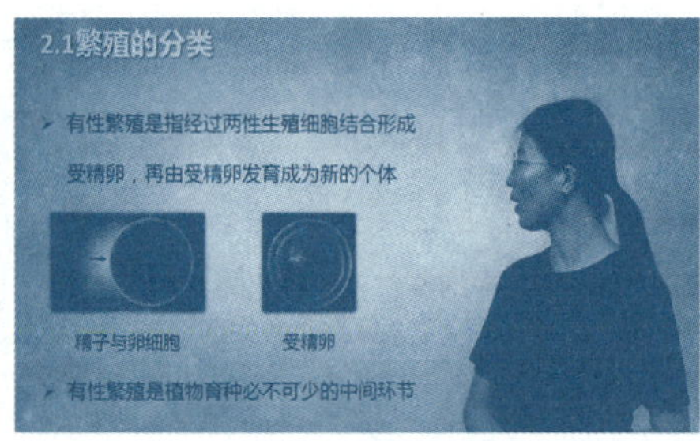

无手势有目光引导

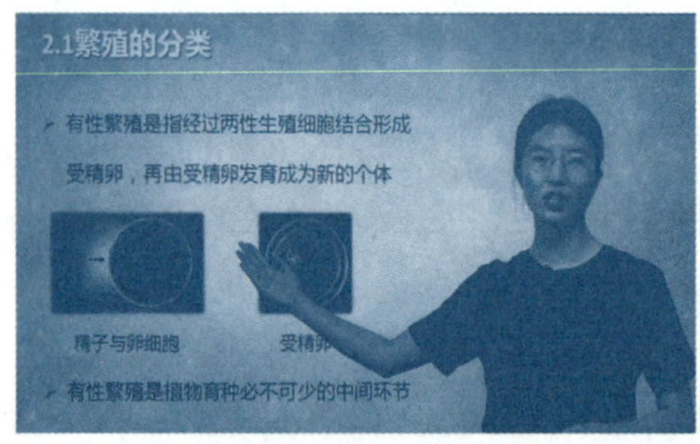

有手势无目光引导

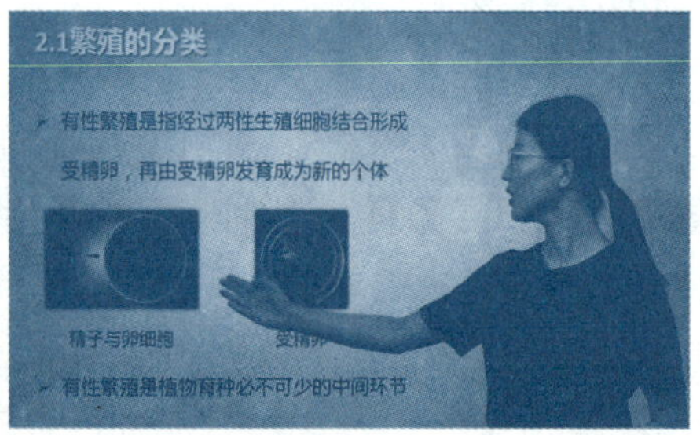

有手势有目光引导

图10–5　四种视频学习条件下教师的讲授方式

结果

与无手势无目光引导的对照组相比，有手势无目光引导和有手势有目光引导的小组参与者的保持和迁移成绩显著较高（见图10–6和图10–7）。

眼动数据表明，在第一次注视到讲授内容的时间上，无手势无目光引导组显著晚于其他三组，说明无社会线索条件不利于视觉搜索；在注视时间比例

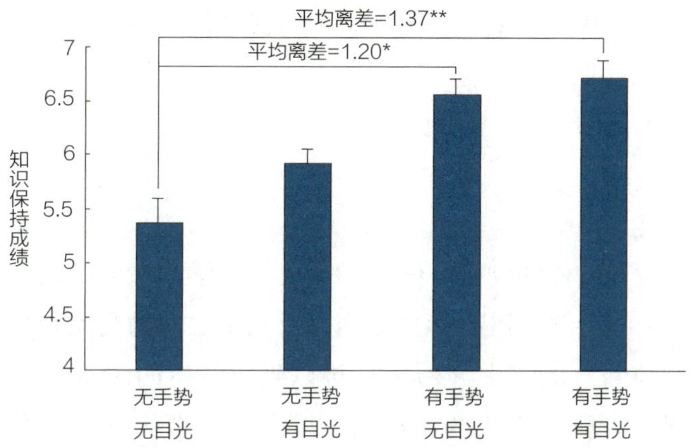

图10-6 四种视频学习条件下的知识保持效果

注：*表示$p<0.05$，**表示$p<0.01$。

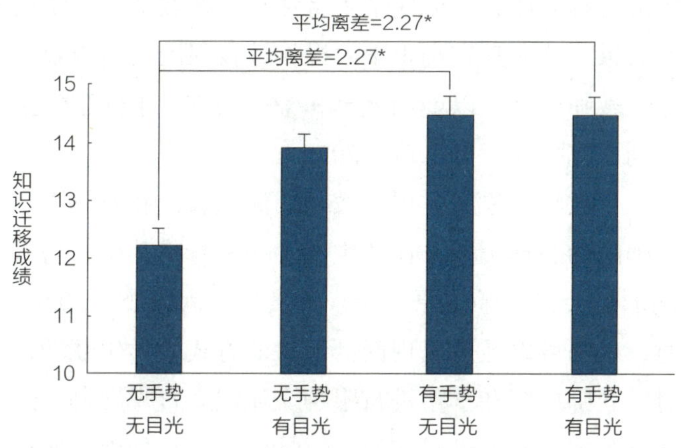

图10-7 四种视频学习条件下的知识迁移效果

注：*表示$p<0.05$。

上，有手势有目光引导组和有手势无目光引导组注视关键信息的时间显著长于其余小组。这恰好验证了之前的假设：无论是否存在目光引导，手势引导都能够优先引导视觉检索，并增加学习者在关键内容上的注意时间。因此，可以推断教师的手势通过引导学习者的注意力，促使学习者使用有限的认知资源来构建必要的心理模型。而目光引导虽然也有利于学生进行视觉检索，却并没有促进学生在关键内容上的注意分配。不过，这并不是说目光引导就完全没有用处。教师目光直视屏幕，可能会让学生感受到教师在注视着他们，他们因此也会给予眼神注视，和教师产生更多的互动行为甚至是脑活动的同步，进而提升学习表现（Leong et al.，2017）。

教育启示

伴随着数字教育时代的到来，线上学习成为教学的重要方式。相比于传统的线下课堂学习，线上学习没有师生之间以及生生之间的交流和真实情感的互动。而缺少了“监督”的线上学习更加难以吸引学生的注意力，这也导致线上学习的效果难以保证，学生的学习满意度下降。当前研究给我们带来了启示：在教学过程中，教师要善于使用社会线索引导，利用口头语言、面部表情以及手势动作等实现言行协同教学，适当地对关键内容使用手或者激光笔进行引导，提示学生进行有意注意，促使学生将注意力在教师和教学内容上来回转换，以增强学习效果，这尤其有利于学习操作性较强的学习内容。对于理论性较强的知识内容，教师可考虑以增加字幕和旁白的方式来促进学生的理解和注意力保持（韩小利，陈凯泉，姜永玲，2022）。

以往研究发现，教师形象的呈现、教师的面部表情和身体姿态的变化有助于拉近学生与教师间的心理距离，让学生产生一种身临其境、与真实的教师互动的感觉，即增加社会临场感（原铭泽，王爱华，尚俊杰，2020）。因此，当采用线上教学时，教师可以通过呈现面部形象的方式和学生互动，甚至鼓励学生也出镜。同时，教师也要和学生进行眼神交流或者直视屏幕，给予学生积极的社会关注，促进师生之间的情感交流，以情促学。正如前文所述，这也有助于增强教学当中的师生脑活动同步。

不过，教师要注意出镜的形式和比例。教师出镜也可能会增加学生的认知负荷，让学生感觉到自己被监督，担心被评价。比如，在线教学中，教师可采用间断出镜的方式，提升学生的社会临场感，让学生感受到外在的监督，从而将注意力更多地投入到学习当中（Kizilcec，Bailenson，Gomez，2015）。

参考文献

韩小利，陈凯泉，姜永玲，2022. 在线教学视频中教师出镜效果的总体效应及优化策略探析[J]. 数字教育，8（2）：41–46.

原铭泽，王爱华，尚俊杰，2020. 在线教学中教师该不该出镜？：教师呈现对学习者的影响研究综述[J]. 教学研究，43（6）：1–8.

Bavelas J B, Coates L, Johnson T, 2002. Listener responses as a collaborative process: the role of gaze [J]. Journal of Communication, 52(3): 566–580.

Dunsworth Q, Atkinson R K, 2007. Fostering multimedia learning of science: exploring the role of an animated agent's image [J]. Computers & Education, 49(3): 677–690.

Kizilcec R F, Bailenson J N, Gomez C J, 2015. The instructor's face in video instruction: evidence from two large-scale field studies [J]. Journal of Educational Psychology, 107(3): 724–739.

Leong V, Byrne E, Clackson K, et al., 2017. Speaker gaze increases information coupling between infant and adult brains [J]. Proceedings of the National Academy of Sciences of the United States of America, 114(50): 13290–13295.

Pi Z L, Hong J Z, Yang J M, 2017. Effects of the instructor's pointing gestures on learning performance in video lectures [J]. British Journal of Educational Technology, 48(4): 1020–1029.

Rueckert L, Church R B, Avila A, et al., 2017. Gesture enhances learning of a complex statistical concept [J/OL]. Cognitive Research: Principles and Implications, 2 [2023-07-20]. https://doi.org/10.1186/s41235-016-0036-1.

Wilson K E, Martinez M, Mills C, et al., 2018. Instructor presence effect: liking does not always lead to learning [J]. Computers & Education, 122: 205–220.

出 版 人　郑豪杰
责任编辑　赵琼英
责任校对　贾静芳
版式设计　锋尚设计　孙欢欢
责任印制　米　扬

图书在版编目（CIP）数据

影响教育的30项脑科学研究 / 王乃弋等著. — 北京：教育科学出版社，2024.5（2025.1重印）
ISBN 978-7-5191-3617-8

Ⅰ. ①影… Ⅱ. ①王… Ⅲ. ①教育学—神经科学—研究 Ⅳ. ①G40-056

中国国家版本馆CIP数据核字（2024）第026044号

影响教育的30项脑科学研究
YINGXIANG JIAOYU DE 30 XIANG NAOKEXUE YANJIU

出版发行	教育科学出版社		
社　　址	北京·朝阳区安慧北里安园甲9号	**邮　　编**	100101
总编室电话	010-64981290	**编辑部电话**	010-64981280
出版部电话	010-64989487	**市场部电话**	010-64989009
传　　真	010-64891796	**网　　址**	http: //www.esph.com.cn

经　　销	各地新华书店		
制　　作	北京锋尚制版有限公司		
印　　刷	河北鹏远艺兴科技有限公司		
开　　本	720毫米×1020毫米　1/16	**版　　次**	2024年5月第1版
印　　张	15.25	**印　　次**	2025年1月第2次印刷
字　　数	234千	**定　　价**	56.00元